U0139476

四川师范大学学术著作出版基金资助
四川师范大学中华文化与西南区域文明互动研究中心后期资助项目成果

李瑾 著

林语堂
儒家文化思想研究

社会科学文献出版社
SOCIAL SCIENCES ACADEMIC PRESS (CHINA)

序　言

　　李瑾由博士学位论文修改的书稿即将面世，作为导师，我由衷感到高兴。一者，李瑾虽未从事专业的中文教学和研究，但一直有心于学术。由于种种原因，李瑾读博时间稍长，但她一直没有放弃学业，而是沉潜精研，终于博士顺利毕业。二者，当今中国与世界发生着更为紧密的联系，无论是西方先进文化的传入，还是中国优秀文化的对外传播，都是十分必要和重要的。实际上，人类文明的发展和进步，有赖于各民族、国家文化的交流、交融和互鉴。早在20世纪，林语堂即以其著述和行动为东西方文化的交流互鉴树立了典范。李瑾关于林语堂与中国儒家文化关系的讨论，在林语堂研究领域中，应该说是增添了一个独特的选题，深化了这一研究领域。相信该书的出版，会给读者带来一些有益的启发。

　　李瑾此书，优点略有数端。

　　一是研究者勇气可嘉。林语堂是中国现代重要作家、翻译家、语言学家，对他的研究是中国文学史、文化史不可绕过的一环。林语堂在经济、政治、哲学、宗教、文学、艺术、民俗诸多领域皆有涉猎。他一生受到基督教思想和中国传统文化的浸润，思想驳杂，要研究林语堂，殊为不易；林语堂的研究成果不可谓不夥，因此对其研究更加困难。李瑾敢于选择林语堂作为博士学位论文研究对象，勇气可嘉。

　　二是研究意义较大。21世纪的中国正在走向世界舞台的中心，中国文化的价值重新得到世界的关注，中国文化的国际传播也成为新时期的国家决策。如何借鉴和利用林语堂的成功经验，在今天显得尤其重要。林语堂儒家文化思想的成功传播，对于当今中国文化自信的建设以及中国文化的对外传播，都有明显的借鉴价值。该书以林语堂的儒家文化思想为研究对象，选题新颖，具有较强的学术价值，其对林语堂的儒家文化思想的全面系统梳理，在目前学界尚属首次。

三是研究视角独特。在既有林语堂研究成果中，学界对于林语堂的儒家文化思想关注不够。该书比较深入细致地挖掘了林语堂在各个层面对儒家文化思想的吸收和传播，对全面认识和评价林语堂的文化价值具有积极意义，特别是对林语堂儒家文化思想特征和阐释特色的评价，很有新意，具有创新性。

学术研究，一要靠学术积累，二要有学术眼光。李瑾选择林语堂的儒家文化思想作为博士研究课题，既是其硕士学位论文的延伸研究，也充分把握了学界关于林语堂研究、中国文化传播研究、异质文化的碰撞和交融研究等学术前沿。林语堂的文学主张和文学实践显得"另类"，其本身的成就和价值也时被遮蔽，因此要准确评定林语堂儒家文化思想的成分以及林语堂儒家文化思想的对外传播，是较为困难的。李瑾通过林语堂的文学作品来分析其儒家文化思想，也算是一种思想史研究的新探索。唯有其不确定，才有研究的空间；唯有其不易，才有探索的价值。

作为博士学位论文的修改稿，该书必然还存在一些问题，这是毋庸讳言的。学术探讨无止境，希望李瑾在未来的研究中取得更大的成绩。

是为序。

李　凯

2022 年 7 月于蓉城

前　言

　　林语堂是一位学贯中西、充满人生智慧的中国现代作家。林语堂和中国儒家文化有千丝万缕的关系，他的儒家文化思想更是有独特的价值，但是这一点至今尚未引起国内学界的充分关注和足够重视。本书将林语堂对儒家文化的接受、阐释和传播作为考察内容，立足于作家的文本和相关史料，力图宏观、全面地叙述和分析林语堂对儒家文化接受、阐释和传播的历史渊源、发展脉络、基本走向、具体内容，厘清其成因、内容、特色、意义，进而试图揭示出林语堂儒家文化思想所具有的时代意义。这将有助于更加深入、真实、细致地理解林语堂这"一团矛盾"，从而推动林语堂研究深入发展。同时，本书还结合中国当下的时代背景，通过重新审视和解读林语堂先生的儒家文化思想，为寻找中国传统文化在全球化背景下既保持自身优势又能更顺畅地与世界文化进行对话的方法，提供有益的帮助。

　　全书主要包括绪论、正文、结语三个部分。

　　绪论介绍了选题的意义，林语堂与儒家文化关系研究现状，研究内容、思路、方法和创新点。

　　正文共分为五章，具体内容如下。

　　第一章"林语堂儒家文化思想之形成与发展分期"，简要论述林语堂接受、阐释、传播儒家文化思想的历史语境和发展分期。林语堂生活的时期是从 19 世纪末到 20 世纪 70 年代，这一时期中国政治和社会环境特别复杂，文化背景（中西文化、新旧文化的冲突）特殊，尤其是儒学在 20 世纪上半叶的命运一波三折。林语堂儒家文化思想的形成除了受到上述大环境、大语境的影响之外，还有具体的生成路径。开放的闽南文化是林语堂儒家文化思想形成的文化语境；孝悌仁义之家促使林语堂形成儒家伦理意识的自觉；启蒙教育形成林语堂对儒家文化的认同；乡贤榜样成就林语堂对儒家思想的信仰与践行。该章最后讨论林语堂儒家文化思想的启蒙期、发展期、成熟期三个发展阶段的主要特点。

第二章"林语堂儒家文化思想研究（一）——以专著和论文为对象"，讨论林语堂的整体儒家文化观和具体的儒家文化思想。第一节首先梳理林语堂关于儒家文化思想的著述情况。第二节讨论林语堂的整体儒家文化观。这包括：林语堂坚信儒家文化是中国的人文主义，崇尚"近情"、批判宋明理学、推崇儒家文化。林语堂重视儒家文化的现代价值和生命力，看待儒家文化的着眼点主要有文化、人情、伦理。第三节重点分析林语堂的"仁学观"。"仁"所包含的人性观、和谐观、实践性等要素构成了林语堂"仁学观"的三个维度。林语堂的"仁学观"是以世界文化为参照系而形成的开放的"仁学观"，具有突出的社会性、人文性特点。第四节着重分析林语堂的"中庸"思想，包含林语堂"中庸"思想的内容及其矛盾性。林语堂将"中庸"运用到日常人伦生活之中，使"中庸"从政治理想、道德最高点转化为生活理想。总体而言，林语堂推崇先秦的儒家精神，凸显儒家文化人文主义特征。

第三章"林语堂儒家文化思想研究（二）——以文学作品为对象"，从文学作品的题材、主题、人物形象三个维度分析林语堂对儒家文化的接受和阐释，最后分析林语堂的儒家文艺思想。林语堂平生创作的唯一一部戏剧——《子见南子》，以"孔子见南子"为题材，通过塑造孔子这一形象间接表达了林语堂对孔子及其思想的认识。政治军事皆文章、人生众相尽从容，林语堂散文、小说中的题材来源体现出林语堂"铁肩担道义"的社会责任感和潇洒自由的人生观。孔子观、伦理观，是林语堂散文的常见主题，与此同时，林语堂在作品中所塑造的人物形象也可谓丰富多彩。他既塑造了儒家文化的代表人物"至圣先师"孔子、"大丈夫"孟子的形象，也塑造了受儒家文化影响的其他人物形象。第四节重点分析林语堂的儒家文艺思想。总体而言，林语堂的儒家文艺思想主张平正、中和、有补于世，呈现出三个特征：一是在文艺观念中建构"诗言志"的儒家诗教观，注重载道和言志的统一；二是崇尚"知言养气"，遵从"文质彬彬""修辞立诚"的儒家义理观；三是在美学观念上坚守"温柔敦厚"、以"中和"为美的审美标准。

第四章"解构和建构：林语堂儒家文化思想的特征及阐释特色"从两

个方面进行讨论。在林语堂多元的文化思想系统中，儒家文化思想是其思想主干。林语堂的儒家文化思想具有三个特征，即以仁爱精神为本位，呈现基督教思想的底色；以世俗生活为旨归，凸显道家文化韵味；复兴儒学，和现代新儒家殊途同归。林语堂的儒家文化思想是经过文化过滤、文化误读后的儒家文化思想，表现出创造性转化和现代性阐释的特点。在此基础上，本书对林语堂变异的儒家文化思想的缘起和价值也进行了讨论。总而言之，林语堂的儒家文化思想以西方文化为底色，以先秦儒家思想为主体，以道家思想为辅翼，具有现代新儒家思想色彩，是中国现代文学史上在中西文化交流背景之下形成的一种变异的儒家文化思想。

第五章"林语堂对儒家文化的海外传播"，首先分析林语堂海外传播儒家文化的原因：对中国文化充分的热爱和自信；希望儒家文化能够对西方人精神世界的危机有所补救；加强东西方文化的沟通。其次以林语堂《孔子的智慧》和《中国的智慧》的翻译传播为个案，侧重分析林语堂对儒家文化进行海外传播的主要内容。最后简要评价林语堂海外传播儒家文化的突出历史贡献，即重塑中国形象，有力地传播儒家文化。

结语部分重申本书写作的意义，归纳总结各部分讨论的内容，并对林语堂儒家文化思想的现代意义进行简要探讨，同时提出林语堂阐释和传播儒家文化对当代社会的启示、儒家文化的现代性转化等问题需进一步探讨。

本书的创新性在于从当代文化接受视野、现代文化比较视野、中西文化融合发展视野分析林语堂的儒家文化思想，以此亦可观其价值。通过本书的讨论，可以还原林语堂的本来面目——一位真正的儒者。林语堂强调为文与做人相统一，塑造尽善尽美的艺术形象，一生笔耕不辍，有儒者风范。林语堂对中国传统文化进行创造性转化和现代性阐释，以古为今用为目的，反传统又继承传统，是对儒家文化的通俗化传播。林语堂的儒家文化思想研究，有利于重新认识林语堂的历史地位和价值，重新审视"五四"新文化运动，并为儒家文化的当代世界性传播和交流提供借鉴。由于笔者时间、学养的局限，本书对林语堂儒家文化思想接受和阐释中的变异分析还不够深入，对中国传统文化的理解还不够系统，这有待于在今后的学习研究中进一步思考和完善。

目　录

绪　论 ……………………………………………………………… 1

第一章　林语堂儒家文化思想之形成与发展分期 ………… 25

第一节　20 世纪的现实语境 ……………………………… 25

第二节　林语堂儒家文化思想生成探源 ………………… 36

第三节　林语堂儒家文化思想发展分期 ………………… 46

第二章　林语堂儒家文化思想研究（一）

——以专著和论文为对象 …………………………… 52

第一节　林语堂关于儒家文化思想的著述 ……………… 52

第二节　林语堂的整体儒家文化观 ……………………… 54

第三节　林语堂的"仁学观" …………………………… 74

第四节　林语堂的"中庸"思想 ………………………… 82

第三章　林语堂儒家文化思想研究（二）

——以文学作品为对象 ……………………………… 94

第一节　从题材看林语堂的儒家文化思想 ……………… 94

第二节　从主题看林语堂的儒家文化思想 ……………… 103

第三节　从人物形象看林语堂的儒家文化思想 ………… 116

第四节　林语堂的儒家文艺思想 ………………………… 134

第四章　解构和建构：林语堂儒家文化思想的特征及阐释特色 ……… 144

第一节　林语堂儒家文化思想的特征 …………………… 144

第二节　林语堂儒家文化思想的阐释特色 ……………… 159

第五章　林语堂对儒家文化的海外传播……………………………………… 171

　第一节　林语堂传播儒家文化的原因………………………………… 171

　第二节　林语堂对儒家经典的海外传播…………………………… 178

　第三节　林语堂海外传播儒家文化的历史贡献……………………… 186

结　语………………………………………………………………………… 192

参考文献……………………………………………………………………… 196

后　记………………………………………………………………………… 211

绪　论

中华民族正处在伟大复兴的进程之中，民族的强大与进步必然同民族文化的复兴与繁荣紧密相连。儒家文化在我国的思想文化历史中长期居于主流地位，影响中国社会文化生活的方方面面。源远流长、博大精深的儒家文化，是中华民族发展勃兴的重要动力源泉，是每一个中华儿女的精神标识。中华民族的复兴和儒家文化的发展难以分开。随着时代的发展，儒家文化经受了历史的考验，在今天仍然闪耀着璀璨的光芒。

儒家文化历经先秦原始儒学、汉代经学、宋明理学、清代朴学、现代新儒学几个发展阶段，在历史长河中起起伏伏，绵延至今。它浸润着每一个中国人的血液，不管他身在何处。但是，自从"五四"新文化运动以来，儒家文化受到西方文化的强烈冲击，遭受质疑甚至一度被全盘否定。就是在这样艰难的"中学"日衰的形势下，中国仍然有一代又一代的学人，一方面执着地传承中国优秀传统文化，另一方面又以广阔的胸怀接纳"西学"的精华。他们深信"中学"特别是"儒学"不会断绝，自觉地承担中国传统文化"存亡继绝"和复兴中国文化的使命。其中，林语堂就是这样一位具有代表性的现代作家、学者。1974 年，在林语堂八十寿辰当天，曾虚白赠送给他一帧白话立轴，上面写道："谢谢你把渊深的中国文化通俗化了介绍给世界。"[1] 这是对林语堂传播中国文化做出的贡献之高度概括。1989 年2 月 10 日，美国总统布什在国会两院联席会议上谈到为即将访问东亚所做的准备工作时，说他读了林语堂的作品内心感受很深："林语堂讲的是数十年前中国的情形，但他的话今天对我们每一个美国人都是受用的。"[2] 由此可见林语堂对西方世界的影响之巨大。半个多世纪内，林语堂通过创作一

---

[1]　萧南选编 . 衔着烟斗的林语堂［M］. 成都：四川文艺出版社，1995：251.

[2]　郭济访编著 . 幽默大师——林语堂［M］. 北京：中国青年出版社，1994：155.

系列优秀作品，怀着向世界传播中国文化、对中国讲西方文化的初心，始终坚定地履行一位文化使者的使命。

本书将林语堂的儒家文化思想作为研究对象，立足于作家文本和相关史料，力图宏观、全面地叙述和分析林语堂对儒家文化接受、阐释和传播的历史渊源、发展脉络、基本走向、具体内容，厘清林语堂接受、阐释和传播儒家文化的成因、内容、特色和意义，进而试图揭示林语堂对儒家文化进行阐释和传播所具有的时代意义。通过与同时代学人之比较，提炼出林语堂儒家文化思想的特点，从而更加深入、真实、细致地理解林语堂这"一团矛盾"，以期推动林语堂研究深入发展。本书试图结合当代文化接受视野、现代文化比较视野、中西文化融合发展视野来分析林语堂的儒家文化思想。林语堂对中国传统文化的创造性转化、现代性阐释，所进行的古为今用，反传统又继承传统，是对儒家文化的通俗化传播。进行林语堂的儒家文化思想研究，有利于重新认识林语堂的历史地位和价值，重新审视"五四"新文化运动。在中华民族文化复兴进程中，在中国文化向西方传播的过程中，尤其是在建立中华民族文化自信的道路上，重新解读林语堂的儒家文化思想，对于促进中西方文化的繁荣和交流大有助益。

一　选题的意义

林语堂曾说："我只是一团矛盾而已，但是我以自我矛盾为乐。"[①] 关于林语堂，徐訏说："我相信他在中国文学史有一定的地位，但他在文学史中也许是最不容易写的一章。"[②] 然而，事实是否真的如此？正如恩格斯所言："判断一个人当然不是看他的声明，而是看他的行为；不是看他自称如何如何，而是看他做些什么和实际是怎样一个人。"[③] 林语堂对自己的评价是否恰当，学者对林语堂的评价是否合适，都需要我们通过史实进行分析判断，而后才能做出较为客观公正的回答。

---

① 林语堂. 林语堂名著全集（第十卷）［M］. 长春：东北师范大学出版社，1994：245.

② 徐訏. 追思林语堂先生［M］// 子通主编. 林语堂评说七十年. 北京：中国华侨出版社，2003：155.

③ 弗·恩格斯. 普鲁士的胜利［M］//卡·马克思，弗·恩格斯. 马克思恩格斯选集（第一卷）. 北京：人民出版社，1995：560.

（一）难以书写的林语堂及其原因

林语堂是一名作家，他的作品、思想是时代的反映，对他的理解也是时代精神、文化氛围的写照。之所以说林语堂"这一章"不容易写，和当时的政治环境、学术氛围、地域条件有很大的关系。

第一，不能写——历史原因。根据王兆胜的分析，20世纪20年代到40年代是林语堂研究的"滥觞期"。这一时期一方面肯定林语堂的为人与创作成就，另一方面批驳林语堂的局限性和消极意义。比较典型的评价者是胡风、郁达夫、鲁迅和郭沫若。可以说，自此时期始，林语堂的形象被定格，成为反面形象的一个典型，尤其是鲁迅对林语堂的批评对以后学术界产生长久而深刻的影响。① 1935年1月，左翼青年批评家胡风的长篇评论文章《林语堂论——对于他底发展的一个眺望》[《文学》（上海1933）第4卷第1号]对林语堂的批评在当时环境下产生了重大的影响，此影响一直持续30多年，1944年到1979年成为林语堂研究的"沉寂期"。

第二，不好写——文学视野和文学观念的原因。以往学界对林语堂的评价标准比较单一，诸孝正指出，"过去不少著作评价林语堂以'是否与左翼文人步调一致'为标准，一致的就肯定，不一致的就否定。这一标准显然过于狭隘"②。类似这样的评价标准显然没有正视林语堂作品的丰富性以及对时代所做出的贡献。我们应该看到林语堂以及"论语派"确实对中国现当代文学发展产生了一定的影响，要重新写林语堂"这一章"，就涉及对中国现当代文学史上一定社会思潮、文学现象、文学批评、审美观念的重新认识。对于这一点，曾经有研究者指出："即使他（林语堂）提倡幽默时有这样那样的不足之处，但他的提倡之功及其积极贡献却是主要的，应给予充分的肯定。否则，便是对历史真实的不尊重，亦无法说清我国现代幽默是怎样兴起和发展的。"③ 我们也注意到，随着时间的推移，林语堂对中国现代散文发展的影响逐步得到承认，这在有关研究资料中已经有所显示。但是林语堂作品的另外一个重要组成部分，即林语堂离开中国大陆后的创

---

① 王兆胜.近几年林语堂研究述评[J].社会科学战线，1996（1）：253-260.
② 刘炎生.林语堂评传[M].南昌：百花洲文艺出版社，2010："序"3.
③ 刘炎生.林语堂评传[M].南昌：百花洲文艺出版社，2010：93.

作和对中华文化的传播，这些理应属于华文文学范畴却被轻视甚至忽略。这一点即使是在有较多突破和创新的教材，如丁帆主编的《中国新文学史》（高等教育出版社，2013）中也不可避免。该著在整体上分为"大陆文学"和"台港文学与离散写作"两个板块，其中"离散写作"指海外华文文学，而林语堂应是其中最有代表性的作家。然而，遗憾的是他榜上无名。①

第三，不容易写——林语堂研究还存在客观上的各种困难。众所周知，林语堂的作品大部分用英语写成，没有一定的英语水平无法阅读原著，难以理解作品就很难说真正读懂了作者。林语堂的一生横跨中国大陆、中国香港、中国台湾，以及美国，著作宏富，收集整理其作品在空间和时间上都存在相当大的难度，此外还存在版权方面的问题，这也是真正的《林语堂全集》至今无法面世的直接原因。要研究写作对象，最好的方式当然是品读作品、实地考察、访问调查，而按照中国21世纪以前的经济发展水平，不管是研究单位还是研究个人，品读部分作品可以做到，但是要读到英文原著就很不容易，而要实地考察研究对象，在经济上则难以获得足够的支撑。这在客观上造成了林语堂研究的困难。资料显示，2015年7月，林语堂英译的《红楼梦》原稿才在日本图书馆被发现。② 在此之前，关于这方面的信息没有听说过。这不禁让人思绪万千，不知道在世界各地有多少林语堂的作品还在沉睡中等待世人的发掘。林语堂的作品和思想太博大了，他自称一生"两脚踏东西文化，一心评宇宙文章"③。从这副对联可知林语堂的心胸是多么宽广，没有一定的东西方文化背景、不具备古今中外相当的学术涵养，如何能够理解林语堂这样的一代大家？

综上所述，由于历史、文化、地理诸多方面的原因，林语堂"这一章"的确"不好写"。现在学界摒弃各种不利因素，渐次关注于林语堂及其作品本身的探究，最主要是因为林语堂的作品超越了时代、跨越了东西方又联结了东西方，林语堂值得探研。正如林语堂自己所说："我的作品是写给几十年后的人看的。"

---

① 章罗生，刘鑫. 论林语堂的纪实文学创作——兼谈林语堂的文学史地位问题 [J]. 湖南大学学报（社会科学版），2015，29（3）：95-100.

② 陈建强，陆阳. 林语堂英译《红楼梦》原稿在日本被发现 [N]. 光明日报，2015-7-27（7）.

③ 林语堂. 杂说 [M] //林语堂. 林语堂名著全集（第十四卷）. 长春：东北师范大学出版社，1994：39.

（二）选题意义

本书选题的学术意义在于以下几点。一是对中国现当代文学史的再丰富。在中国现当代文学史上，凸显林语堂的独特价值是学术界宽容胸怀的体现。只有具备足够的文化自信，我们才敢于面对以前的不足并坦然承认历史的局限性，勇于接纳更多的可能性。国内林语堂研究专家王兆胜说："我认为 20 世纪以来的中国现代文化和文学也难辞其咎，因为它的功绩虽不能抹杀，但其最大的失误在于：没有将西方文化的精华'拿来'，而又将中国传统的美好弃如敝屣。林语堂尽管有这样和那样的不足，但他是少见的文化与人生智者，一个始终保持对天地的敬畏、心地纯良、本性不移、得失由之、律己甚严、待人也宽、合情合理的'大丈夫'。他的眼界、境界、心灵、性格、感情、趣味及其精神与 21 世纪，尤其与人类文化和文学的健康发展是合拍的，也是 20 世纪中国作家相对匮乏的。"① 林语堂是中国现当代文学史上一道独特的风景线，他所取得的成就人所共睹。对林语堂的深入研究，实际上正是对 20 世纪中国文学多角度挖掘、深层次开拓、全面整理的表现。

二是对林语堂文化意义的进一步挖掘。从中国现当代文学研究历史来看，学界对林语堂幽默闲适的小品文已经给予比较中肯的评价："林语堂的小品尽管有意超离现实，其幽默有时带洋味，又缺乏当时主流文学所具有的那种对现实的批判力度，但其融会了东西方智慧，从学养文化方面另辟一途，所以在当时和后来都有相当的影响。"② 林语堂是中国"幽默"文学的代言人，其小品自成一家，这已经成为共识。但是我们也应该看到，中国现当代文学史对于林语堂就中国文化的世界传播、交流所做出的贡献，还没有给出与实际情况相符合的评价。有研究者指出："若从世界整体文学的角度来评析林语堂的功过得失，那么，林语堂在中国文化史和文学史上的作用和地位——我以为——主要不在于他在'分化'时的表现，而在于'分化'后，他作为中国文化走向世界的先驱者之一，为中西文化的交流而

---

① 王兆胜 . 21 世纪我们需要林语堂［J］. 文艺争鸣，2007（3）：83-96.
② 钱理群，温儒敏，吴福辉 . 中国现代文学三十年（修订本）［M］. 北京：北京大学出版社，1998：397.

在世界文坛上所进行的锲而不舍的努力。"① 也就是说，已经有学者认识到林语堂对中国文化传播所做出的重要贡献，但是这方面的研究还不够深入、细致。林语堂的多元文化思想中儒家文化思想的成分和定位是怎样的，林语堂为什么"一团矛盾"，在其儒家文化思想的形成、发展之中"一团矛盾"是如何体现的，这些问题的思考都将帮助我们更好地挖掘林语堂的文化内涵。通过对林语堂的作品和文献资料进行认真梳理和甄选，一位自觉并成功向西方世界输出中国文化的"东方智者"将会呈现于读者面前，同时，他对中国文化的阐释、输出策略以及有效传播势必成为新的学术生长点。

三是完成林语堂的儒家文化思想这一主题的系统研究。经过前期的梳理和整理工作可知，在现有林语堂研究资料中，对林语堂和儒家文化关系的研究多是单篇论文，或是散落在专著的章节之中。很多研究成果在对林语堂和其他文化的关系进行阐释时，多讨论其道家思想、佛教思想、基督教思想、西方哲学思想，较少谈到其儒家文化思想。林语堂和儒家文化关系这一主题独立性不强，或者说根本没有引起重视。这一主题的研究成果如果单列出来，从数量和质量上来讲，数量不够多，讨论还不够深入，也缺乏创新性的观点。到目前为止，对林语堂的儒家文化思想这个问题进行系统研究的成果还没有看到。本书试图通过对"20世纪的智慧人物"林语堂生平、思想、作品的考察，紧紧围绕林语堂的儒家文化思想这个核心问题，探讨林语堂的文学创作、对儒家文化的海外传播及其现代意义等相关问题，从而将林语堂接受、阐释、传播儒家文化的动因、内容、特点、意义进行动态的考量与整体的探究。在当前的时代背景下，林语堂对中国优秀传统文化的阐释和传播，是一个很大很深入很有价值的课题，还需要更多有志之士潜心耕耘。关于林语堂儒家文化思想的研究，很多问题也不是这一部著作能够解决的。本书的学术意义，就在于从这样一个全新角度切入林语堂研究，收集资料，条分缕析，在方法和理论上做一些新的尝试。

本书选题的现实意义，是通过研究林语堂的儒家文化思想，为在当今"文化自觉"背景下弘扬和传播中国文化以及实现异质文化之间的平等对话提供借鉴。一个国家的综合国力，包括"硬实力"和"软实力"，"软实

---

① 施建伟. 林语堂研究论集 ［M］. 上海：同济大学出版社，1997：64.

力"包括"文化软实力"。随着中国经济的快速发展和综合国力的日益增强，中国文化正在日益受到各国人民和政府的关注，越来越多的人喜欢、欣赏、学习中国文化。中国优秀传统文化浩瀚无垠，儒家文化以其丰富的思想内容、深厚的文化底蕴，成为中国传统文化的主体和精髓。我们要努力传播中国优秀传统文化，发展"文化软实力"尤其是儒家文化，需要寻找榜样、典型、楷模，而林语堂就是一个最佳榜样和成功范例。我们有理由相信，林语堂对儒家文化阐释、传播、交流等若干问题的研究，对于扩大中华文化的国际影响、塑造良好的中国形象、营造和平发展的舆论环境、推动中国文化参与国际竞争，无疑将会具有一定的借鉴作用。总之，本书既有学术意义，又有一定的现实意义。

二　林语堂与儒家文化关系研究现状①

（一）国内研究概况

林语堂与儒家文化这个主题，1987 年由陈平原在论文《林语堂与东西方文化》中首先提出。陈平原说："从二十年代宣称欲救中国，'惟有爽爽快快讲欧化之一法而已'，到四十年代以儒家的'礼让'、道家的'不争'救世界，林语堂思想转变的关键是在三十年代中期完成的。"②　"'他'，实际上集中而强烈地反映了'五四'退潮后一大批中国知识分子向传统复归的社会思潮。"③　真正开始把林语堂与儒家文化进行单独研究的，是 1994 年庄浩然的《林语堂：幽默理论与〈子见南子〉》一文。通过查阅中国知网（CNKI）、万方学位论文全文数据库、全国报刊索引数据库等多种数据库，统计从"林语堂与儒家文化"角度进行研究的文献，包括：中国大陆地区期刊论文 81 篇、硕士学位论文 23 篇、会议记录 1 篇、论文集论文 1 篇，台湾地区期刊论文 1 篇、硕士学位论文 1 篇。至今还没有看到一部关于这个主题的博士学位论文或者专著。国内的研究内容随后将进行详细的分类整理和讨论。

---

① 本小节主要内容见李瑾．林语堂与儒家文化研究综述［J］．绵阳师范学院学报，2017，36（12）：137−142+155.
② 陈平原．在东西方文化碰撞中［M］．杭州：浙江文艺出版社，1987：37.
③ 陈平原．在东西方文化碰撞中［M］．杭州：浙江文艺出版社，1987：38.

（二）国外研究概况

通过运用 JSTOR、ProQuest、SAGE 等学术资源系统进行查询，检索到以"林语堂与儒家文化"为主题的国外期刊论文 1 篇，与此主题相关的评论 10 篇。在美国，对林语堂的《孔子的智慧》和《中国印度之智慧》这两部著作多是简单的介绍和评价，专门研究的文章还没有看到。有 1 篇文章介绍《孔子的智慧》，题目是"The Wisdom of Confucius by Lin Yutang"。论文开篇对这本书就有较高的评价："Dr. Lin's rendering has both truth and beauty."[1] 作者陈荣捷对书中"礼""仁"的翻译，林语堂对孔子传记的翻译、对孔子形象的描绘，林语堂重新编译《论语》存在的不足等方面，都进行了比较详细的介绍和评论。就现有的资料来看，有 10 篇文章评论林语堂的翻译著作《中国印度之智慧》。这部翻译著作分成两个部分，即《中国的智慧》和《印度的智慧》。对这部书的总体评价比较高。有的评论谈到《中国的智慧》编写得更好。[2] 有评论认为这部书打击了西方的自我陶醉，消除了狭隘的地方主义思想。[3] 在另外一篇评论"A Bibliography of Chinese Philosophy"中，作者 Wing-Tsit Chan 根据对中国哲学的理解首次为教学开出书单，其中《孔子的智慧》、《孔子的智慧》中的《大学》被给出三颗星的标示，被认为最重要，同时适合于初学者，《中国印度之智慧》也被认为最重要。[4] 总体来看，对这两本书多是简单的介绍，缺乏学术性分析，"林语堂与儒家文化"问题也不是关注的热点。

"Confucius and the Lady in Question: Power Politics, Cultural Production and the Performance of Confucius Saw Nanzi in China in 1929"一文，是很难得的一篇较为翔实的研究性论文。此文对林语堂 1929 年发表的独幕剧《子见南子》所引起的风波进行了详细的分析，认为现代创造表达和社会、政治

---

[1] Chan W. The Wisdom of Confucius by Lin Yutang [J]. Pacific Affairs, 1940, 13 (4): 483 - 487.

[2] The Wisdom of China and India by Lin Yutang [J]. The Journal of Philosophy, 1943, 40 (11): 305 - 306.

[3] Clark E M. The Wisdom of China and India by Lin Yutang [J]. Books Abroad, 1944, 18 (1): 80 - 81.

[4] Chan W. A Bibliography of Chinese Philosophy [J]. Philosophy East and West, 1953, 3 (3): 241 - 256.

的力量共同形成了这个文本。① 这篇论文对《子见南子》的描述和分析清楚明白，比国内相关内容的研究成果更加详细和全面，一名美国研究者能达到如此水平实属不易。

（三）研究成果的分析

为了进一步剖析材料，现将林语堂与儒家文化这个主题的国内研究内容大致分为 6 类，其中研究林语堂儒家人物观的有 10 篇，研究林语堂的儒家文化观的有 15 篇，研究林语堂英译儒家经典的有 41 篇，研究林语堂对儒家阐释特点的有 12 篇，从具体作品解读林语堂儒家思想的有 18 篇，此外还有 12 篇是分析《子见南子》的。林语堂与儒家文化这个问题的研究已经从文学、历史、哲学、政治等领域铺开了比较大的扇面。

第一，林语堂的儒家人物观研究成果。

一千个读者眼中有一千个哈姆雷特，林语堂笔下的孔子、孟子形象，融入了林语堂的个人体验和深入思考。有论者谈道："在林语堂笔下，孔子'圣人'的形象被消解而还原为集喜、怒、哀、乐于一身的普普通通的'真人'。"② 赖勤芳指出："林语堂强烈批判将孔子神圣化的做法，认为孔子并非是政治思想代言人，而是一个具有民间精神的'思想艺术者'；主张还原孔子本来面目，艺术化地将孔子书写成幽默、近情的常人；在中西文化交流语境中，孔子则被林语堂塑造成为一个既代表中国文化形象又彰显人性价值的中国人。"③

值得一提的是王兆胜的《林语堂与孔子》《林语堂与孟子》两篇论文，王兆胜认为"林语堂却对孔子颇有好感，且有心悦诚服之意。这缘于林语堂对孔子独特的理解，即生活的视点，幽默的境界，以及孔子谈话的文体等诸多方面对林语堂的影响"④，并指出"林语堂的精神风骨多得益于孟子"⑤。

---

① Sohigian D J. Confucius and the Lady in Question: Power Politics, Cultural Production and the Performance of Confucius Saw Nanzi in China in 1929 [J]. Twentieth-Century China, 2011, 36 (1): 21+23-43.

② 邢娟妮. 林语堂笔下的孔子形象——索解孔子神圣性的理论视角 [J]. 陕西师范大学学报（哲学社会科学版），2007, 36 (S2): 141-143.

③ 赖勤芳. 论林语堂对孔子形象的消解与重建 [J]. 社会科学辑刊，2007 (5): 209-214.

④ 王兆胜. 林语堂与孔子 [J]. 广播电视大学学报（哲学社会科学版），2000 (1): 12-16.

⑤ 王兆胜. 林语堂与孟子 [J]. 学习与探索，2003 (5): 100-103.

这两篇论文材料扎实、观点明确,全面考察了林语堂与孔子、孟子之间的各种关联。陈亚君从传播学视角出发,解读了林语堂《孔子的智慧》中儒家思想的传播策略:"林语堂在译本中尊重西方人的思维方式和阅读习惯,尽力弥合中西方文化鸿沟,从内容编排、文化对比和行文句式等方面填补了《论语》原文本中的只言片语和真实、完整孔子形象之间的空白,达到了顺利向西方人传播孔子形象的目的,收到较好的效果。"① 厉文君的硕士学位论文《林语堂的孔子观》,讨论了林语堂的孔子观形成的背景与因由、孔子观的内容以及社会影响。② 李灿的《论林语堂作品中的孔子形象》指出:"林语堂作品中所呈现的孔子形象在一定程度上摆脱了非此即彼的单一的塑形方式,其作品虽然揭示了孔子'凡夫俗子'的一面,但并未对孔子其人予以全盘否定,而是充分肯定了孔子在现代对于重塑中华民族文化精神的重要意义。"③ 徐美雯在硕士学位论文《林语堂笔下的孔子》中指出:"虽然林语堂自认从小喜爱孟子,但他对于儒学的诠释,其实有着荀学的色彩。也就是说,林语堂是当代早期一个不自觉的荀学例子。"④

汉、宋儒学家把孔子推举到神的境地、至圣先师的地位,而"还孔子真面目"却是林语堂长期的努力方向,他强调孔子虽然贡献卓越,对中国影响深远,但孔子的世俗生活与一般人并无不同。以上研究成果把握住了林语堂对儒家核心人物认识的主要特点,无论从资料还是从眼界角度都给人以启发,显示了研究者宏观驾驭这个问题的能力。但是,林语堂对孔子的认识所具有的独特文化价值,还可以放在更宏大的历史背景下进行研究,这样才更有历史感;也可以进行比较研究,比如与鲁迅、吴虞、陈独秀进行比较,凸显林语堂儒家人物观的独特性。

第二,林语堂的儒家文化观研究成果。

周君认为林语堂始终游离于中西文化的中心,以审视者的身份出现在中国现当代文学史上,他对于儒家文化以至整个中国传统文化的解读,都

---

① 陈亚君. 传播学与林语堂《论语》英译中的孔子形象研究 [J]. 长沙铁道学院学报(社会科学版),2014,15(4):61-62.
② 厉文君. 林语堂的孔子观 [D]. 武汉:中南民族大学,2011.
③ 李灿. 论林语堂作品中的孔子形象 [J]. 文化学刊,2020(3):78-80.
④ 徐美雯. 林语堂笔下的孔子 [D]. 台北:台湾政治大学,2014.

是个人化的现代性解读。① 张芸指出林语堂对中国文化最深层、最独特的认识即是对儒教思想的体悟，他把儒教的精神本质归结为一种近情入理的"人文主义"。② 姚传德指出，林语堂认为中国传统文化是以儒家世俗思想为主体、以道家的遁世与佛教的神学思想为补充构成的，即便在现代社会仍然富有活力，要发扬孔孟时代活泼、健康的教育，才能实现中国社会的现代化。③ 陈欣欣分析林语堂的早期论文《礼：中国社会制约与组织的准则》（也译作《礼：中国社会控制与组织之原则》），指出此文基本奠定了林语堂的儒家思想基础。④ 洪文婷以《关雎正义》为核心，比对其他文章，发现林语堂从反省汉、宋儒家学者解释《诗经》旨义的过程中，逐步勾勒出他理念中的孔子，进而整理出《诗经》两种研读、赏析方向。⑤ 王兆胜《林语堂的中国文化观》一文分析了林语堂对儒、道、释的基本态度，认为与许多"激进"的文化先驱一样，林语堂对中国文化的认识开始时走过了一个相当"西化"的道路，但在中年之后开始转身。⑥

台湾学者郑淑娟的论文《从〈信仰之旅〉论林语堂的儒耶文化观》，详细探讨了林语堂由耶返儒、出耶入儒的心路历程，讨论林语堂对儒家思想的分析、对儒耶的判别，指出林语堂对中国传统文化的探索和理解在近代思想光谱中具有特殊的意义和价值。⑦ 赵敬蕊的硕士学位论文《林语堂儒学观研究》研究林语堂儒学观的思想渊源、林语堂眼中的儒家代表人物，探讨林语堂关于儒家经典的认识，认为林语堂"透过道家的眼光"看儒家，终极信仰是成为"儒家基督徒"。赵敬蕊认为林语堂的儒学观应该被视为当

---

① 周君．林语堂与中国儒教文化之离合［J］．内蒙古农业大学学报（社会科学版），2006（4）：282-283+308.
② 张芸．林语堂的儒教观［J］．内蒙古师范大学学报（哲学社会科学版），2005（3）：102-106.
③ 姚传德．林语堂论儒、释、道与中国文化［J］．苏州大学学报（哲学社会科学版），2005（2）：109-112.
④ 陈欣欣．从"礼"的观念透视林语堂的早期思想［J］．扬州大学学报（人文社会科学版），2011，15（4）：78-83.
⑤ 洪文婷．由《关雎正义》论林语堂的《诗经》学概念［J］．闽台文化研究，2015（4）：101-110.
⑥ 王兆胜．林语堂的中国文化观［J］．东岳论丛，2009，30（7）：79-86.
⑦ 郑淑娟．从《信仰之旅》论林语堂的儒耶文化观［J］．东吴中文线上学术论文第二十七期，2014：1-20.

代学术思想中新的推进。①

　　以上研究成果从不同角度分析了林语堂的儒家文化观，包括认识起点、思想特点、转变过程等，其中有对具体作品的解读、有与其他文化思想的比对，视野比较开阔，论述严密准确。但是，林语堂的儒家文化观作为其矛盾丰富的文化思想系统中一个重要部分的独立地位还没有被凸显出来，林语堂儒家文化观的形成原因、转变过程、特点，还值得进行更加细致的分析。

　　第三，林语堂对儒家经典的翻译研究成果。

　　林语堂一生积极地向海外传播中国文化，其中儒家经典作品的翻译占据重要地位。现有研究成果的题目和数量显示，英译儒家经典的讨论是林语堂研究的一个热点，从事外语学习和教学的研究者运用多种西方理论对林语堂的英译作品进行思考。经过梳理，发现研究成果几乎全部围绕林语堂的编译作品《孔子的智慧》展开。

　　首先讨论相关硕士学位论文。房丽娜的《互文性视角下对〈孔子的智慧〉的"间性"特征的探析》，从互文性、阐释学角度对林语堂的英译儒家作品进行研究。② 李晓辉的《辜鸿铭与林语堂英译〈论语〉对比研究》③、王岩的《视域融合视野下〈论语〉核心概念词"礼"的英译解析——以辜鸿铭、林语堂和许渊冲英译本为例》④，都运用了比较研究方法，对林语堂英译《论语》及其核心概念进行了研究。经统计，截至2020年共有19篇硕士学位论文探讨林语堂英译儒家经典作品。有研究者在十年前曾经预测，"翻译"将成为未来林语堂研究的热点⑤，事实验证了这一预测。林语堂一生从事双语写作，深入研究林语堂要求研究人员不仅具有全面的中文素养、较高的文艺理论水平，更需要有专业的英语水平，只有这样，中西结合研究才可能深入、准确，否则研究就会变成隔靴搔痒。

――――――――――――

① 赵敬蕊. 林语堂儒学观研究 [D]. 曲阜：曲阜师范大学，2018.

② 房丽娜. 互文性视角下对《孔子的智慧》的"间性"特征的探析 [D]. 齐齐哈尔：齐齐哈尔大学，2013.

③ 李晓辉. 辜鸿铭与林语堂英译《论语》对比研究 [D]. 长沙：湖南大学，2011.

④ 王岩. 视域融合视野下《论语》核心概念词"礼"的英译解析——以辜鸿铭、林语堂和许渊冲英译本为例 [D]. 无锡：江南大学，2015.

⑤ 傅文奇. 近十年来林语堂研究的统计与分析 [J]. 福建论坛（人文社会科学版），2006（5）：102—105.

　　其次来看公开发表的论文。王承丹和曾垂超从文化背景、主要目的、文化角色三个方面考察林语堂译介《论语》。① 李昕燕的《从顺应论看林语堂编译〈论语〉》，从翻译角度看林语堂对儒家文化经典的阐释。② 诸多研究者从林语堂与辜鸿铭英译策略比较③、叙事理论④、功能翻译理论⑤、目的论⑥、译者中心性⑦等方面进行研究，对林语堂的儒家经典英译作品给予了充分的关注。许雷论述《孔子的智慧》在世界双向旅行的过程，不仅讨论了林语堂对孔子圣人形象进行消解与重构的文化用心，还阐述了作品的中文回译所产生的文化回溯现象，指出林语堂的《孔子的智慧》是典型的"创造性叛逆"。⑧ 夏婉璐考察了林语堂编译《孔子的智慧》的内外动因和具体策略，指出林语堂述中有作，通过适时增删、以西喻中、强调异质等策略对儒家思想普遍价值主题进行提炼，经过分流和筛选，将儒家思想重构并体系化。其编译实践对促进中西文化之间的对话交流以及推动中国典籍英译工作具有启示意义。⑨ 张伟指出："林语堂作为一个译者和传播者在文化传播过程中不拘泥于译本的形式，主动顺应时代发展和读者的阅读期待，为中华典籍外译做出了有益的尝试。"⑩

　　在林语堂对儒家经典的翻译研究方面，社会历史分析法是长期以来研究者主要采用的方法。其优势在于从时代、政治、历史角度对作家进行探

① 王承丹，曾垂超.林语堂译介《论语》考论［J］.福州大学学报（哲学社会科学版），2014（4）：78-82.
② 李昕燕.从顺应论看林语堂编译《论语》［J］.廊坊师范学院学报（社会科学版），2010，26（2）：35-37.
③ 赵妍婷.辜鸿铭与林语堂《论语》英译策略对比研究［J］.长春工业大学学报（社会科学版），2013，25（4）：117-119.
④ 张志鹃.叙事理论视角下《孔子传》的翻译及其叙事建构［J］.河南科技学院学报，2016，36（11）：81-85.
⑤ 刘嫦.功能翻译理论诠释下的《论语》林语堂英译本［J］.电子科技大学学报（社科版），2010，12（1）：82-84.
⑥ 王晨婕.从目的论视角解读林语堂英译《论语》中的"叛逆"现象［J］.重庆工商大学学报（社会科学版），2008，25（1）：134-137.
⑦ 尚延延，杨萍.译者对翻译生态环境的主动选择——林语堂《论语》英译的译者中心性研究［J］.中国海洋大学学报（社会科学版），2017（5）：112-117.
⑧ 许雷.从林语堂的《孔子的智慧》看孔子智慧的输出与回归［J］.海南热带海洋学院学报，2017，24（3）：49-53.
⑨ 夏婉璐.译作的普世价值与译介的有效性——林语堂编译《孔子的智慧》对典籍英译之启示［J］.中国翻译，2016（4）：49-53.
⑩ 张伟.林语堂《孔子的智慧》之传播学阐释［J］.武夷学院学报，2019，38（4）：74-77.

讨，视角广泛、重点突出；局限在于方法单一、忽视作品的文学性和文化性、难以从宏大的历史语境中开展整体性考察。就这一主题现有的研究成果来看，对于林语堂文化思想在中西方异质文化的吸收、碰撞、对话过程中发生的变异和分化，还没有做相应的论述。方法的多样化、多种西方理论的运用特别是翻译理论的运用为林语堂研究提供了全新的方法论。但是，我们也不难看出有的论文有生搬硬套之感，在理论方法和作品内容本身的融合上还存在一定的问题。

第四，林语堂对儒家文化进行阐释的特点研究成果。

除上述几个主题的研究之外，有研究者从林语堂如何阐释儒家文化中的核心概念、阐释的特点、做出的贡献等维度进行讨论。李艳认为林语堂通过概念解析、形象重塑、体系建构等方式，对儒家文化从人文主义角度进行了创造性诠释。他强调儒家的世俗精神，认为儒家文化的近情性和简朴性能够对西方文化进行深层次的精神补缺。① 胡明贵认为林语堂把道家思想中崇尚自由、尊重个性的因子注入儒家思想中，以现代的人道主义和人性化思想补充儒学思想"仁"的内核，从而延伸了儒家思想的现代性意义。② 陈占彪对辜鸿铭、鲁迅、林语堂三人的文化价值取向进行比较研究，认为他们有吾爱吾国、人本主义、反物质主义等相似的文化秉性。③

"中庸"既是世界观，也是方法论，在儒家文化中是理想社会的标志，在林语堂的笔下则被赋予了新的含义。谢友祥指出，林语堂将"近情"和"中庸"当作自己的一种人文选择，相信传统的中庸之道是最典型的近情主义。④ 阮航《从〈京华烟云〉看林语堂先生的中庸之道》⑤、吴华玲《林语堂的中庸观在其译作中的审美再现——以林译〈浮生六记〉为例》⑥、肖治

---

① 李艳. 论林语堂对儒家文化的人文主义诠释 [J]. 天津大学学报（社会科学版），2011，13（2）：182-185.

② 胡明贵. 林语堂对儒学的现代性阐释及阐释的现代性意义 [J]. 武汉科技大学学报（社会科学版），2008，10（6）：11-15.

③ 陈占彪. 眷顾·弃绝·超脱——试论辜鸿铭、鲁迅、林语堂对传统文化的三种价值取向 [J]. 临沂师范学院学报，2005，27（4）：13-18.

④ 谢友祥. 近情和中庸：林语堂的一种人文选择 [J]. 嘉应学院学报（哲学社会科学），2004，22（1）：45-50.

⑤ 阮航. 从《京华烟云》看林语堂先生的中庸之道 [J]. 新学术，2008（3）：284-285.

⑥ 吴华玲. 林语堂的中庸观在其译作中的审美再现——以林译《浮生六记》为例 [J]. 云梦学刊，2010，31（3）：113-116.

华《论林语堂的"中庸哲学"》①、朱翠《林语堂中庸思想的表现及溯源》②，具体分析了林语堂对儒家文化中重要观念"中庸"的理解和实践，认为"中庸"是林语堂的人生观和文化观的体现。刘清涛的硕士学位论文《宇宙文章，半里乾坤——论林语堂的中庸》指出，"中庸"作为林语堂人文主义思想的重要组成部分，是林语堂文化思想中十分重要的一个方面，同时也是林语堂对待人生及艺术的一种基本态度。③

由上述成果可知，有关林语堂对儒家文化进行阐释的特点，研究者主要集中在人文主义及对"中庸"的阐释上。其实，林语堂对于儒家文化的阐释具有矛盾性、复杂性、多变性的特点。而林语堂对于"中庸"似乎格外青睐，甚至衍生出"半半哲学"，并且在不同阶段解读的内涵都不一样，因此就林语堂对"中庸"这个词的解读的研究还可以更加深入。其实除了"中庸"这个重要范畴，林语堂对于儒家文化中其他重要范畴，如"仁""义""礼""诚"都有颇多阐述，还需要进一步挖掘。

第五，从具体作品解读林语堂儒家思想的研究成果。

林语堂毕生创作了60多部作品，涵括散文、小说、戏剧，其中20多部作品用中文写成，40多部作品用英文写成，可谓著作等身，数量和质量都堪称高水平，这在中国现当代文学史上并不多见。林语堂在作品中经常谈及儒家、道家、佛教，涉猎哲学、文学、政治、历史，信手拈来，作品本身体现了林语堂纷繁复杂的文化思想。林语堂塑造的人物形象丰富多彩，其性格形成也蕴含着不同的文化思想意义。对于林语堂作品和儒家文化的关系这个主题，研究者从各个方面展开了讨论。

首先，对于林语堂在《京华烟云》中塑造的完美女性形象姚木兰在思想上的儒道归属问题，大多数研究者倾向于认同姚木兰是道家人物。但赵英华、王玉认为，姚木兰这个形象应该被看作儒家人物。④ 孟利运用传播学"议程设置功能"理论和"培养"理论，对姚木兰的"主我"和"客我"

① 肖治华.论林语堂的"中庸哲学"[J].云梦学刊，2006，27（1）：62-64.
② 朱翠.林语堂中庸思想的表现及溯源[J].襄阳职业技术学院学报，2015，14（5）：66-68.
③ 刘清涛.宇宙文章，半里乾坤——论林语堂的中庸[D].延边：延边大学，2004.
④ 赵英华，王玉.再论姚木兰是"儒"而非"道"[J].哈尔滨师范大学社会科学学报，2013（4）：116-118.

进行解剖，探究人物的真实性，认为姚木兰是道家女儿和儒家媳妇的完美结合。① 其次，对于作品中的儒家思想，肖魁伟指出，林语堂在文化传播过程中注重对西方的"中国形象"进行吸纳和利用，塑造了"孔教乌托邦"形象。他具体以小说《朱门》进行分析，指出杜忠这个人物是孔教"哲人王"形象的凸显、儒家思想继承者、孔子的化身。② 同时，也有研究者认为，从《京华烟云》的风俗习惯、人物性格中能看到林语堂对儒家思想的肯定，但是其儒家思想还存在一定的矛盾性。③ 谭韬仔细品读了《生活的艺术》中儒道合流的美学思想。④ 最后，也有研究者认为林语堂有贬儒扬道的思想倾向。彭映艳、汤奇云指出，小说《京华烟云》"贬儒扬道"，林语堂通过对儒、道思维方法和人生态度的对比⑤，得出了道家总比儒家胸襟开阔、思想开明的结论⑥。肖百容、马翔的论文《论儒家传统与林语堂小说》指出，与五四激进的反传统潮流不同，林语堂以辩证理性的态度以及非二元对立的价值取向对儒家传统做出评判。这反映在小说里，具体表现为林语堂对儒家处世传统与人伦传统的继承以及对儒家人性传统的反拨。⑦

无论是儒道融合还是贬儒扬道，都反映出研究者对同一部作品在文化意蕴层面的不同解读，甚至出现对同一人物的相反评价，这正说明了林语堂作品思想言说具有无限空间。研究者透过作品及人物来研读林语堂的儒家文化思想已经有一定的研究成果，但是只有分析更多的作品、更丰富的人物形象，对林语堂儒家思想的解读才会更加准确和透彻。同时，小说只是林语堂作品的一小部分，林语堂的其他作品，如散文、剧本、翻译作品，又是如何彰显林语堂的儒家文化思想的，还需要进一步挖掘。

---

① 孟利. 儒道融合的姚木兰之我观 [J]. 现代妇女 (下旬), 2013 (3): 123-125.
② 肖魁伟. 从林语堂小说《朱门》看"孔教乌托邦" [J]. 沂州师范学院学报, 2011, 27 (1): 42-45.
③ 高桂英. 林语堂《京华烟云》中儒家思想及其矛盾性 [J]. 甘肃政法成人教育学院学报, 2006 (4): 178-180.
④ 谭韬. 老庄精神 孔孟面目——品读林语堂《生活的艺术》中儒道合流的美学思想 [J]. 美与时代, 2006 (10): 20-21.
⑤ 彭映艳.《瞬息京华》中"贬儒扬道"的思想倾向 [J]. 湖南医科大学学报 (社会科学版), 2007, 9 (1): 13-16.
⑥ 汤奇云.《瞬息京华》的文化意蕴探寻 [J]. 新疆大学学报 (哲学社会科学版), 1995, 23 (4): 72-78.
⑦ 肖百容, 马翔. 论儒家传统与林语堂小说 [J]. 湖南大学学报 (社会科学版), 2017, 31 (6): 87-93.

第六，对戏剧《子见南子》及其风波的研究成果。

《子见南子》是林语堂生平创作的唯一一部独幕剧，当年演出曾经掀起一场轩然大波。刘珊指出，"子见南子"案反映出新文化运动背景下国民党政治的激进迅速与文化转型无法"齐步走"的矛盾，同时也说明近代中国文化的讨论始终与国家政治诉求分不开。① 叶小青认为，《子见南子》风波折射出当时新文化、新思潮与复古思潮之间相互碰撞、斗争的复杂关系。② 杜玉芳的《〈子见南子〉案始末》③、闫长丽的《"子见南子"风波》④、杜方智的《林语堂与〈子见南子〉》⑤ 等多篇文章，厘清了话剧《子见南子》所引起的风波，重现了历史，指出林语堂重塑和建构了孔子可爱的人格。段宗社指出，"林语堂的独幕剧《子见南子》以南子为中心展示了一种个性、男女平等的现代精神"，"是中国文化走向现代化的成果和佐证"。⑥ 庄浩然认为林语堂在《子见南子》剧作中进行了幽默理论的实践与创造。⑦ 台湾辅仁大学哲学系所潘小慧从《子见南子》一剧当下的争论，《子见南子》的出典、注解与诠释，再商榷与再讨论三部分，通过对历代学者观看《子见南子》时态度的整理，提出了当代阅读儒家经典的合宜态度。⑧

除了上述期刊论文以及硕士学位论文，部分学术专著、博士学位论文中也有一些章节评论林语堂和儒家文化思想。王兆胜从"温和解构"到"热烈阐扬"、精神滋养与衣钵传承、现代意识和批评态度三个方面分析林语堂与儒家文化思想。⑨ 董燕谈到林语堂注意区分孔孟的原儒和后代的假儒，以人为本、尊重人的主体意识、个体的独立与发展是孔孟文化的重要

① 刘珊. 政治与文化的离合：新文化运动背景下1929年的"子见南子"案［J］. 吕梁学院学报，2013，3（3）：45-49.
② 叶小青. 民国《子见南子》演剧风波述评［J］. 三门峡职业技术学院学报，2006，5（1）：81-84.
③ 杜玉芳.《子见南子》案始末［J］. 文史博览，2008（4）：46-48.
④ 闫长丽."子见南子"风波［J］. 寻根，2008（2）：42-47.
⑤ 杜方智. 林语堂与《子见南子》［J］. 零陵学院学报，2003，24（6）：34-36.
⑥ 段宗社."子见南子"：历史公案与现代想象［J］. 齐鲁学刊，2012（1）：134-138.
⑦ 庄浩然. 林语堂：幽默理论与《子见南子》［J］. 福建师范大学学报（哲学社会科学版），1994（3）：60-66+80.
⑧ 潘小慧. 由观看《子见南子》谈儒家经典的阅读［C］//贾磊磊，杨朝明主编. 第三届世界儒学大会学术论文集. 北京：文化艺术出版社，2011：482-493.
⑨ 王兆胜. 林语堂与中国文化［M］. 北京：社会科学文献出版社，2007.

精神，也是林语堂通过创作所要张扬的精神。① 冯智强详细分析林语堂的"半半哲学"，认为其来自中国智慧的儒家血统，探讨了林语堂对"中庸"的认知轨迹，认为林语堂的"中庸之道"是脱胎于儒家文化的"人文主义精神"，同时吸纳多种文化养分凝练而成的。② 王少娣的博士学位论文《跨文化视角下的林语堂翻译研究——东方主义与东方文化情结的矛盾统一》中，第三章"互文性视阈下林氏的东西文化观探源"对林语堂作品中的儒家哲学进行了互文性分析。③ 张卉所编著《文化与理想——林语堂说儒》一书，将林语堂作品中关于儒家文化的言论进行梳理、分类和解读，以编撰为主④，为林语堂与儒家文化研究这个课题提供了丰富的素材。王绍舫的《林语堂文化自觉观与翻译思想研究》一书中"《孔子的智慧》：林语堂构建的儒学大厦"一节，认为《孔子的智慧》的文本组合符合西方人的阅读方式，是林语堂对孔子政治哲学的现代萃取。⑤ 李艳的著作《建构与传播：论林语堂的海外著译》中的"儒家思想的人文主义诠释"一节，从人文主义视角、概念重释、形象重塑、体系建构、人文主义特点、对儒家思想的批判几个方面论述林语堂的儒家思想，凸显了其人文主义特点。⑥

（四）林语堂与儒家文化关系研究评析与展望

综观以上研究成果可知，学术界已经对林语堂和儒家文化的研究给予一定的关注，研究内容还在不断扩展和丰富。研究者运用西方的阐释学理论、后殖民主义理论、交往理论、互文性理论等方法进行研究，有历时性研究也有共时性研究，比如将林语堂的儒家文化思想和同一时代的李大钊、辜鸿铭、鲁迅的思想进行比较，把林语堂的儒家思想和其道家思想、佛教思想、基督教思想进行比较，具有比较开阔的视野。相关研究主要立足于文本，从林语堂编译儒家作品、儒家思想在林语堂作品中的表现、林语堂

---

① 董燕. 林语堂的人文关怀 [M]. 北京：中国政法大学出版社，2012.
② 冯智强. 中国智慧的跨文化传播——林语堂英文著译研究 [M]. 青岛：中国海洋大学出版社，2011.
③ 王少娣. 跨文化视角下的林语堂翻译研究 ——东方主义与东方文化情结的矛盾统一 [D]. 上海：上海外国语大学，2007.
④ 张卉编著. 文化与理想——林语堂说儒 [M]. 贵阳：孔学堂书局，2014.
⑤ 王绍舫. 林语堂文化自觉观与翻译思想研究 [M]. 北京：中国水利水电出版社，2018：62.
⑥ 李艳. 建构与传播：论林语堂的海外著译 [M]. 天津：天津教育出版社，2014.

对儒家思想核心观念的认识、林语堂的孔子观等方面进行了比较充分的探讨。林语堂与儒家文化的研究，之所以能够在当下引起学界的关注，并逐步向相对独立的体系发展，既与中国经济的飞速发展和中国文化的传承密切相关，也是国内外关注儒家文化发展的学者不断努力的结果。

作为一位对中华文化走向世界做出重大贡献的作家、学者，林语堂和儒家文化有千丝万缕的关系，值得不断地被关注和探讨。就目前的研究情况来看，林语堂的研究还存在以下不足。首先，对林语堂与儒家文化研究的重视程度还不够。林语堂的儒家文化观更多时候只是在林语堂纷繁复杂的文化思想谱系中被顺便提及，还没有形成一个独立、系统的研究课题进行探讨。林语堂的儒家文化思想并没有得到真正意义上系统的研究。其次，关于林语堂的高质量研究成果还不多，研究队伍还不够强大。就目前的情况来看，进行林语堂研究的专家学者还远远不够，这和同时代的文化名人鲁迅、周作人、梁实秋、沈从文等的研究力量比起来相去甚远。再次，林语堂儒家文艺思想和实践，林语堂儒家文化思想产生的历史文化背景、外在形态和思想内核、历史地位和产生的影响、在当下中国文化语境中的借鉴意义，这些问题目前尚无研究成果。最后，林语堂研究专家王兆胜认为道家思想是林语堂中国文化精神的灵魂所在。那么，儒家思想在林语堂精神、生活中到底是什么样的地位，是否超越了道家、佛教、基督教思想，还需要进一步论证。

综上所述，林语堂与儒家文化的研究还有进一步拓展的空间，林语堂的儒家文化思想研究得以成为可能。首先，对林语堂作品文本内容的研究范围还可以拓宽。林语堂对儒家文化的阐述，不仅包含在上述研究者提到的剧本、小说、散文中，还蕴藏于林语堂大量的文化批评、小品文、编译作品中，这需要更大范围地收集材料。比如对于林语堂编译作品《中国印度之智慧：中国的智慧》，王绍舫《林语堂文化自觉观与翻译思想研究》一书中有一节内容"《中国的智慧》：儒道释的荣光"进行过讨论，但对儒家经典着墨不多，论证不够充分。林语堂的编排策略和每一章题目的设计都蕴含着对儒家文化独具匠心的思考，同时在每一部作品译文之前都有一篇序言阐述林语堂对儒家经典文本的认识，而这些内容目前尚无研究成果。

其次，就研究方法而言，不断输入的西方文艺理论以及底蕴深厚的中国古代文艺理论为林语堂和儒家文化这个问题的进一步研究提供了更加锐利的思想武器。许多研究者在此研究领域多年来辛勤的耕耘奠定了扎实的基础，但是学术无禁区，研究无止境，林语堂的儒家文化思想研究这一主题研究还有更多的切入点、更广阔的空间。

最后，研究视野要进一步扩大，资料还可进一步扩充。自 1936 年离开中国大陆以后至 1976 年逝世，林语堂生命中的一半时间在国外和中国香港、中国台湾度过，所以研究林语堂对儒家文化的阐释和传播，其作品、相关评论可以在世界各地收集。不仅仅是美国、日本、法国、德国等国家，只要是林语堂去过的地方，都可能会有相关资料。所以，扩大视野，用作品说话，靠材料支撑，还需要走出国门，在海外寻找第一手资料，这样才能真正研究好林语堂对儒家文化在海外的传播。

林语堂在中国现当代文学史上至今仍是一个具有争议的人物。关于现代中国知识分子的道路，钱理群曾指出："相当一部分知识分子发展了五四'爱国救亡'的主题，由牺牲自我走向了无产阶级战斗的集体主义；少数知识分子则发展了五四对于爱国主义的批判，他们放弃了对社会、民族的责任感，一再地批评爱国群众运动中的非理性主义倾向，同时坚持五四'救出我自己'的个性主义原则，形成了一股在中国现代思想、文化、文学史上始终不占主导地位，却从未断绝过的自由主义、个性主义的思潮。"[1] 钱理群对"五四"以后中国知识分子的分流做了大致判断。而林语堂则以另一种方式发展了爱国救亡的主题，同时又发扬了自由主义、个性主义的文脉。他实在是一个值得研究的重要文化人物。我们要努力激活、深化和拓展林语堂的儒家文化思想研究，对研究对象和文本进行生命分析和历史还原，恢复林语堂在历史文化中的原貌。这要求我们尽力做到贯通古今、交融中西，在文学研究的时间维度上强化空间维度，在坚持文献坚实的基础上做好对多元文明和多角度审美的深度解释。

三　研究内容、思路、方法和创新点

本书除绪论、结语外，正文分为五部分。第一章，讨论林语堂接受、阐释、传播儒家文化的历史语境，包括复杂的社会政治环境、中西文化的大碰撞、儒学的衰微、现代新儒家的兴起和世界形势。只有特定的历史语境才能

---

[1]　钱理群. 试论五四时期"人的觉醒"[J]. 文学评论，1989（3）：5-16.

够产生特定的人群，才能激发创造才能。时势造英雄，英雄也造时势。马克思说："人的本质……在其现实性上，它是一切社会关系的总和。"① 20 世纪初到 70 年代，恰逢中国和世界都遭遇历史重大变革，儒学命运坎坷，相应地，林语堂对于儒家文化的态度也颇有曲折变化。除了时代大环境，该章还讨论开放的闽南文化、孝悌仁义之家、启蒙教育、乡贤榜样对林语堂儒家文化思想形成、发展的影响。最后讨论林语堂儒家文化思想的三个发展分期。

第二章，直接以林语堂的专著和论文为对象讨论其儒家文化思想。梳理林语堂关于儒家文化思想的著述，并分析林语堂整体的儒家文化观和具体的儒家文化思想——"仁学观""中庸观"。坚信儒家文化是中国的人文主义、崇尚"近情"、批判宋明理学、推崇儒家文化，是林语堂儒家文化观的四个维度。"仁"就是"人"、"仁"就是和谐、"仁"就是实践，是林语堂"仁学观"的三个面向。"林语堂的'中庸'思想"一节，讨论林语堂"中庸"思想的内容和矛盾性。林语堂将"中庸"运用到日常人伦生活之中，使"中庸"从政治理想、道德最高点转化为生活理想。

第三章，以林语堂创作的文学作品为对象来分析其儒家文化思想，从文学作品的题材、主题、人物形象三个维度切入；最后分析林语堂的儒家文艺思想。林语堂平生创作的唯一一部剧本《子见南子》以"子见南子"为题材，颇值得思量，而林语堂散文、小说中的题材则涵括了政治军事和人生众相。孔子观、伦理观是林语堂散文的常见主题，孔子、孟子、各类小说中的人物形象都蕴含着林语堂对儒家文化的理解。无论是林语堂的专著、论文，还是其创作的文学作品，都折射出林语堂文艺思想中的儒家元素。这一章最后部分讨论林语堂的儒家文艺思想呈现出载道和言志合一、"文质彬彬"和"修辞立诚"、"中和"之道与"温柔敦厚"之美的特点。

第四章，在前文基础上总结林语堂的儒家文化思想特征及阐释特色。在林语堂多元的文化思想系统中，儒家文化思想是其思想主干。林语堂的儒家文化思想具有三个特征，即以仁爱精神为本位，呈现基督教思想的底色；以世俗生活为旨归，凸显道家文化韵味；复兴儒学，和现代新儒家殊途同归。林语堂的儒家文化思想是经过文化过滤、文化误读后的儒家文化

---

① 卡·马克思.关于费尔巴哈的提纲［M］//卡·马克思，弗·恩格斯.马克思恩格斯选集
　（第一卷）.北京：人民出版社，1995：60.

思想，表现出创造性转化和现代性阐释的特点。林语堂变异的儒家文化思想的产生有多方面原因，且因其变异而吸引西方人的注意。总而言之，林语堂的儒家文化思想以西方文化为底色，以先秦儒家思想为主体，以道家思想为辅翼，具有现代新儒家思想色彩，是在中西文化交流背景之下形成的一种变异的儒家文化思想。

第五章，首先分析林语堂在海外传播儒家文化的原因：对中国文化充分的热爱和自信；希望儒家文化能够对西方人精神世界的危机有所补救；加强东西方文化的沟通。其次以林语堂《孔子的智慧》和《中国的智慧》的翻译传播为个案，侧重分析林语堂对儒家文化进行海外传播的主要内容。最后简要评价林语堂在海外传播儒家文化的突出历史贡献，即重塑中国形象，有力地传播了儒家文化。

关于如何评价历史人物，列宁有一段名言："判断历史的功绩，不是根据历史活动家没有提供现代所要求的东西，而是根据他们比他们的前辈提供了新的东西。"[①] 用这个标准来评价林语堂对弘扬中华文化所做的历史贡献也是同样适用的。本书的研究思路有二。一是实。就是从历史出发，立足文本，依据实事求是、客观公正的原则，用林语堂的作品来说话。以作品解读为重点，在文字中寻找林语堂的思想痕迹。二是比。通过将林语堂及其思想与同时代的人相比、与国内现代思想潮流相比、与国外文化风气相比，凸显林语堂独特的文化价值和意义。

本书主要运用了社会历史批评法、文化心理分析法、文化过滤及文化误读等理论和方法。研究作家必须将其放在社会历史的长河中去评价，通过考察历史背景、知人论世、分析异同点才能得出比较科学的结论。在完成相关资料整理及考辨后，本书用社会历史批评法加以综合分析并对相关研究的得失有所判断。文学是人学，作品深深地打上了作家的情感烙印、心理印记。分析文学作品就不可避免地要分析作品蕴藏的作家情感、思想以及心理状态。本书涉及具体作家作品之个案式研究，主要采用文化心理分析法从客观史料中着重考察作者的情感轨迹、精神图像以及其中所含时代观念与学术思潮之影响。林语堂的写作大部分属于在异质文化圈的写作，他带着文化使命的同时也带着一定的目的性，就文化传播而言，在国外写

---

① 列宁．列宁全集（第二卷）[M]．北京：人民出版社，1984：154.

和在国内写会有很大的差异，特别是作品意图和效果，这需要仔细地进行辨析，找出本质的逻辑思想。本书的研究内容是林语堂的儒家文化思想，是一项跨学科研究，还需要运用比较文学的变异研究理论——文化过滤及文化误读。同时，只有将作家及其作品与同时代的文人写作、文学社团、文学思潮进行比较，作家的历史功绩才能得到比较公允的评判。

本书的创新点在于以下几个方面。首先，进一步丰富林语堂的文化思想研究。林语堂作为一个世界知名的文化人物，他的文化思想当然值得剖析。林语堂思想的复杂性和矛盾性，以及其中的纠缠、执迷、彷徨、顿悟不可复制。他为世界所知晓，是因为他的"中庸"、他的"中国的人文主义"、他的"生活的艺术"、他的"幽默"、他笔下优美的中国人，这一切都笼罩在他的"一团矛盾"思想之下。那么，在林语堂的多元文化思想谱系中，儒家文化思想到底居于何种地位？他的儒家文化思想到底具有哪些特征？是什么原因造成的？具有什么价值？这些问题的解答，将帮助我们读懂林语堂以及他的时代、同辈。林语堂的儒家文化思想因为变异变得隐晦、模糊，但是自有其独特价值。

其次，确定林语堂的文化身份。就林语堂的研究现状来看，研究者在讨论林语堂与中国传统文化时容易将其儒道思想交织在一起，不予剥离，也有研究者认为林语堂是"道家代表人物"，还有人认为林语堂是"儒家基督徒"，但是都缺乏具体的分析。本书以文本和史料为基础，通过研究林语堂的儒家文化思想，探析其对儒家文化的接受、阐释和传播，系统、全面梳理其儒家文化思想的渊源、演变、特点、实践，提出林语堂主要是一个儒者。他作为一个中国人，儒家文化在他的心里根深蒂固，在其多元文化观念构成中始终占据着主导地位。他不仅积极传播儒家文化、向世界推介儒家文化、期待用儒家文化拯救西方世界，而且其自身言行始终践行着儒家文化。林语堂对儒家文化进行创造性转化和现代性阐释，把经过文化过滤和文化误读的儒家文化向世界传播。林语堂是一个现代儒者，他致力于儒家文化的现代转型。台湾作家林海音称林语堂是"20世纪最具世界性影响的中国作家"①。林语堂之所以得此美誉，是因为他以深邃的思考展示着

---

① 王兆胜主编. 解读林语堂的经典——风行水上的潇洒 [M]. 石家庄：花山文艺出版社，2005：
"前言" 2.

中国人对文化、社会、人类自身的理性认识，在乱世中构建着治世的方案，在黑暗中探索着人性的光辉，在平凡中展现着博大的胸怀，在逆境中坚守着高远的志向。林语堂是一个真正的儒者。

最后，具有现实性和时代感。在中国与世界的文化交流与现代民族文化重构的进程中，林语堂对中国文化的阐释势必成为一个有魅力的文化议题。儒家文化是中华传统文化的重要组成部分，输出儒家文化自然是文化传播的题中应有之义，如何输出儒家文化才能成功，林语堂对此提供了最好的借鉴。林语堂具有超前性。作为一位双语作家，林语堂早在80多年前就通过辛勤的写作，成功地将儒家文化传播到西方，他本人也因此成为联系中西文化的重要桥梁和纽带。在中国建立文化自信的背景下，本书研究林语堂的儒家文化思想特别具有现实意义和时代使命感。同时，本书对于《中国的智慧》的研究，也将进一步丰富林语堂的中华典籍英译研究，深化林语堂儒家文化思想的内涵。

综上所述，本书的创新性在于从当代文化接受视野、现代文化比较视野、中西文化融合发展视野分析林语堂的儒家文化思想。林语堂对中国传统文化的创造性转化、现代性阐释，所进行的古为今用，反传统又继承传统，是对儒家文化的通俗化传播。林语堂对儒家文化的接受、阐释和传播研究，有利于重新认识林语堂的历史地位和价值，重新审视"五四"新文化运动，并为儒家文化的当代世界性传播和交流提供借鉴。对于林语堂的儒家文化思想这个问题，还需要跨学科进行研究，涉及中国现当代文学、比较文学、中国古代文学、文艺学、传播学诸多学科领域，需要调动多方面资源，多视角看待作家本人及其作品。期待这部专著能够为林语堂研究打开新的窗口。

第一章　林语堂儒家文化思想之形成与发展分期

林语堂为什么能成为林语堂？他和儒家文化之间有什么样的关联？要回答这些问题，必然要求我们回溯到他所处的时代，正如孟子所提倡的"知人论世"。本书所讨论的林语堂儒家文化思想形成和发展的历史语境，主要指19世纪末到20世纪70年代，横跨中国近代史、现代史和当代史，世界近代史、现代史和当代史，是中国、世界发生重大变革的时代。本章将首先讨论20世纪的现实语境，然后讨论林语堂儒家文化思想的生成路径以及发展演变。

第一节　20世纪的现实语境

林语堂生活的时代是从19世纪末到20世纪70年代，这一时期中国政治和社会环境复杂，文化背景（中西文化、新旧文化的冲突）特殊，尤其是儒学在20世纪上半叶的命运坎坷不平。这一时期世界局势也极不稳定，经过两次世界大战之后世界格局发生巨大变化，西方人在物质文明快速发展的同时却深感精神世界出现危机，于是诸多有识之士将目光投向儒家文化，希望用东方古老的文明来拯救西方人。

一　历史交汇处的世界性选择

黑格尔说："哲学并不站在它的时代以外，它就是对它的时代的实质的知识。同样，个人作为时代的产儿，更不是站在他的时代以外，他只在他自己的特殊形式下表现这时代的实质，——这也就是他自己的本质。没有人能够真正地超出他的时代，正如没有人能够超出他的皮肤。"① 探讨林语

---

① 　黑格尔. 哲学史讲演录（第一卷）［M］. 贺麟，王太庆译. 北京：商务印书馆，2017：61.

堂的创作，就不能忽略中国现当代文学赖以产生和生存发展的政治社会环境。

1840 年鸦片战争把中国推向半殖民地半封建社会。此后百年中国人民开启了反抗外来侵略、追求民族独立、推翻封建统治、建立近代民主政治的历史征程。中国各个阶层均不可避免地被卷入这一历史旋涡之中。各阶层在应对外来冲击和内部矛盾时轮番登上历史舞台。以太平天国运动为代表的农民阶级的抗争，在天京（南京）陷落后，宣告彻底失败。以洋务运动为代表的地主阶级改革改良，随着甲午战争的惨败宣告破产。以戊戌维新为代表的资产阶级改革派救亡行动在戊戌政变中化为泡影。1911 年，武昌起义爆发，资产阶级革命派推翻了清王朝的封建统治，但革命果实很快被袁世凯窃取，中国又陷入连绵不断的军阀混战的泥沼。中国各个阶层在近代救亡图存的大时代背景下不断探索、不断尝试，1921 年，中国共产党成立，中国人民终于找到了追求民族独立与解放的正确道路。1949 年，中华人民共和国成立，宣告一个独立、统一、人民当家作主的新中国屹立于世界东方。

中国 20 世纪上半叶的政治环境、社会境况异常复杂多变，林语堂儒家文化思想正是在此大背景下酝酿而生的。林语堂早年积极投身政治活动，他不仅用笔，而且用竹竿和石块等武器直接参加了 1925 年 11 月 28—29 日的"首都革命"。林语堂曾经是"语丝"文学社的主力干将，甚至被列入段祺瑞政府通缉的"黑名单"，曾担任武汉国民政府外交部秘书，参加中国民权保障同盟并担任宣传主任。林语堂于 1936 年到美国，之后曾经回国两次，希望对中国抗日有所贡献。在国外的时候林语堂也非常关心民族命运，他写过许多政论向美国各界宣传中国抗日的面貌，希望能够引起美国当局的重视，全力支持中国抗日。[①] 这些行为充分体现出林语堂积极入世的处世态度，以及"铁肩担道义"的情怀。"内圣外王"是儒家之道，参与政治则是林语堂践行儒家思想的重要方式。

政治常常成为林语堂写作的内容。1924—1928 年这一时期，正是胡风在《林语堂论——对于他底发展的一个眺望》中所说的林语堂创作的"黄金时代"，它的价值主要在于把握时代的脉搏，反映社会现实，充满了时代

---

① 亚联编著. 锦心绣口：林语堂 [M]. 长沙：湖南师范大学出版社，2011：102.

"浮躁凌厉"之气。① 林语堂在 1925 年 4 月 7 日写给钱玄同的信中，反对"勿谈政治"，提出"必谈政治"。② 他的《论政治病》《假定我是土匪》《谈言论自由》《中国何以没有民治》等篇章都对国民党官场进行讽刺、挖苦和批评，为此林语堂也曾与鲁迅一起被右翼文人在《申报》上点名攻击。③ 林语堂自 1923 年留学回国至 1936 年的创作对社会政治变革都有深刻的反映。重大的历史事件和社会反响，在林语堂创作的杂文或者小说中都有提及。林语堂早期创作的杂文集《翦拂集》《大荒集》《行素集》《披荆集》，都充分集中地反映了林语堂对当时政治现象的意见。《祝土匪》《悼刘和珍杨德群女士》《讨狗檄文》这些文章，表达了林语堂对混乱局势的不安、对军阀统治的愤怒、对生活于水深火热中的中国人民的同情、对卓越领导人和有为政府的期盼、对不同意见派别的反驳。文章写作本身，也体现出林语堂作为一个中国知识分子具有的责任感，他参与时事论争，针砭时弊、不惧权威、仗义执言，具有儒者的风范。

复杂的社会文化环境对林语堂的写作产生了重大影响。环境的影响首先体现在政治方面，这改变了林语堂的写作方式。林语堂的"幽默"是时局所迫，是为了逃脱国民党当局的监视同时又能够发表自己对时事的见解被迫采取的策略。林语堂自己也有以下言论，说明参与政治是林语堂存在的一种方式，也是林语堂进行幽默创作的动因之一。

"我在文学上的成功和发展我自己的风格完全是国民党之赐，"语堂后来说，"如果我们的民权不被取缔和限制，恐怕我永不能成为一个文学家。那严格的取缔逼令我另辟蹊径以发表思想而不致真叫天牌是天牌，白板是白板。我势不能不发展笔墨技巧和权衡事情轻重，此即读者们所称为'讽刺文学'者。我写此项文章的艺术乃在发挥关于时局的理论，刚刚足够暗示我的思想和别人的意见，使不致流为虚声夺人，空洞无物，而只是礼教云云的谬论；但同时却饶有含蓄使不致身

---

① 胡风．林语堂论——对于他底发展的一个眺望［J］．文学（上海 1933），1935，4（1）：9-24.

② 林语堂．给玄同先生的信［M］//林语堂．林语堂名著全集（第十三卷）．长春：东北师范大学出版社，1994：13.

③ 王炳根．林语堂：生活要快乐［M］．郑州：大象出版社，2003：42.

受牢狱之灾。这样写文章无异是马戏场中所见的是在绳子上跳舞，亟需眼明手快，身心平衡合度。在这个奇妙的空气中，我成为所谓幽默或讽刺文学家。"①

林语堂被迫采用的这种写作方式无疑和儒家的"美刺讽谏说"有异曲同工之妙，即通过文艺方式对上层统治者进行批评。"美刺讽谏说"古已有之，"上以风化下，下以风刺上，主文而谲谏，言之者无罪，闻之者足以戒"②，"论功颂德，所以将顺其美；刺过讥失，所以匡救其恶。各于其党，则为法者彰显，为戒者著明"③。林语堂的这种幽默、迂回的写作方式，是讽谏说在现代社会的运用，也是恶劣的政治环境使然。只是没有想到在如此恶劣的政治环境下，这种幽默、讽刺的写作方式反而促进了中国现当代文学史上一位"幽默大师"的诞生。

其次是思想方面。辛亥革命后十多年时间里，封建大一统王朝的思想统治局面已经瓦解，走马灯似的军阀政权一时又无力实施严密的思想控制，这就出现了中国历史上少有的思想统治比较松动、相对比较自由的一段时间。正如钱理群等人所说："既混乱而又比较自由的氛围，有利于突破常规的独立思想，有利于容纳多元的外来思潮，有利于对传统大胆的反省。"④同时，1919 年爆发的"五四"新文化运动冲击了封建主义的思想、道德和文化，西方各种文化思潮蜂拥而至。20 世纪 20—40 年代的中国处于社会急剧转型期。新与旧、现代与传统多种价值观相互交织而又矛盾冲突，各种社会思潮迭起，对民主、科学的追求和对人权、个性的呼唤空前高涨。⑤ 林语堂对儒家文化的接受和阐释并非凭空而生，他的儒家文化思想也是历史发展的产物。周公制礼作乐奠定了中华礼乐文明的基础。而在春秋战国时

① 林太乙. 林语堂传 [M] // 林语堂. 林语堂名著全集（第二十九卷）[M]. 长春：东北师范大学出版社，1994：82.

② 阮元校刻. 十三经注疏（第一卷）[M]. 北京：中华书局，2009：566.

③ 郑玄. 诗谱序 [M] // 毛公传，郑玄笺，孔颖达等正义. 毛诗正义. 上海：上海古籍出版社，1990：3.

④ 钱理群，温儒敏，吴福辉. 中国现代文学三十年（修订本）[M]. 北京：北京大学出版社，1998：4-5.

⑤ 林坚编著. 芙蓉湖畔忆"三林"：林文庆 林语堂 林惠祥的厦大岁月 [M]. 厦门：厦门大学出版社，2011：45.

期，伴随着礼崩乐坏，学术走向民间，如何在混乱中重建秩序？通过亲身实践和严肃思考，孔子创建了儒家学派。而历史是如此的相似，20世纪初随着时代急剧变革、社会陷入混乱，中国的文化受到全面的破坏，中国人的注意力转向"斗争""救国""变革"，又是一个历史转折期。在这一切翻天覆地的变化面前，"提倡'精神复兴'，我觉得是今日言论界最重要的工作"①，林语堂由此开始他的中西文化思想探索历程，而这一切恰恰是以儒家思想为起点的。

二　在新的文化视野面前

从政治的角度来说中国的20世纪是一个救亡图存和新中国建设的时代；从文化史的角度来讲，这是一个中西方文化和新旧文化交织、儒家命运多舛、世界纷乱复杂的时代，中国面临中华民族思想文化向现代转型的契机。中西文化、新旧文化的讨论和争辩是林语堂输出中国文化的社会文化基础，儒家命运多艰使林语堂进行深刻反思，世界格局的动荡迫使林语堂回归中国传统。这样的中西方文化交汇撞击，使林语堂的思想得以解放、视野得以拓展，促使林语堂以全新的眼光来观照本民族的生活，在艺术创造上开辟出广阔的天地。

（一）中西文化、新旧文化的冲突

首先是中西文化的冲突。"五四"时期西方文化观念大量引入，众多的西方文化思潮涌入中国，如冰河开封，其规模浩大而又混乱，结果造成知识文化界的大动荡。曾有人将"五四"新文化运动称为中国的"文艺复兴"。在此基础上中国新文化理论建设得以开展，西方文化对文学革命产生了直接的影响。自鸦片战争开始，中西方文化的碰撞与冲突使中国一代又一代的知识分子不得不在西方文化的强大攻势面前深怀忧虑地思考中国文化的出路。由最初的"师夷长技以制夷"，到后来的"中西调和"之说，加上颇为保守的"中体西用"说和偏激的"全盘西化"论，到了20世纪20年代，终于形成了一场波及整个中国思想界的中西方文化大论战。

---

① 林语堂.论性急为中国人所恶——纪念孙中山先生［M］//林语堂.林语堂名著全集（第十三卷）.长春：东北师范大学出版社，1994：16.

一方面是全盘西化的思想。中国西化思潮最早的代表人物是严复。康有为、梁启超提出全面西化，尤其是梁启超格外坚决。30年代时任广东岭南大学教授的陈序经首先提出"全盘西化"这一思想。还有一位重要人物是胡适。美籍华裔学者林毓生在《中国意识的危机——五四时期激烈的反传统主义》一书中，分别考察了"五四"新文化运动的三位主要倡导者——陈独秀、胡适和鲁迅的"全盘性的反传统主义"的表现和实质，认为"在胡适的意识中占统治地位的是他的以全盘西化主张为基础的全盘性的反传统主义"①。有研究者认为虽然胡适是"全盘西化"思想的代表人物，但实际上胡适并不是主张"全盘西化"，而是主张"充分西化"和"全力西化"。②不过，不管是"全盘西化"还是"充分西化""全力西化"，都代表着当时文化界对于来势汹汹的西方文化的回应和姿态，即对西方文化的崇拜和借鉴。

就另一方面来说，固守中国文化也成为一种潮流。如创办《国故》的黄侃、刘师培代表了活跃在20世纪初的"国粹主义"势力。③还有主张中西合璧、融合新知的学衡派、东方文化派，其复古主张具有"中西合璧"色彩，既以中国古代传统文化为复古的依据，要"昌明国粹"，又以西方的学术思想为参照，要"融化新知"。学衡派、东方文化派在西方文化的热潮中坚守中西并蓄的文化保守主义，对文化的中西融合有建设性意义。

其次来看新旧文化的冲突。在"五四"新文化运动中，中和西、新和旧其实并不是截然对立的，但是各种思想的碰撞、冲突确实很频繁。总的来说，中国传统文化遭遇到了反对、质疑、诘难。正如林毓生指出的："20世纪中国思想史的最显著特征之一，是对中国传统文化遗产坚决地全盘否定的态度的出现与持续。"④否定旧文化成为主旋律。20世纪初，"传统文化"几乎成为"愚昧""落后"的代名词，陈独秀指出："全部十三经，不容于民主国家者盖十之九九，此物不遭焚禁，孔庙不毁，共和招牌，当然

---

① 林毓生.中国意识的危机——五四时期激烈的反传统主义（增订再版本）[M].穆善培译.贵阳：贵州人民出版社，1988：140.
② 郑大华.胡适是"全盘西化论者"？[J].浙江学刊，2006（4）：116-124.
③ 李怡.论"学衡派"与五四新文学运动[J].中国社会科学，1998（6）：150-164.
④ 林毓生.中国意识的危机——五四时期激烈的反传统主义（增订再版本）[M].穆善培译.贵阳：贵州人民出版社，1988：2.

挂不长久，今之左祖孔教者，罔不心怀复辟。"① 吴稚辉对孔子、孟子等先秦诸贤极力挖苦、批判、诅咒。钱玄同也说："孔家店真是千该打，万该打的东西；因为它是中国昏乱思想的大本营。它若不被打倒，则中国人的思想永无清明之一日；穆姑娘（Moral）无法来给我们治内，赛先生（Science）无法来给我们兴学理财，台先生（Democracy）无法来给我们经国惠民。"②

对旧文化的反对是一个方面但并非全部，整理国故代表另外一条思路。实际上，胡适也不是对中国传统文化予以全盘否定，他提出"重新估定一切价值"的著名口号，即对孔子、儒家学说进行重新评价，在这样的背景下，"整理国故"运动应运而生。新旧文化就这样在新旧纠缠、新旧交替中前进发展，构成了中国现当代文学的复杂图景。不变的是变化，在破中立、在变中改，新文化代替旧文化、旧文化寻找新出路，历史就这样在变化中不断前进。林语堂就这样毫无准备地被历史裹挟着站在新旧文化面前，观察、思考、选择。

（二）20 世纪上半叶儒学在中国的命运与发展

20 世纪 20 年代是中国儒学发展的一个重大转型期。对于"五四"新文化运动与儒学的关系，学界大致有以下几种倾向性的意见。①主导"五四"新文化运动的领导者与文化激进主义结下了不解之缘，其表现是以"打倒孔家店"为口号全盘否定儒家与中国传统文化。③ ②"五四"新文化运动倡导者提出"打倒孔家店"的口号，当时起了反封建的作用，但他们并没有一笔抹杀孔子和儒学。所谓"五四"新文化"打倒孔家店"的口号实为胡适在《吴虞文录》序中所提的"只手打孔家店"的误传，"五四"新文化运动仅仅反对康有为将孔教列为国教的做法，反对"吃人的礼教"。④ ③新文化运动反对孔子，主要是反对军阀借孔子之名行专制主义，孔孟儒学被

---

① 任建树，张统模，吴信忠编．陈独秀著作选（第一卷）[M]．上海：上海人民出版社，1993：320.

② 钱玄同．钱玄同文集（第二卷）[M]．北京：中国人民大学出版社，1999：58.

③ 陈来．20 世纪文化运动中的激进主义 [M] //李世涛主编．知识分子立场．长春：时代文艺出版社，2000：293-308.

④ 欧阳哲生．在传统与现代性之间——以"五四"新文化运动与儒学关系为中心 [J]．中国文化研究，2001（2）：16-25.

用来作为帝制复辟的理论依据。总而言之，儒学在"五四"新文化运动中
是被攻击的对象。

　　为此我们考察一下自鸦片战争开始儒学在中国社会中的命运。自 1840
年开始，随着中国从大一统的封建社会沦为半殖民地半封建社会，儒学经
历了太平天国、维新运动、辛亥革命、五四运动等种种社会激荡，在面对
每一次激荡时，儒学几乎都面临"断"的危机。特别是"五四"时期，在
新文化的挑战面前，传统的陈旧文化显得那样朽败不堪、难以招架，"三纲
五常""男尊女卑"等封建思想余毒受到批判和清算。陈独秀攻击"孔家
店"，鲁迅说："与其崇拜孔丘关羽，还不如崇拜达尔文易卜生；与其牺牲
于瘟将军五道神，还不如牺牲于 Apollo。"①　自此，"儒门冷落、收拾不住第
一流人才"的定局遂成，儒学往日的显赫在中国历史上一去不复返。

　　面对儒家文化受到重创的局面，众多有识之士极力维护儒学地位。在
20 世纪 20 年代初期，面对中国前所未有之大变局，梁漱溟、熊十力、张君
劢、冯友兰、贺麟、钱穆等人，怀揣知识分子的使命感和深重的危机感，
投入民族文化的重建工作中。他们把哲学视为文化的内核，利用西方哲学
的学术语言，融合儒学的智慧，建构新的价值体系，以求返本开新，重建
儒学，影响和改造当下民族生活。现代新儒家的各位干将都有自己的理论
体系，熊十力把当时中国的历史境遇比作五代时期因受佛教冲击而陷于分
裂，因此他提出必须学习宋儒，使民族精神团聚在孔孟的道统中。冯友兰
论证"中体西用"，认为中国宁可在现代化的道路上走得慢一些，也要维护
传统的立国精神。贺麟提出"全盘化西"的主张，即"以儒家思想为体，
以西洋文化为用"，极力阐扬以臣民对国家的绝对义务为核心的新三纲五
常。不论他们的哲学路向有怎样的不同，也不论他们是否参与了文化建设
问题的大论战，他们作为现代新儒家学派的成员，反对"全盘西化"和维
护传统文化的基本立场是一致的。

（三）20 世纪上半叶的西方世界

　　最后，我们再来看林语堂所处的时代西方社会的情况以及其给林语堂
带来的影响。用"分裂"和"混乱"来形容 20 世纪上半叶的西方世界可能

----

　　① 　鲁迅 . 鲁迅全集（第一卷）[M]. 北京：人民文学出版社，2005：349.

比较合适。弗洛伊德在晚年深怀忧虑地写道："在过去的几代人中，人类在自然科学及其技术应用方面取得了显著的进步，他控制自然的程度是从前的人想象不到的。……但是，人们似乎发现几千年以来就渴望实现的新获得的对时空的控制权，对自然势力的征服，并没有增加他们希望从生活中得到的令人愉快的满足的程度，并没有使他们感到更幸福。"①

当时不少人（包括一些西方人）认为西方文明已经破产，需要东方文明解救其弊，因此出现了一股具有世界意义的"东方文化救世论"思潮，人们开始感到东方尤其是中国的儒家文化对世界有新的意义。② 经历过第一次世界大战，西方诸多思想家开始对西方文明进行反思，对物质的高度发达、工业文明的疯狂扩张表示怀疑，英国著名思想家罗素在书中警告欧洲人："若不借鉴一向被我们轻视的东方智慧，我们的文明就没有指望了。"③美国著名散文作家和诗人爱默生所希望的美国精神既要破除束缚又要道德自律。"他（爱默生）要求在这两方面保持一种平衡，因此，他赞赏儒家的中庸之道。"④ 对孔孟之道的崇尚可以追溯到 19 世纪。美国作家梭罗（Henry Thoreau，1818－1862）对美国人疯狂积累物质财富深恶痛绝，在《瓦尔登湖》（*Walden*，1854）一书中呼吁人们放慢生活的节拍、简化物质生活、追求内在精神的充实。"梭罗从孔孟的论述体会到人们不可由于沉迷于物质享受而放弃高尚的精神追求……他提出，惟有站在我们所谓的甘贫乐道这有利的地位上，才能成为大公无私的聪明的观察者。"⑤ 在 20 世纪西方价值观念面临土崩瓦解的危险、西方人四处寻求精神拯救的时候，儒家文化思想为他们提供了一处避风港。

（四）中西文化的弄潮儿

特殊的文化背景对林语堂个人性格的形成、文学道路的选择、文学观念的变化产生了重大影响。中西方文化、新旧文化的交汇融合是历史的趋势，而林语堂则被时代风云裹挟着融入其中。西方文化的涌入，引导林语

---

① 西·弗洛伊德. 文明及其缺憾［M］. 傅雅芳，郝冬瑾译. 合肥：安徽文艺出版社，1987：29.
② 郑大华. 论"东方文化派"［J］. 社会科学战线，1993（4）：116-126.
③ 罗素. 中国问题［M］. 秦悦译. 上海：学林出版社，1996：8.
④ 施忠连. 儒风华雨润异域——儒家文化与世界［M］. 济南：山东教育出版社，2011：190.
⑤ 施忠连. 儒风华雨润异域——儒家文化与世界［M］. 济南：山东教育出版社，2011：192.

堂把西方作品翻译成中文，作品有《女子与知识》《易卜生评传》《卖花女》《新的文评》等。这个翻译西方作品的过程引发了林语堂对输出中国文化的思考。他开始尝试用中文写作，并将作品翻译成英文再发表。这是林语堂用中英文思维考虑问题的开始，也恰恰说明中西方文化碰撞与融合的过程所促进的交流系双向而非单向。后来林语堂发表在《小评论》上的英文作品受到曾获诺贝尔文学奖的美国作家赛珍珠的赏识，赛珍珠建议他用英文写一本关于中国文化的书，这开启了林语堂的中西文化之旅，也为后期林语堂翻译和向海外传播儒家典籍奠定了基础。正是中西方、新旧文化的激烈论争开阔了林语堂的视野，促进他思考，给予他机会。新文化运动中的重大讨论话题，比如国民性、精神文明和物质文明、Fair Play 等，林语堂都曾参与讨论发表意见。当然，在这个过程中，我们也要看到林语堂对儒家思想的矛盾性表现。前期他在跟随、参与、陪同，随着时代风潮的改变、个人思想的成熟，他逐渐偏向于东方文化派，即强调中西文化的调和。这在他的早期作品中有所显露，但不是很成熟也不成系统。后期由于林语堂到美国后的亲身经历，他逐步形成了自己的儒家文化思想，并确定了个人的文化目标，那就是传播中国文化、彰显中国智慧。

　　林语堂与东方文化派有许多相似之处。在年龄构成上，他们一般都是1890年前后出生，"五四"新文化运动爆发时刚好30岁左右；在求知经历上，他们大都留过学，就是未出过国的人受的也是新式教育；在社会职务上，他们多是报刊编辑或大学教授，是精神文明的生产者；就分布情况来看，他们主要分布在北京大学、南京的东南大学；在知识构成上，他们一般都是中西通。① 正因如此，林语堂和东方文化派的思想往往在同一框架中运作也就不足为奇了。

　　现代新儒家思想在林语堂的身上也留下痕迹，从某种意义上说林语堂是现代新儒家思想的自觉者。对儒家文化的批判，林语堂从来都不当"领头羊"，态度也不决绝，语气也并非义无反顾，谈到批评对象时也比较具体而非一概而论。我们可以明显看到，从30年代开始，在中西方文化讨论中，林语堂对儒家文化的态度开始发生转向，由批判到接受，再到逐渐宣扬儒家文化的优势，甚至提出以此拯救世界。《谈螺丝钉》《谈中西文化》等多

---

① 郑大华 . 论 "东方文化派" [J]. 社会科学战线，1993（4）：116-126.

篇杂文表现出林语堂思想的过渡痕迹。这些思想明显带有现代新儒家思想的色彩，但是思想本身既不大胆也不激烈，甚至不成系统。冯友兰、张君劢、牟宗三、贺麟这批现代新儒家学者形成了自己系统的哲学理论思想，他们有皇皇巨著、有具体的纲领或者宣言，而对于林语堂我们暂时看不到他与现代新儒家学派学者直接联系的痕迹。我们只能大胆猜测，现代新儒家思想维护和弘扬传统文化的情绪、对儒家文化的坚守，甚至"儒家文化救世论"启发了林语堂。他吸收了现代新儒家学派的理论观点，秉持相近的文化取向，在塑造人物形象的时候融入这些思想并在自己的文学作品中加以传播。纵观林语堂的一生，我们可以说林语堂是现代新儒家文化思想的实践者。但是，林语堂和现代新儒家学派的不同之处在于，他不仅拥护儒家思想，而且对中国传统文化的其他思想也兼容并包，同时对佛教、基督教思想也兼收并蓄，并不突出儒家的独尊地位。

林语堂对儒家文化的重新思考，是对时代重大问题的问答。在"五四"新文化运动中，学人都避不开对儒家文化的讨论。"五四"新文化运动是对旧文化的一次彻底清算，出于对新文化运动政治诉求的考虑，大多数人对儒家文化进行鞭挞，对儒家文化的谴责呈现一边倒的趋势。这一思潮也直接影响到林语堂对儒家文化的态度。1923 年，林语堂从西方学成归国，来到文化论战的中心北京，一头扎进争论的旋涡中，本来中国传统文化根基不牢的他，也没有时间对传统文化进行深入研究。在这一时期，林语堂主要谈儒学的弊端。比如反"中庸"，如《论性急为中国人所恶——纪念孙中山先生》《给玄同先生的信》等文章认为中国人的老大不改的脾气由几千年的"中庸"而来；谈精神欧化，如《回京杂感》《"读书救国"谬论一束》等。但是，随着时间的推移，林语堂对儒家文化的理解越发深入，态度发生一百八十度的转变。他把孔子和儒学分开，把先秦儒学和宋明理学分开，在不同场合不同作品中宣传儒家文化。无论是批判还是赞许，都是林语堂对儒家文化在现代社会的回应。

在东西方世界学习和生活的经历和体验促进了林语堂对儒家文化的传播。林语堂在国外求学阶段，看到了世界格局发生的变化、西方人的生活以及精神状况；在国内时期，感受到了第一次世界大战及以后的国际环境对中国思想界的影响，也体会到了国人探索学习榜样和思想倾向转变的过程。正如史学家陈端志描绘"五四"后的中国社会："这里有礼教的复活，这里有佛教的追求，这里有德谟克拉西思想的憧憬，这里有法西斯蒂理论的酝酿，更有社会主义各派学说的流行。"① 30 年代林语堂远赴美国以后，他身处西方社会中心，对西方社会问题更是感同身受。正是由于看到了西方世界的危机，林语堂改变了文化传播策略。他发挥自身优势，以宣传中国传统文化为主，试图以中国文化调解世界矛盾，用幽默的手法让世界和平。可以说，林语堂的这种做法为中国文化提供了一条更好的出路，这是另外一种形式的爱国。中国人传播中国文化，总比外国人更深入、彻底。在这个过程中，林语堂对儒家文化的宣传分量与之前相比更重。林语堂不仅在小说、散文中多方呈现其儒家文化思想，而且在他的编译作品《中国印度之智慧：中国的智慧》一书中，儒家典籍占了四分之一篇幅。也就是说，国内的动荡和国外的经历促进了林语堂对儒家文化的再认识。目光敏锐的林语堂用自己的作品将西方人的目光引向中国，使他们从古老的中国文化中开发出对自身有益的精神财富。②

总之，通过梳理中国 20 世纪上半叶复杂的政治社会环境、中西方文化碰撞与融合的文化氛围、儒学的发展形势、林语堂身处异域文化的处境，我们认识到历史环境对人的塑造的必然性，以及对于作家创作作品的重要性。我们所要探究的林语堂的儒家文化思想，在这样的环境中形成进而发展，呈现出思考的深度、反思的距离和批判的力量，为人类美好的文化理想建设做出了一份贡献。人是历史的产物，任何行为都是人对周围事物的反应和适应。从青年时代的海外求学、参加文学革命的论争、反对军阀统治、参与国民革命，到在海外声援抗日、积极传播中华文化，林语堂一生不断奋斗，为中国的民主、自由而努力，他的命运和中华民族的命运、时代命运紧密相连。从林语堂的言行中，我们看到的是中国知识分子的精神写照。

第二节　林语堂儒家文化思想生成探源

作家是社会关系的综合构成体，他的经历、情感、体验、心理、审美

---

① 陈端志. 五四运动之史的评价［M］. 上海：生活书店，1935：368.
② 王绍舫. 林语堂文化自觉观与翻译思想研究［M］. 北京：中国水利水电出版社，2018：30.

理想、审美标准等，都必定在特定的空间、时间和地理环境中形成。作为世纪之交的知识分子，林语堂儒家文化思想的生成有多种因素的参与，无论置身于文化底蕴丰厚的中华大地上，还是漂洋过海采撷欧美文学精华的尺寸天地之内，林语堂对于儒家文化均有独具一格的青睐和向往。为此，我们不妨从林语堂所受闽南文化和闽南儒学的影响、家庭环境和启蒙教育的浸润以及德高望重的乡贤义门的引领等诸多方面展开探讨。

一　开放的闽南文化：林语堂儒家文化思想形成的语境

探讨林语堂儒家文化思想如何生成这个问题，肯定要提到闽南文化。这是林语堂生于斯、长于斯的家乡文化，是林语堂个人发展的历史、地理、文化摇篮。

其一，林语堂深受闽南文化的浸润。中华大地幅员辽阔，文化博大精深，闽南文化是其中一个重要组成部分，同时又极具地域特色。由于地域的特殊性，闽南人依靠海洋生存，世世代代离不开海洋，闽南文化呈现出富于创造、开拓、进取、冒险的海洋文化精神特质。刘登翰认为，闽南文化具有如下特征：①"远儒"与"崇儒"的文化辩证；②"安土重迁"与"走向大海"的精神涵化；③拼搏开拓与冒险犯难的拓殖性格；④重名尚义与务实逐利的商儒之道；⑤文化守成与开放多元的兼容统一。① 从闽南文化的历史构成来看，它具有多源复合、二元结构、乡土性与世界性并存的特点。

从本质上说，中原地区的社会和文化是闽南社会和闽南文化的源头。这也是林语堂儒家文化思想形成的大传统、大背景，而儒家文化则是中原地区文化的核心。以此理路出发，林语堂提出孔子的教义具有五个重要特点：一是"政治与伦理的合一"；二是"礼——理性化的社会"；三是"仁"——己所不欲，勿施于人；四是"修身为治国平天下之本"；五是"士"——知识阶级。② 由以上内容可以看出，林语堂对儒家思想的基本判断、对孔子思想特性的把握，符合中原文化对儒家思想的认识。

文化具有的地域特点体现于作家身上，则在思维方式、文化选择、文

---

① 刘登翰. 论闽南文化——关于类型、形态、特征的几点辨识［J］. 福建论坛（人文社会科学版），2003（5）：79-84.

② 林语堂. 林语堂名著全集（第二十二卷）［M］. 长春：东北师范大学出版社，1994：6-14.

化态度、文学创作实践方面呈现出差异。对林语堂创作实践及其人生经历进行考量，我们可以看到他始终保持着独立个性，和主流意识保持着距离，甚至有时候表现出一种野性和蛮性。林语堂对儒家文化整体的态度是欣赏、推崇、践行和传播，但并非盲目崇拜。他对儒家文化也有批评："我们切切不可再走上程朱谈玄的途径。所谓'宋明理学极敝，然后清学兴，清学既兴，治理学者渐不复能成军'（梁任公语），就是因为宋学养出来谈空说性的人物，一副假道学面孔，令人望而生恶。"① 林语堂对儒家文化的态度，即体现出闽南文化"崇儒"和"远儒"并存的两极走向。

同时，儒家文化在林语堂笔下，经常和西方文化思想相对应，体现出开放、包容、世界性的特质，这是林语堂的过人之处。除此之外，林语堂身上还承袭了闽南人积极进取、开拓异邦的冒险精神，以及重商趋利、脚踏实地的务实精神。这些性格特点，使林语堂有了独特的人生经历，在林语堂对儒家文化思想进行阐述、传播的过程中都有所呈现。比如，林语堂更多地欣赏儒家文化的世俗性、人文性，而不是像中原文化那样，常常将儒家思想和君权、"三纲五常"结合在一起；林语堂欣赏孔子的幽默、闲适，常常调侃孔子，而不是将孔子当作高高在上的圣人崇拜；他一生创作的唯一一部戏剧是《子见南子》，塑造了一个有情有义、真实可爱的孔子，结果引起了一场风波。综上所述，闽南文化在林语堂的创作中刻下了烙印，这使林语堂和其他作家有了区分度、辨识度，也使林语堂的儒家文化思想整体呈现开放、兼容的姿态，具有多源复合、二元结构、乡土性与世界性并存的特征。

其二，林语堂受到闽南儒学的熏陶。闽南儒学是闽南文化的一部分，在这里专门提出进行讨论，是因为闽南儒学为林语堂儒家文化思想的形成奠定了基础。在古代中国文化的版图上，闽南与中原天各一方，闽南素有蛮荒之谓。唐垂拱二年（686），陈元光被任命为首任漳州刺史。在治理漳州期间，他采取儒家治政之策，恩威并施，推行教化之道。于是儒学自唐初在闽南落地生根，至朱熹在漳州、泉州施政以后发展壮大，儒学大师辈出，至宋、元、明、清诸朝代有名家。著名理学大家蔡清对闽地儒学评论

---

① 林语堂. 论文艺如何复兴法子［M］//林语堂. 林语堂名著全集（第十六卷）. 长春：东北师范大学出版社，1994：54.

称："自是，闽士始知所向慕，儒风日以振起，相师不绝。迤逦至于杨龟山、李延平辈，分河洛之派，授之朱子，而正学大明，道统有归，吾闽遂称'海滨邹鲁'矣，是正有类夫瓜瓞之势，其蔓不绝，至末而益大者。"[①]其时闽南被誉为"海滨邹鲁"，可见闽南儒学的兴盛。

在闽南儒学的形成过程中，朱熹的理学影响尤甚。朱熹（1130—1200），南宋杰出的思想家、哲学家、教育家。他一生在闽南前后待了七八年，闽南是他任职时间最长的地方。他任地方官时，其教化与改革冲击了漳州，后人称赞漳州自从朱熹过化以后，百姓都知道冠婚丧祭之礼，都学习尧舜周孔之学了。朱熹重教兴学，他提倡的文教之风促进了闽南文化发展，重道授业、爱学勤问、潜心著书成为一种风气。教化之风遍布流行，林语堂生活的家乡——平和县也在其中。《平和县志》记载："唐以来重僧，宋以后崇儒，紫阳（朱熹）之化也。士尚气节，读书无论贫富。岁首延师受业，虽乡村数家聚处，亦各有师。"[②]可见，平和县民间读书风气也相当兴盛。林语堂从闽南文化母体中获得了文化基因，吸吮了最初的乳汁。据林语堂回忆，1905年左右，父亲林至诚设计的新教堂在平和县坂仔村落成，为此，父亲专门跑到漳州买来一副朱熹手迹拓本的对联贴在教堂的门口。由此可见，儒学风气已深入民心。

同时，儒学代表人物王阳明也对闽南文化具有重要影响。林语堂一生与王阳明有很多联系。首先，其出生地和王阳明有关。林语堂出生于平和县，其县名正是由王阳明拟定。正德十一年（1516）九月，在兵部尚书王琼的推荐下，王阳明被擢升为都察院左佥都御史，巡抚南安、赣州、汀州、漳州等地。正德十四年（1519）农历三月，平和置县，王阳明为其取名"平和"，寄托了王阳明的良好愿望"寇平而民和"。其次，林语堂童年的记忆中有王阳明。林语堂10岁时坐船从西溪航道走出平和，走向厦门，走向世界。他们从平和到小溪，只能坐小船，到小溪再换大船直抵厦门。平和小溪，又名琯溪、溪口，为了纪念王阳明，曾一度名为阳明镇，现在刚进入平和县的路段有一条路还被命名为阳明路。最后，1966年，林语堂从美

---

① 蔡清．书欧阳行周先生文集序［M］//欧阳詹著，廖渊泉点校．欧阳四门集．出版单位不详，2003：154-155．
② 王相修，姚循义修，郑丰稔纂．（康熙）平和县志［M］．上海：上海书店出版社，2000：189．

国回国定居台湾阳明山。阳明山和曾名为阳明镇的小溪同名也许仅仅是机缘巧合，但这就是林语堂与儒家的缘分吧。

闽南文化独有的海洋文化生成环境，使闽南人既恪守中原文化的规则，又具有海洋性特征，如敢于冒险、心胸开阔等特点。这使林语堂的儒家文化思想既受到中原儒家文化思想的影响，又具有闽南文化特质。朱熹和王阳明这两位儒家文化发展历史上重要人物的影响力，形成一片沃土，为林语堂日后发展补给营养；他们的事迹、言论，时时萦绕在林语堂的心头。这种不可替代的人文环境为林语堂提供了对儒家文化足够的文化积累与切身的情感认同。

二 孝悌仁义之家：林语堂儒家文化伦理意识的自觉

在历史的发展过程中，儒家文化传统根据尊卑、长幼、亲疏、远近等人际秩序，形成了以"五伦"为核心的人际关系传统，后又发展成为"三纲五常"。而在"五伦"中，儒家文化又特别强调以血缘为基础的家庭秩序。林语堂的家庭是一个典型的儒家传统家庭，充满了和睦、孝亲、仁爱氛围。家庭良好的诗书学礼传统、淳朴美好的价值取向，渗透于林语堂的精神世界，也铭刻于他的心中，让他具有儒家传统的处世方式和儒家文化伦理意识的自觉。

第一，侍亲悯国：孝悌与家国观念。善事父母谓之"孝"，兄友弟恭谓之"悌"。孝悌，自古以来是中华民族尊崇的伦理规范，是民族的美德，是儒家伦理准则的基本范畴。林语堂正是生活于这样一个父母慈爱、兄弟姐妹情感深厚的孝悌之家。林语堂共有兄弟姐妹 7 人，他与兄弟姐妹之间非常友爱和睦，小时候从不争吵，林语堂的哥哥毕业后资助他完成学业，林语堂后来和弟弟林幽一起办杂志。为了帮助大嫂改善生活，林语堂将其创办的《宇宙风》的版权赠给她。抗战期间，他听说侄女林惠恬家遭土匪抢劫，又主动从美国寄钱给她补贴家用。林语堂原生家庭的和谐温馨，诚如《孝经·广要道》谈到的"教民亲爱，莫善于孝。教民礼顺，莫善于悌"[①]。

林语堂自小和二姐关系很好，因为家庭贫困，父母不能送二姐读大学，林语堂对此一直心怀不安。回忆起当年乘船送二姐出嫁，二姐给了他四毛

---

① 阮元校刻. 十三经注疏（第五卷）［M］. 北京：中华书局，2009：5558.

钱，眼中含泪而面带微笑对他说："我们很穷，姐姐不能多给你了。你去好好的用功念书，因为你必得要成名。"① 林语堂自述自己上大学，一部分是出于父亲的热望，一部分是深知二姐的愿望。儒家文化思想的理想人格是内圣外王，有功于名，有利于世，强调道德修养与注重功利并存。二姐对林语堂简单而朴素的期望，其实也是中国家庭自古以来对年轻人的期望，包含着儒家"功成名就"的思想，是儒家文化塑造的理想人格。这样的儒家理想人格从小就在林语堂的心里扎下了根。

国家由若干个独立的家庭组成，家庭是社会的细胞，有家才有国，国存而家在。家庭教育、家庭环境影响是一个人最早期、最直接、最基本的教育来源。从林语堂的家庭教育可以看出，林语堂从小生活的环境、家庭的价值观念，充满了儒家文化的气息。这种以立志为原初、以孝悌为基础、以读书穷理克己躬行为始终的家庭教育，自然形成以修身奋斗为主干的人生价值理念，由此铸造了林语堂个人的君子气质、儒者风范，也成为林语堂儒家文化思想的直接来源、不竭动力。

第二，言传身教：至诚与立身行道。林语堂的父亲名为林至诚，"至诚"一词来自《中庸》，即要达到的完美境界，是儒家的最高思想境界，至诚无息，至诚无妄。从父亲名字的由来，也可以感受到林语堂祖辈对儒家文化的接受、认同。林至诚靠读书改变了自己的命运，他也要求自己的孩子们读书成名。为了让几个儿子读书，林至诚含泪卖掉了老家的破屋，拉下脸面向自己的学生借钱。古人说："耕也，馁在其中矣；学也，禄在其中矣。"② "朝为田舍郎，暮登天子堂"，儒家强调内圣外王，积极入世，十载寒窗就是为了一举成名。这便是《孝经》所言："立身行道，扬名于后世，以显父母，孝之终也。"③ 由此可见，林至诚对儿子寄予的希望，是一种典型的儒家功成名就、出人头地的人生信念。作为父亲的林至诚有这种想法，也是因为闽南儒学的功利性具有"入世"特征，这种风气自然会影响到百姓人家。

林语堂的父亲做人做事都体现了儒家之道。其一，为人忠诚。"忠者，

① 林语堂. 林语堂名著全集（第十卷）［M］. 长春：东北师范大学出版社，1994：6.
② 阮元校刻. 十三经注疏（第五卷）［M］. 北京：中华书局，2009：5470-5471.
③ 阮元校刻. 十三经注疏（第五卷）［M］. 北京：中华书局，2009：5526.

中也，至公无私。"① 忠者，德之正也。孔子讲："为人谋而不忠乎？与朋友交而不信乎？"② 忠，代表一种人生态度，对自己诚实，对他人忠贞，对事业责任有担当。这是一种积极进取、尽心竭力的态度。林语堂的父亲是一个忠信之人，所带学生皆有忠孝之心，对林语堂可谓具有言传身教之功。林语堂的父亲每次经过漳州，都住在他的一个学生家里。这个学生以前家里贫穷，在跟着林语堂的父亲学习的时候，林至诚送给他一顶帽子。他对这件礼物终生不忘，成年之后成为一名富翁，还资助林至诚送儿子上大学。林语堂对此印象深刻，"这就是古代中国所谓的忠——在中国小说或在舞台上所教的强烈的忠，无论武将与文臣，家仆、夫妇之间，都讲究忠"。③ 其二，林语堂的父亲具有仁爱之心，也非常具有社会责任感，他公正地帮村民调解民事纠纷，在村民中具有一定威望。正如《论语》所说："曾子曰：'士不可以不弘毅，任重而道远。仁以为己任，不亦重乎？死而后已，不亦远乎？'"④ 林语堂的父亲就是这样一个仁义之人，他一生注重解决村民的生活问题、情感需求，尽己所能为他们排忧解难。同时，他对穷人表示同情，注重义气，有极强的原则性和正义感。

良好的家庭教育，是林语堂儒家文化思想的重要来源。父母是孩子最早最好的老师，林语堂的父亲对林语堂提出的读书成名要求，不仅是个人成长的需要，也是振兴家族的寄托，他也以自身的一言一行，向林语堂传递了儒家行为道德准则，为林语堂做出了儒家行为的表率。林语堂成年之后虽在国外多年，但是一直忠诚于国家和民族，毕生笔耕不辍。他不喜欢当政客，愿意做个"食草的动物"，具有强烈的正义感，对于社会弊端猛烈抨击，他说自己"永远不骑墙而坐""不知道怎么趋时尚，看风头"⑤，无形之中都折射出父亲当年训导的影子。

三　启蒙教育：林语堂对儒家文化思想的认同

启蒙教育很重要，是一个人最初接受的文化模式和准则。林语堂 6 岁进

---

① 马融撰，郑玄注．忠经 [M]．北京：中华书局，1985：1．
② 阮元校刻．十三经注疏（第五卷）[M]．北京：中华书局，2009：5336．
③ 林语堂．林语堂名著全集（第十卷）[M]．长春：东北师范大学出版社，1994：51．
④ 阮元校刻．十三经注疏（第五卷）[M]．北京：中华书局，2009：5401．
⑤ 林语堂．林语堂名著全集（第十卷）[M]．长春：东北师范大学出版社，1994：249．

入坂仔村的铭新小学，10 岁就随哥哥到厦门鼓浪屿的教会小学就读。林语堂的启蒙教育，包括基督教文化和中国传统文化，可谓中西合璧。和中国其他传统家庭一样，林语堂的父亲用《幼学琼林》《声律启蒙》、"四书五经"这类书作为子女从小学古文的教材。由此儒学对林语堂提供了精神滋养、产生了深刻影响，使他从小就在心底烙上印痕。平日里，在傍晚的时候，父亲还用古文给他们讲解《诗经》。林语堂曾说："我所有的些少经书知识乃早年由父亲庭训而得。"①

林语堂的父亲对孟子的学说是很推崇的，这份诚心对林语堂的影响极为重要。林语堂曾回忆父亲喜欢用孟子的"天爵"与"人爵"为题，他说："当他（林至诚）在基督教讲坛谈及孟子的天爵时，他的眼睛发亮。"② 可见印象之深。蓝鼎元（字玉霖，号鹿洲）是清初儒学道南学派的代表人物，是当时的"经济之儒、文章之匠"，是与李光地、蔡世远齐名的清代"理家闽学大师"。林语堂的父亲非常崇拜蓝鼎元，把第二个儿子取名为玉霖，而且把蓝鼎元所著《鹿洲全集》作为子女读书的教材，还规定子女们都要背诵其中的《清漳赋》。中国人一向就很重视家庭的启蒙教育，特别强调用儒家经典对子女进行熏陶浸润，《颜氏家训》说："士大夫子弟，数岁已上，莫不被教，多者或至《礼》《传》，少者不失《诗》《论》。及至冠婚，体性稍定；因此天机，倍须训诱。有志尚者，遂能磨砺，以就素业；无履立者，自兹堕慢，便为凡人。"③ 以儒家文化为主体的启蒙教育对林语堂人格形成具有重要意义。

由此可知，儒家文化成为林语堂一生宝贵的精神财富。他说："我因为幼承父亲的庭训，对儒家经典根底很好，而我曾把它铭记于心，每一个有学问的中国人，都被期望能铭记孔子在《论语》中所说的话，它是有学问的人会话的重要部分。"④ 晚年的林语堂谈到少年学儒仍是感慨有加："少时常听我父亲引《孟子》说：'虽存乎人者，岂无仁义之心哉。'——这句话不知如何，永远萦绕在我心上。这样的人生观，不是很好的吗？"⑤ 我们可

---

① 林语堂. 林语堂名著全集（第十卷）[M]. 长春：东北师范大学出版社，1994：16.
② 沈金耀. 林语堂的理想文化人格 [M]. 北京：中国华侨出版社，2007：46.
③ 王利器. 颜氏家训集解（增补本）[M]. 北京：中华书局，1993：143.
④ 林语堂. 林语堂名著全集（第十卷）[M]. 长春：东北师范大学出版社，1994：62.
⑤ 林语堂. 林语堂名著全集（第十六卷）[M]. 长春：东北师范大学出版社，1994：43.

以看到，儒家思想或直接或间接地影响着林语堂的创作、精神气质和文化个性，使林语堂具有儒者风范，正如台湾著名作家张晓风的评价："我所知道的林语堂先生其实就是很难得的兼具有'君子'和'文艺复兴人物'之长的人。"① 林语堂自己也曾表示过："行为尊孔、孟，思想服老、庄，这是我个人自励的准绳。'文章可幽默，做事须认真'，也是我律己的格言。这种态度，与我少时的家教有关。"②

启蒙教育对于个人发展的重要性不言而喻，从作家的成长过程来看，启蒙教育是认知、情感认同的起点。林语堂从小所受的儒学启蒙教育，就这样渗透到林语堂的内心，塑造了林语堂的人生观、世界观，继而深入他的作品深层次，影响到他叙述表达的视角，凝结为其作品的风格。林语堂本人可谓具有君子风范，对家人、对朋友忠信诚恳，对国家对民族尽心尽力、个人自强不息、严于律己，这是对儒家文化认同的结果。这位大师的作品，无论小说、散文，总是带有温柔敦厚的品格、中和旷达的韵味，塑造的人物多是善与美的化身、坚强与仁义的合体，比如姚木兰、曼娘、杜柔安、孔立夫。与此同时，我们也要看到，林语堂所受启蒙教育的多元性也带来了林语堂思想的复杂性。林语堂的家庭是基督教家庭，家里有《圣经》、传教士的报纸，中国传统文化和异域文明就这样自然和谐地渗透在林语堂的启蒙教育之中，成为林语堂中西文化融合观的基础。正是由于多种思想元素的交织碰撞，林语堂的儒家文化思想和传统儒家文化思想相比产生了异化：既有道家的色彩，又有基督教的情怀。

四　乡贤榜样：林语堂对儒家文化思想的信仰与践行

在 20 世纪初"西学东渐"的过程中，福建省涌现出众多翻译方面的文化名人，如林纾、严复、辜鸿铭、许地山、冰心。如果没有中西文化相互碰撞交流的大环境，福建省难以出现如此多的优秀翻译家，如果没有诸多翻译家的影响，也难以成就中西合璧的林语堂。从林语堂的文学作品来看，辜鸿铭对他的影响无疑是巨大的。今天在我们看来，辜鸿铭——这位原籍

---

① 苏东坡.东坡诗文选（汉英对照）[M].林语堂英译.合肥：安徽科学技术出版社，2012："序言"1-2.

② 林语堂.林语堂名著全集（第十六卷）[M].长春：东北师范大学出版社，1994：69.

闽南的同乡，在林语堂的人生和信仰之旅中，无疑发挥着精神引领的重要作用。特别是在对儒家文化的推崇、传播方面，辜鸿铭是林语堂当之无愧的导师。

其一，辜鸿铭在精神上对林语堂有引导作用。林语堂曾谈到有两个人对他一生产生了极大的影响："在北京，我和两位有一流才智的人接触，他们给了我难以磨灭的影响，对我未来的发展有不同的贡献。"[①] 一个人是胡适，另外一个人就是辜鸿铭。辜鸿铭对儒家文化的推崇备至和不遗余力之颂扬，对林语堂产生了很大的影响。《从异教徒到基督徒》是林语堂写的一部最翔实丰富的个人精神自传作品。其中第二章"大旅行的开始"主要描写林语堂在北京时期的精神探索，这一章有一半的篇幅是介绍辜鸿铭个人及其著述的。在林语堂的自传中，他常常会对中外文化名人进行介绍、点评，但是无论是从文字的数量还是从赞美的程度来看，无人能够比得上辜鸿铭。辜鸿铭让林语堂坚定了对儒家文化的信念，开阔了眼界，确定了向西方传播儒家文化的写作方向。林语堂到美国之后，先编译作品《孔子的智慧》，十几年后才编译《老子的智慧》。林语堂在小说、散文中介绍儒家礼教文化，阐发他的"仁学观"、"中庸"思想。他认为评论一个国家的文化好不好，要看培养出的人是不是好丈夫、好儿子。而这恰恰就是儒家文化的标准。显而易见，林语堂将儒家文化视为中国文化的主流、核心、最高理想。

其二，在人格上，辜鸿铭对林语堂有潜移默化的影响。辜鸿铭虽然有时迂腐可笑，但强调人必有性情而后有气节，国家用人，首重德行。辜鸿铭曾自撰联："不忮不求，淡泊明志；庸言庸行，平易近人。"[②] 林语堂不仅佩服辜鸿铭的学识，更佩服其为人。他曾为文赞赏辜鸿铭"能言顾于行，潦倒以终世"，说他较之奴颜婢膝以事权贵者，有人兽之别。[③] 林语堂欣赏辜鸿铭这样的有个性、充分自由表达的知识分子，赏识辜鸿铭为信仰而献身殉葬的精神，这也反映在林语堂自己的文化选择上。

林语堂始终信守自己独立的文学观，这从林语堂的文学主张以及与鲁

---

① 林语堂. 林语堂名著全集（第十卷）[M]. 长春：东北师范大学出版社，1994：66.
② 黄兴涛编. 中国近代思想家文库·辜鸿铭卷 [M]. 北京：中国人民大学出版社，2015：197.
③ 谢友祥. 幸福是一项成就：林语堂人生智慧解读 [M]. 广州：中山大学出版社，2006：81.

迅在文学上的离合也能看出来，他不因私人交往而放弃自身的文学主张，也不因外力指责而改变自己的文学立场。中国文化传统强调"文以载道"，在 20 世纪 30 年代腥风血雨的时代背景下，林语堂则推崇"性灵"，办的杂志要表现"苍蝇之微，宇宙之大"，由此受到了鲁迅的批评。但是他坚持自己的文学观，提倡幽默文学、闲适风格。鲁迅去世后，他对鲁迅怀有敬意，但也没有放弃批评，这就是林语堂的真性情、独立人格之所在。

在辜鸿铭巨大的影响之下，林语堂传承了其对儒家文化思想的宣传工作。正所谓长江后浪推前浪，在大力弘扬中华传统文化方面，辜鸿铭可以说是开风气之先，而林语堂在译介中国名著的数量、创作题材的丰富性、国外读者中的影响力方面可以说超过了辜鸿铭。林语堂对辜鸿铭幽默诙谐的风格、绝妙机智的辩才、出类拔萃的英文写作水平，以及用英文直接向外国人介绍中国文化的方式都有继承，但是林语堂与辜鸿铭还是有很大的区别。从创作的文体上来说，林语堂不仅有诗歌翻译、文化评论，还有小说、戏剧；从对儒家的态度来说，不同于辜氏全面肯定中国文化，不遗余力地证明传统文化具有永久的合理性，林语堂对宋明理学、"中庸"等则进行过批判；就对中国文化的宣传广度而言，林语堂不仅宣扬儒家文化，也宣传道家文化；就文学作品的数量来看，林语堂的作品总共 60 多部，著作宏富，远远超过辜鸿铭；在世界性影响方面，林语堂也超越了辜鸿铭。林语堂逝世后，《纽约时报》在第一版报道了林语堂逝世的消息，并用很大的篇幅详细介绍了他的一生及他对中西文化的卓越贡献。

乡贤文化对林语堂产生了直接的影响，林纾、严复、林文庆等在引进西方文化方面起到了楷模的作用，尤其是辜鸿铭对林语堂的影响可以说是决定性的。对辜鸿铭的人文品格的认可，坚定了林语堂对儒家文化的信仰，影响了林语堂一生的文学创作和人生轨迹。林语堂传承了乡贤的儒家文化思想，继承并宣扬了儒家文化的理念，学习了传播儒家文化的方法，并超越了乡贤。

第三节　林语堂儒家文化思想发展分期

林语堂儒家文化思想的演变，是一个动态、发展的过程。这个发展过程和他对中国文化、西方文化的认识，他所在的时间空间、所处的时代背景分不开。林语堂对文化的解读方式，不是靠书本、他人的注解，而是直接拿人生当课本，是运用他的亲身体验、尝试和思考。他说："我的思想并不怎样深刻，读过的书也不怎样广博。一个人所读的书太多，便不辨孰是孰非了。""在专门技术上讲，我所应用的方法，所受的训练都是错误的，我并不读哲学而只直接拿人生当做课本，这种研究方法是不合惯例的。"① 林语堂的儒家文化思想随着他的人生轨迹自然而然发生改变，这是一条"之"字形的路线。

第一，1895—1928 年是林语堂儒家文化思想的启蒙期。在这个时期，林语堂受到家庭的启蒙，自述："我因为幼承父亲的庭训，对儒家经典根底很好，而我曾把它铭记于心，每一个有学问的中国人，都被期望能铭记孔子在《论语》中所说的话，它是有学问的人会话的重要部分。"② 父亲的言传身教对他影响很大，与此同时，基督徒身份、西方文化的传入也使他的家庭教育呈现中西合璧的特点，西方的教育游学经历使他的知识积累更加丰富和多元。

1923 年，留学回国之初的林语堂对儒家文化的认识显得笼统而简单。在这个阶段，受到当时"全盘欧化"的影响，林语堂对儒家文化有所批判，其中批判最厉害的就是"中庸"。林语堂所理解的"中庸"，主要是指惰性、奴性、不建设、落后。他说："个人以为中庸哲学即中国人惰性之结晶，中庸即无主义之别名，所谓乐天知命亦无异不愿奋斗之通称。中国最讲求的是'立身安命'的道理，诚以命不肯安，则身无以立，惟身既立，即平素所抱主义已抛弃于九霄之外矣。中国人之惰性既得此中庸哲学之美名为掩护，遂使有一二急性之人亦步步为所吸收融化（可谓之中庸化），而国中稍有急性之人乃绝不易得。及全国既被了中庸化而今日国中衰颓不振之现象成矣。"③ 甚至"故儒道一日不打倒，法治一日不能实现。拉杂书来，尽是废话，明知揭发人之阴私，要遭人白眼，实亦无可奈何"④。

林语堂对于"仁"也产生颇多疑惑。他曾经说："是这样的，孔二先生

---

① 林语堂. 林语堂名著全集（第二十一卷）［M］. 长春：东北师范大学出版社，1994："自序" 2-3.

② 林语堂. 林语堂名著全集（第十卷）［M］. 长春：东北师范大学出版社，1994：62.

③ 林语堂. 论性急为中国人所恶——纪念孙中山先生［M］//林语堂. 林语堂名著全集（第十三卷）. 长春：东北师范大学出版社，1994：15.

④ 林语堂. 梳、篦、剃、剥及其他［M］//林语堂. 林语堂名著全集（第十四卷）. 长春：东北师范大学出版社，1994：277.

老是说仁，但总说不出一个仁的影儿来，让人捉摸不定，'瞻之在前，忽焉在后'。颜渊问仁，孔子说：'一日克己复礼，天下归仁焉，为仁由己，而由人乎哉？'等到颜渊请问其目，孔子答的却不是仁之本身，而是礼了（'非礼勿视，非礼勿听……'），这叫人怎么办呢？仲弓问仁，孔子说的又是礼，'出门如见大宾，使民如承大祭……'。"①

在林语堂儒家文化思想的启蒙期，林语堂对于儒家文化，还处于一种学习、体验、揣摩的状态。这也是林语堂对多元文化的吸纳阶段，为他复杂的儒家文化思想形成提供了前期准备。家庭教育多元化影响埋下了儒家思想的种子，也预兆了中西合璧的可能性。回国之初这段时间他对儒家文化的评判基本上持否定的态度。今天看来，这源自从众思维和潮流思维——不可避免地走向绝对和僵化的思维。但是在当年，同许多文化战士一样，林语堂对他所批判或所选择的东西实在还知之不多、知之不深，只凭借热情和流行概念勇猛冲锋。② 林语堂对儒家文化的两个核心概念——"仁"和"中庸"也表达了自己的看法，但其认识模糊不清、概念冲突、囫囵吞枣，情感大于理智、主观胜于客观，是思想不够成熟的表现。

第二，1928—1957 年是林语堂的儒家文化思想发展期。"五四"的风潮已经慢慢过去，林语堂对中国传统文化处于学习、理解、提高阶段。他说："当我由海外归来之后，从事于重新发现我祖国之工作，我转觉刚刚到了一个向所不知的新大陆从事探险，于其中每一事物皆似孩童在幻想国中所见的事事物物之新样，紧张，和奇趣。同时，这基本的西方观念令我自海外归来后，对于我们自己的文明之欣赏和批评能有客观的，局外观察的态度。"③ 林语堂对中国传统文化学习的渴望和热情以及他学习中国文化的经历，预示着他另类解说的可能性。林语堂认为："新儒学的清教徒们总是曾试把孔子描绘成一个拘执小节，具有尊严的圣人。他们把他弄成一个缺乏人味完美的圣人。"④ 1928 年，在林语堂的独幕剧《子见南子》中，他就塑造了一个有血有肉、近情讲理的孔子形象，把孔子从神坛上拉了下来。对孔子形象的塑造也体现出林语堂对孔子形象的独立思考，以及对孔子形象、

---

① 林语堂. 林语堂名著全集（第十八卷）[M]. 长春：东北师范大学出版社，1994：193.
② 谢友祥. 林语堂的文化批判和文化选择 [J]. 文学评论，2001（3）：75-78.
③ 林语堂. 林语堂名著全集（第十卷）[M]. 长春：东北师范大学出版社，1994：21.
④ 林语堂. 林语堂名著全集（第十卷）[M]. 长春：东北师范大学出版社，1994：90.

儒家文化别样理解的端倪。

这段时间，林语堂著述多篇（部）论著集中阐释其思想，包括《中国文化之精神——一九三二年春在牛津大学和平会演讲稿》（1932）、《思孔子》（1935）、《生活的艺术》（1937）中第五章第二部分"情智勇：孟子"。前期林语堂还会在中西文化、传统文化与现代文化文明之间犹豫徘徊、摇摆不定，如在 1929 年底的演讲《机器与精神》中林语堂批评了中国文化中的"听天由命""中庸不偏"，但 1932 年春在演讲中林语堂则多有赞美东方文明之语，尤其是对于传统人文精神中的"执中""不偏倚"，他说："讲情理者，其归结就是中庸之道。"① 随后，林语堂对儒家文化的态度逐渐明朗，即有限度的肯定，以肯定为主。西方文化、儒家文化、道家文化在林语堂身上逐渐协调统一起来。

林语堂儒家文化思想的发展期也是其积极宣传儒家文化的时期。1936 年，随着著作《吾国与吾民》在国际上获得声誉，林语堂应赛珍珠的邀请赴美国，之后逐步开始中国文化的译介工作。1938 年林语堂出版了著作《孔子的智慧》，"导言"部分阐明了林语堂对儒家文化的认识。《孔子的智慧》是林语堂到美国之后进行中国文化译介的第一本著作，这本书不是简单的译著，编辑、体例凝聚了林语堂的心血，是林语堂儒家思想的表达。1942 年，他又编译了《中国印度之智慧》一书，介绍中国传统文化，包括《尚书》《孟子》《中庸》《论语》若干篇目。林语堂赴美之后，首先想到的是翻译儒家文化作品，将孔子的智慧推向世界，由此可见林语堂对儒家文化的重视。这一时期也是林语堂创作的高峰期。他的文化评论《吾国与吾民》《生活的艺术》、小说《京华烟云》《朱门》《风声鹤唳》、政论《讽颂集》《啼笑皆非》中，都闪烁着儒家文化，也是他儒家文化思想的丰富表达。

在这个阶段，林语堂的儒家文化思想逐渐发展，呈现以仁爱精神为本位、以世俗生活为旨归、复兴儒学的特点。这种儒家文化思想以原始儒家文化思想为根，结合中西文化特点糅合而成。林语堂经过了"跟着别人说"到"我要说"的阶段，对于儒家文化游刃有余、信手拈来。他的"仁学观"

---

① 林语堂. 中国文化之精神——一九三二年春在牛津大学和平会演讲稿［M］//林语堂. 林语堂名著全集（第十三卷）. 长春：东北师范大学出版社，1994：146.

"中庸"思想都已经自成体系,对儒家文化的认识逐步发展并通过作品显现出来。

第三,1957—1976 年是林语堂儒家文化思想的成熟期。随着岁月的流逝,林语堂对"仁""中庸"的思考日益成熟,形成了个人风格。1959 年,林语堂撰写《从异教徒到基督徒》,这一部自传是林语堂精神的传记。其中一章"孔子的堂奥",把孔子、子思、孟子一脉儒家的主要理论进行了梳理,同时比较系统地阐述了他的"仁学观"。林语堂认为孔子的理想是最好的人和真人性,谈到子思时,他说:"因此,这种教人'完成我们的人性'就是合乎道德律的最初的,古典的儒学;和后来十二世纪及十三世纪,因佛教'孽'的思想的介入,而有注重节制及惧怕情欲的倾向的新儒学,立于对立的地位。"① 在谈到孟子时,他认为孟子以"人"释"仁",强调内在的修养以达到理想人格的培养,从人的心、性出发去解释社会历史和人际关系,提出"尽心""知性""知天"的天人和谐一致的思想。②

1974 年出版的《无所不谈合集》集中了林语堂自 1964 年春到 1968 年所写的杂文。合集中《说诚与伪》《论孔子的幽默》《孟子说才志气欲》《再论孔子近情》几篇文章体现出林语堂对儒家文化的赞赏。他在《无所不谈合集》的"序言"中专门说道:"书中杂谈古今中外,山川人物,类多小品之作,即有意见,以深入浅出文调写来,意主浅显,不重理论,不涉玄虚,中有几篇议论文,是我思想重心所寄。如《戴东原与我们》《说诚与伪》《论中外之国民性》诸篇,力斥虚伪之理学,抑程朱,尊孔孟,认为宋儒之以佛入儒,谈心说性,去孔孟之近情哲学甚远,信儒者不禅定亦已半禅定,颜习斋、顾亭林已先我言之。此为儒家由动转入静之大关捩,国人不可不深察其故。"③ 这段话可以看作林语堂对儒家文化的基本态度,既赞赏有加又不失批评,也即有限度的肯定和否定合二为一,肯定为主,否定为辅。此时林语堂的儒家文化思想和其他思想早就浑然天成、不分彼此,你中有我、我中有你,和谐共生,共同熔铸成"一团矛盾"。

以上三个阶段,是林语堂儒家文化思想的大致分期。诚如王兆胜所说:

---

① 林语堂. 林语堂名著全集(第十卷)[M]. 长春:东北师范大学出版社,1994:102.
② 陈正夫. 儒学的历程与影响[J]. 南昌大学学报(人文社会科学版),1988(1):17-25.
③ 林语堂. 林语堂名著全集(第十六卷)[M]. 长春:东北师范大学出版社,1994:"序言"1.

"如要概括林语堂对中国文化的基本态度，大致有这样较为明晰的线索：早年是激进的反对派，此时他以欧风美雨的情怀希望'欧化'中国；人到中年，他开始逐渐认识中国文化之特性，并给予了辩证的理解；晚年，他目睹了世界的风云际会，认为中国文化精神更适合于人的生存、快乐和幸福，于是有了'倒转回归'之意趣。"①

综上所述，本书探讨的林语堂儒家文化思想生成的复杂性，无疑是中国现当代文学史上其他作家所无法比拟的。林语堂儒家文化思想的发展分期，体现出历史、人文、地理、家庭、先贤影响互相交织的形态，多种因素形成合力共同塑造了林语堂的儒家文化思想风格。这来源于闽南文化、家庭环境、先贤榜样的影响、渗透、浸润、磨合、塑造。从历史长河来看，从19世纪开始，中国文化对世界的影响力逐步下降，更不用说到19世纪末的时候，中国沦为半殖民地半封建社会，经济上一败涂地，文化被随意践踏。而中国文化的重要组成部分——儒家文化的地位也是江河日下，在20世纪初遭到猛烈抨击。但是，中国文化的魅力永存，经过历史的检验在今天重新大放光彩。林语堂的儒家文化思想，在促进中华文化对外传播方面的重大贡献不容忽视，我们要向林语堂致敬、向他学习。纵观历史，在对中国文化传播有突出贡献的中国人中，无论是从作品的数量、质量，还是从世界影响力来看，林语堂都是首屈一指的。传播中国文化，我们要回头看，学习林语堂的执着、理念和方法；我们要向前进，看到后来居上的信心。

---

① 王兆胜．林语堂的中国文化观［J］．东岳论丛，2009，30（7）：79-86.

第二章　林语堂儒家文化思想研究（一）

——以专著和论文为对象

本章主要以专著和论文为对象讨论林语堂的整体儒家文化观、具体儒家文化思想——"仁学观"和"中庸"思想。第三章则从林语堂的文学作品入手研究林语堂的儒家文化思想。之所以将林语堂儒家文化思想研究分为两章，是因为两章的切入点不同。专著和论文是林语堂儒家文化思想的直接呈现；而文学作品具有虚构性，是林语堂儒家文化思想的间接呈现。将二者加以结合进行探究才能确保研究的完整性。本章通过对林语堂与儒家文化思想有关的专著和论文进行梳理，讨论林语堂的整体儒家文化观，以及具体的儒学观——"仁学观"和"中庸"思想，从而把握林语堂儒学思想的主要内容和内在机制。批判与赞美、肯定与否定、主观与客观，林语堂的儒家文化思想因为多种因素的协调和谐而生。

第一节　林语堂关于儒家文化思想的著述

要研究林语堂的儒家文化思想，需要对其关于儒家文化思想的著述做全面的梳理。首先看专著。1938 年林语堂在美国编译专著《孔子的智慧》，书的内容包括《史记》中的《孔子世家》、《论语》《孟子》《大学》《中庸》《礼记》中的代表性章节，后者前四种同"四书"的组成大同小异，可以理解为"四书"的节译本。19 世纪中叶英国学者雷格曾将"四书""五经"译成英文，但林语堂没有采用其译文。在《孔子的智慧》这本书中，林语堂仅仅采用中国学者又是福建同乡的辜鸿铭翻译的《中庸》，对其稍加修改收进书中，其他各篇都由林语堂英译而成。虽然这本书主要是翻译，但林语堂特地写了一篇万余字的"导言"，颇为详尽地评述孔子及其儒家学说的内容和特点。其中林语堂对孔子思想进行总结："孔子的思想是代表一个理性的社会秩序，以伦理为法，以个人修养为本，以道德为施政之基础，以个人正心修身为政治修明之根柢。由此看来，最为耐人深思之特点是在取消政治与伦理之间的差异。"① 翻译是沟通，也是创作，林语堂向西方读者介绍孔子，不仅翻译中国儒家典籍，而且注入了他自己对孔子学说的理解和阐释。

1942 年林语堂出版《中国印度之智慧》一书，其中一册《中国的智慧》包括对《尚书》《孟子》《论语》《中庸》的部分章节的翻译。《尚书》《孟子》采用理雅各的翻译，《中庸》采用辜鸿铭的翻译，《论语》由林语堂英译，内容和《孔子的智慧》中《论语》部分一致。这四部作品各有一篇序言，林语堂借此机会对儒家文献进行了介绍和评论。

其次是论文。1913 年，林语堂所撰英文文章 "The Revival of Confucianism"（《儒教的复兴》）载《约翰声》第 24 卷第 8 期英文版，署名 "Lin Yu - t'ang"。② 1916 年，林语堂所撰英文文章 "The Chinese Conception of 'Li'（礼）"（《中国人的"礼"观念》）载《约翰声》第 27 卷第 5 期英文版，署名 "Lin Yu - t'ang"。目录题名为 "The Chinese Conception of 'Li'"。③ 1917 年，所撰英文文章 "Li：The Principle of Social Control and Organization in China"（《礼：中国社会控制与组织之原则》）载《中国社会及政治学报》（*The Chinese Social and Political Science Review*）第 2 卷第 1 期（第 106-118 页）。目录署名 "Yu-t'ang Lin"，正文署名 "Lin Yu-t'ang"。"Li" 即 "礼"。④ 1930 年 11 月 25 日夜间 9 时 15 分，林语堂应邀到上海外国基督教青年会（Foreign Y. M. C. A）发表题为 "Confucius as I Know Him"（《思孔子》）的演讲。⑤ 1941 年 3 月，所撰英文文章 "The Last of the Confucianists"（《最后的儒家》）载《时尚先生》（*Esquire*）第 15 卷第 3 期（第 27、122-123 页），署名 "Lin Yutang"。⑥ 1955 年 4 月 4 日，所撰英文文章 "Communists and Confucius"（《共产党与孔夫子》）载《生活》

① 林语堂. 林语堂名著全集（第二十二卷）[M]. 长春：东北师范大学出版社，1994：3.
② 郑锦怀. 林语堂学术年谱 [M]. 厦门：厦门大学出版社，2018：23.
③ 郑锦怀. 林语堂学术年谱 [M]. 厦门：厦门大学出版社，2018：29.
④ 郑锦怀. 林语堂学术年谱 [M]. 厦门：厦门大学出版社，2018：32.
⑤ 郑锦怀. 林语堂学术年谱 [M]. 厦门：厦门大学出版社，2018：119.
⑥ 郑锦怀. 林语堂学术年谱 [M]. 厦门：厦门大学出版社，2018：325.

(*Life*) 第 38 卷第 14 期（第 81、83-84 页），署名 "Lin Yutang"。内附一张林语堂照片及个人简介。[①] 1966 年 7 月 11 日，所撰《说戴东原斥宋儒理学》载当日《台湾日报》第 6 版、《台湾新闻报》第 7 版。[②] 1967 年 5 月 22 日，所撰《喝！孟子》载当日《台湾日报》第 10 版。[③] 在 1923 年至 1968 年 40 余年间，林语堂还用中文写有十余篇评论专门论述儒家思想，包括《论孔子的幽默》《再论孔子近情》《孟子说才志气欲》等。

最后，林语堂还有其他一些和儒家有关系的作品。比如林语堂的辑译作品 "The Humour of Mencius"（《孟子的幽默》）载《中国评论周报》第 8 卷第 1 期的 "小评论" 专栏（第 17-18 页）。目录与正文文末均署名 "Lin Yutang"。另，该文内含两个故事，分别译自《孟子·离娄》与《孟子·梁惠王》，后收入林语堂的《英译老残游记第二集及其他选译》（商务印书馆，1936）。[④] 1935 年，林语堂写成代表作文化评论《吾国与吾民》一书，其中第四章 "人生之理想" 中 "中庸之道" 一节，介绍孔子学说的中心思想。1937 年，林语堂写成《生活的艺术》，第五章 "谁最会享受人生" 写有 "情智勇：孟子""'中庸哲学'：子思" 两节。1959 年，林语堂撰写自传《从异教徒到基督徒》，其中第三章为 "孔子的堂奥"。除此之外，一些单篇文章之中，也有林语堂对儒家文化的评论，比如《给玄同先生的信》《中国文化之精神———一九三二年春在牛津大学和平会演讲稿》《谈螺丝钉》等。

第二节　林语堂的整体儒家文化观

众所周知，在 "五四" 新文化运动反传统前提下，"打倒孔家店" 成为当时的思想风潮，但林语堂是个例外。他提出孔子、孔教、儒家文化有区别，还表达出对孔孟由衷的崇敬，并对儒家文化的现代价值给予充分的肯定。林语堂说："儒家思想，若看做是恢复封建社会的一种政治制度，在现代政治经济的发展之前，被人目为陈旧无用，若视之为人道主义文化，若

① 郑锦怀. 林语堂学术年谱 [M]. 厦门：厦门大学出版社，2018：402.
② 郑锦怀. 林语堂学术年谱 [M]. 厦门：厦门大学出版社，2018：438.
③ 郑锦怀. 林语堂学术年谱 [M]. 厦门：厦门大学出版社，2018：444.
④ 郑锦怀. 林语堂学术年谱 [M]. 厦门：厦门大学出版社，2018：197.

视之为社会生活上基本的观点，未免失当。我认为儒家思想，仍不失为颠扑不破的真理。儒家思想，在中国人生活上，仍然是一股活的力量，还会影响我们民族的立身处世之道。"① 由这段话可知，林语堂重视儒家文化的现代价值和生命力。正如有研究者指出："林语堂主要不是从政治、思想的角度关注孔子和儒家思想，而是从伦理、人情、人格、生活等方面探讨儒家思想的独特性和价值，表现出他作为文化智者的人文情怀。"② 林语堂看待儒家文化的着眼点在文化、人情。

一 坚定的信念：儒家文化是中国的人文主义

林语堂的儒家文化观，其中最重要的一点就是他坚信儒家文化就是"中国的人文主义"，并且为世界文明做出了巨大的贡献。1932 年 9 月《论语》创刊成为林语堂文学风格改变的重要标志。自此，林语堂改变《语丝》时期的"浮躁凌厉"之风，提倡和追求"幽默""闲适""性灵"，开始用东西方互补的眼光来重新审视和解读中国文化，逐渐形成他自己的中国文化观。特别是通过《子见南子》（1928）、《孔子亦论语派中人》（1932）、《论幽默》（1934）、《孔子的智慧》（1938）等一系列中英文著译和论文对以孔子为代表的儒家文化进行重新解读，林语堂把孔子从"圣人"的祭坛上拉回了世俗人间，既"还孔子之真面目"，又否定了千百年来禁锢人们思想和扼杀人性的封建礼教。林语堂以其独特的解读方式，使孔子的人文主义思想渐渐浮出水面，林语堂自己也成为"论语派中人""幽默祖师"以及中国人文主义的"先驱"。③

何谓"中国的人文主义"？林语堂在《人生之理想》一文中，对儒、道、释文化给出宏观的评价。他强调孔子是一个人文主义者，孔子学说是一种对待人生与宇宙事情以"人"为中心、以中庸之道为核心的思想，要求人们为人处世合乎人情的"常轨"。林语堂坚信孔子是一个人文主义者，儒家文化是"中国的人文主义"。那么，到底什么是"人文主义"？"中国的人文主义"从何而来？在中国文化传统当中，"人文"一词最早见于《周

---

① 林语堂．林语堂名著全集（第二十二卷）［M］．长春：东北师范大学出版社，1994：2.
② 罗昌智．"半在尘世半为仙"：林语堂的信仰之旅［J］．浙江工商大学学报，2008（3）：41-47.
③ 冯志强，朱一凡．编辑出版家林语堂的编译行为研究［J］．中国翻译，2011（5）：27-33.

易·贲》："刚柔交错，天文也；文明以止，人文也。观乎天文，以察时变；
观乎人文，以化成天下。"① 孔颖达解释："观乎天文，以察时变者，言圣人
当观视天文，刚柔交错，相饰成文，以察四时变化。……观乎人文，以化
成天下者，言圣人观察人文，则诗书礼乐之谓，当法此教而化成天下也。"②
由此可见，"人文"一词在中国传统文化中与"天文"一词相对应出现，所
谓"天文"指的是自然界的运行规则，而"人文"指的是人类社会的运行
定律。中国传统文化的人文精神由早期儒家发展而来，有研究者指出："殷
周之际的人文思想毕竟只是一种萌芽，散见于诸如《尚书》《诗经》等一些
典籍中，其发展成为一种系统的思想，则是与孔子等早期儒家的大力倡导
和弘扬分不开的。"③

　　"人文"一词在西方始用于 15 世纪末，意大利人用 Humanista 指古典语
言和文学，后来出现"人文学科"一词，指包括法律等与人性修养和制约
相关的所有学问。1808 年德国教育家尼特哈麦（F. J. Niethammer）提出
"人文主义"（Humanismus）概念，乔治·伏伊格特（George Voigt）于 1859
年出版的《古代经典的复活》将此概念当作一个正式命题加以使用。次年，
经过伯克哈特在《意大利文艺复兴时期的文化》中的响应和更广泛的运用，
人文主义一度成为西方学术文化中的流行命题。④ 此后，人文主义在意念理
性的意义上反复被灵活地使用。总而言之，"人文主义"作为一个专有名
词，源于欧洲文艺复兴时期，指代表资产阶级文化的主要思潮，具体来说
是指与中世纪神学不同、以人和自然为对象的世俗文化。人文主义，反对
蒙昧主义、禁欲主义、神秘主义。⑤ 林语堂所谓"中国的人文主义"，实际
上是借用西方"人文主义"概念的外壳，承载中国文化人文精神内核。李
宗桂认为："人文精神……是对人的价值的肯定，是对人之所以为人在理论
和实践方面的回答，是对人这个族类的精神追求的探讨、提升，是对民族
文化的兴衰存亡的'终极关怀'和自觉奉献。"⑥ "就中国古代文化传统而

---

　① 阮元校刻. 十三经注疏（第一卷）[M]. 北京：中华书局，2009：75.
　② 阮元校刻. 十三经注疏（第一卷）[M]. 北京：中华书局，2009：75.
　③ 曹金祥. 儒家思想的人文精神及其现代意义 [J]. 理论月刊，2003（12）：61-63.
　④ 朱寿桐. 新人文主义的中国影迹 [M]. 北京：中国社会科学出版社，2009："前言" 2.
　⑤ 李宗桂. 民族文化素质与人文精神重建 [J]. 哲学研究，1994（10）：48-53.
　⑥ 李宗桂. 民族文化素质与人文精神重建 [J]. 哲学研究，1994（10）：48-53.

言，人文精神包含着并体现为仁民爱物、修己安人、义以为上、天人合德、以人为本、刚健有为、贵和尚中等中国文化的基本精神和价值观念。"① 也就是说，"人文主义"这一概念产生于西方，但是中国却于无形中履行着人文主义之实，中国的人文主义也就是中国人文精神的集中表达方式。

林语堂坚信儒家文化是"中国的人文主义"，这一观念和美国文学评论家白璧德"新人文主义思想"有深层的关系。白璧德的新人文主义思想是以传统的、保守的文化价值观对近现代资本主义文明进行反观，反对现代主义和科学主义思潮，认为是它们导致了西方价值传统的没落。在东方学说中，白璧德崇拜孔子，高度肯定中国传统文化的主体——儒学，并把它视为世界反对资本主义物化与非理性化斗争的重要组成部分。② 白璧德所建立的中西古典人文思想以古希腊哲学、基督教精神为经，以梵典、儒家哲学为纬，最终完成了"人文的君子的国际主义"③。

林语堂一直否认自己曾受到白璧德的影响，而事实上白璧德对林语堂的影响始终以一种曲折、隐晦的方式存在。朱寿桐在专著《新人文主义的中国影迹》一书中，将梁实秋称为"文学人文主义"者，将林语堂称为"性情人文主义"者。④ 陈旋波认为，林语堂虽然一直予以否认和回避，但其后期文艺思想实际上是与新人文主义暗合和会通的。⑤ 朱寿桐的《林语堂之于白璧德主义的思想邻壑现象》一文，谈到林语堂是一位"白璧德式的'人文主义宗教'的信奉者"。⑥ 他还说："林语堂是一个人文主义者，上个世纪50年代曾承认'三十多年来我唯一的宗教乃是人文主义'，不过他却不直接承认自己的人文主义与白璧德新人文主义的精神联系。他的学术'出身'注定了他与新人文主义有着无法切断的联系，至少这种新人文主义构成了他的思想和学术环境。他对自己所处的这种思想环境越是加以批判，

---

① 李宗桂. 民族文化素质与人文精神重建 [J]. 哲学研究, 1994 (10)：48-53.
② 陈旋波. 林语堂与白璧德的新人文主义 [J]. 华侨大学学报 (哲学社会科学版), 1997 (2)：32-36.
③ 陈旋波. 林语堂与白璧德的新人文主义 [J]. 华侨大学学报 (哲学社会科学版), 1997 (2)：32-36.
④ 朱寿桐. 新人文主义的中国影迹 [M]. 北京：中国社会科学出版社, 2009："前言" 4.
⑤ 陈旋波. 林语堂与白璧德的新人文主义 [J]. 华侨大学学报 (哲学社会科学版), 1997 (2)：32-36.
⑥ 朱寿桐. 林语堂之于白璧德主义的思想邻壑现象 [J]. 福建论坛 (人文社会科学版), 2008 (7)：93-96.

越是悲哀地发现自己根本无法从这个环境中分离出来，正像一个身陷沼泽的人越是想挣脱越容易深陷其中。白璧德之于林语堂，从一定意义上构成了这样的意念沼泽现象。"① 这样的分析将白璧德对于林语堂的影响解释得比较到位。作家会受到文学思潮、文化流派、其他学者多方面影响，对于这种影响不同人的反应也各不一样，也许是意志坚决地反对，也许是传承。传承也分两种情况，一种是明确地拥护，一种是隐晦地承袭。林语堂就属于后一种情况。这种传承的影响方式不明显，有时候甚至连作者本人都深陷其中无法辨别。但是，这种曲折的表现形式恰恰显示出林语堂实际上无法彻底摆脱新人文主义内在精神魅力的影响。林语堂虽然从来没有承认过受白璧德的影响，但是不承认不等于不存在，通过梳理其言论材料，可以发现这种影响的轨迹。这种影响是隐晦的、曲折的，深藏在林语堂的思想中无法抹去。林语堂自己所崇拜的"中国的人文主义"，其实和白璧德的"新人文主义"异曲同工。

接下来，我们来讨论"中国的人文主义"的内涵。林语堂把儒家的精神本质归结为一种近情入理的"人文主义"，即所谓"中国的人文主义"。他说："'人文主义'（Humanism）含义不少，讲解不一。但是中国的人文主义（鄙人先立此新名词）却有很明确的含义。第一要素，就是对于人生目的与真义有公正的认识。第二，吾人的行为要纯然以此目的为指归。第三，达此目的之方法，在于明理，即所谓事理通达，心气和平（spirit of human reasonableness），即儒家中庸之道，又可称为'庸见的崇拜'（religion of commonsense）。"② 林语堂将"中国的人文主义"直指儒家文化，因为他看到了儒家文化对中国文化发展的深远影响，这种以人为中心的价值取向体现了人性尊严的强烈意识，决定了中国文化的走向。就精神内涵来说，林语堂在儒家思想中所探寻到的"中国的人文主义"实际上是儒家的人本观念。儒家"以人为本"的思想，体现在人与物的价值上，孔子认为人比物更贵重；体现在人与人之间的关系上，孔子主张互相平等、友爱、尊重，他高度肯定个人的独立人格、道德品质，并主张在此基础上建立和

---

① 朱寿桐. 摆不脱的"意念沼泽"：林语堂与白璧德主义［J］. 中国现代文学研究丛刊, 2008（4）：111-119.

② 林语堂. 中国文化之精神——一九三二年春在牛津大学和平会演讲稿［M］//林语堂. 林语堂名著全集（第十三卷）. 长春：东北师范大学出版社, 1994：143.

谐、仁爱的社会。仁、义、礼、智的道德伦理也好，"中庸之道"的近情精神也好，回到常识也好，都体现了儒家"以人为本"的思想，也形成了林语堂人文思想的特征：以人和人生为出发地和归宿，只关心人和人生，探寻怎样才能获得人生的快乐和幸福，一切立论以真实的人生、人生实践和人生感悟为基础。①

林语堂提出儒家文化是"中国的人文主义"，本身就是一种移植，也是一种对接。如此称谓一方面体现出林语堂对人性的尊重，另一方面体现出他对儒家思想的高度提炼。这样的认识源于林语堂的文化自信、文化自豪感，说明林语堂的儒家文化思想呈现世界格局、世界色彩，既有中国的文化背景，也有西方人文主义的韵味。这和林语堂"两脚踏东西文化，一心评宇宙文章"的内涵相一致，说明林语堂不是就儒家论儒家，而是就世界论儒家，将儒家纳入世界文明格局中进行讨论。

二　崇尚"近情"：先秦儒家思想精粹

林语堂对儒家文化主要持肯定的态度。崇尚先秦儒家文化的近情，是林语堂儒家文化思想的重要内容。"儒学"是一个发展的概念，从先秦儒学、汉代经学、宋明理学、清代朴学到 20 世纪现代新儒学，是"儒学"发展的外延。林语堂极为赞赏以孔子、孟子学说为代表的原始儒家思想，在他看来，孔孟的原儒文化与宋明清的儒家文化有很大不同，孔孟最近情，而后者为"伪道学"，曲解孔子学说的后人为"新儒学的清教徒们"②。

第一，林语堂非常推崇儒家文化的情感性。他认为儒家文化是最近情的，但是儒学发展"到了程、朱诸宋儒的手中，孔子的面目就改了。以道学面孔论孔子，必失了孔子原来的面目"③。近情、性善，是林语堂对于儒家文化的关注点，林语堂一生都反对宋儒而主张回到孔孟，因为在他的眼中孔孟比宋儒更近情。在他看来，孔子是最近情的，他说："圣人教人得人情之正，如此而已。所以百世以俟圣人而不惑。所以孔子的道理，无论如

---

① 张芸. 林语堂的儒教观 [J]. 内蒙古师范大学学报（哲学社会科学版），2005，34（3）：102-106.

② 董燕. 林语堂文化追求的审美现代性倾向 [D]. 济南：山东大学，2005.

③ 林语堂. 论孔子的幽默 [M] //林语堂. 林语堂名著全集（第十六卷）. 长春：东北师范大学出版社，1994：22-23.

何打不倒。"① 林语堂还指出:"其实,孔子一句话就可以把这些自欺欺人的话一脚踢开。'道不远人,人以(之)为道而远人,不可以为道。'再不必说别的话。孔子又说'人能弘道,非道弘人',道者以情为主。所以,这两句话我曾引为《吾国与吾民》一书的卷前语,盖有所见而云然也。"② 林语堂特意将孔子与儒教做了区分。前者幽默,后者谨愿;前者旷达,后者迂腐;前者近情,后者悖谬;前者自然,后者矫饰。他认为,一本《论语》经过几千年腐儒们且"注"且"疏",孔子的幽默味、人情味统统被"注"销掉、"疏"散掉了。

第二,林语堂的近情观及其特征。在推崇儒家文化的情感性的基础上,林语堂形成了自己的近情观。林语堂看重的"情"具有多样性。他认为"情"之一物,不仅是亲情、爱情、人情,更是天地之情、万物之情。这种"情"充塞人间、填充万物,是观照世界的出发点。由此,我们看到林语堂称赞孔子"自得自适不忧不惧不卑不亢一种气派"和"近人情"的性格,欣赏孔门为人做事的风格,推崇孟子大丈夫般的"情、智、勇"和"才、志、气、欲",敬佩子思的中庸哲学。

最合于享受人生的理想人物,就是一个热诚的、悠闲的、无恐惧的人。孟子列述"大人"的三种"成熟的美德"是"仁、智、勇"。我以为把"仁"字改为"情"字当更为确当,而以"情、智、勇"为大人物的特质。在英语中幸亏尚有 Passion 这个字,其用法和华语中的"情"字差不多。这两个字起首都含有"情欲"的那种狭义,但现在都有了更广大的意义。张潮说:"多情者必好色,而好色者未必尽属多情。"又说:"情之一字,所以维持世界;才之一字,所以粉饰乾坤。"如果我们没有"情",我们便没有人生的出发点。情是生命的灵魂,星辰的光辉,音乐和诗歌的韵律,花草的欢欣,飞禽的羽毛,女人的艳色,学问的生命。没有情的灵魂是不可能的,正如音乐不能不有表情

① 林语堂. 说诚与伪 [M] //林语堂. 林语堂名著全集(第十六卷). 长春:东北师范大学出版社,1994:17.
② 林语堂. 论西洋理学 [M] //林语堂. 林语堂名著全集(第十六卷). 长春:东北师范大学出版社,1994:10.

一样。这种东西给我们以内心的温暖和活力，使我们能快乐地去对付人生。①

　　林语堂倡导的"情"并不是一种滥情。这种"情"有风骨，有内容。林语堂指出，这种"情"不同于西方放纵、无节制、泛滥的情，是一种人发自本心的善良、进取的情，是对人内心的仁爱之情的培育。这种"情"有目标，面对他人、面对社会，有温暖、有担当；面对自己的内心，有责任、有约束。个人有"情"，才殊于动物，别于植物；作家有"情"，才能写出引发共鸣的作品，唤醒人类的初心。只有具备这样的情怀，作家的作品才能以理想气节为骨、以真情实感为肉。因此林语堂特别欣赏孟子雄辩弘毅的气概、独立于世的风骨、自信讽喻的文风。"情"在林语堂的眼中并不是遥不可及的，也不是远在天边或者另外一个世界的，它就是人与人之间的情感交流。这是一种在天地之间保持人格独立、精神自由、情感丰满的特质。这是大丈夫气概，是堂堂正正的浩然正气，是留存人间的傲骨。人就应该充分发展个性，去伪存真，不沾染腐儒的道学气，也不同于西方思想的毫无节制。这种修养一般只有中国人才具备，是中国古代文化的精髓，是儒家文化对世界的贡献。林语堂信奉"人皆可以为尧舜"②，也欣赏"富贵不能淫，贫贱不能移，威武不能屈"③的精神。这种完美的人格建立在长期的修炼中、对他人的仁爱中、对自身的不断超越中。林语堂希望现代人阐发的孔孟精神重在一个"诚"字，真诚、不欺、温情、风趣。

　　林语堂的近情观具有道德伦理色彩。对于儒家思想的情感性这一特点，蒙培元说："儒家的德性之学，不同于西方的智性学说。智性的最高成就是纯粹理性（或自由理性），发展出近代的科学民主；德性的最高成就是情感理性，以'仁民爱物'、'万物一体'为最高境界。"④郭振香说："统贯来看，'尚情'是孔子仁学的一个显著特征，孔子所论'仁'之范畴是以质朴

① 林语堂. 林语堂名著全集（第二十一卷）［M］. 长春：东北师范大学出版社，1994：101-102.
② 阮元校刻. 十三经注疏（第五卷）［M］. 北京：中华书局，2009：5996.
③ 阮元校刻. 十三经注疏（第五卷）［M］. 北京：中华书局，2009：5894.
④ 蒙培元. 儒学的核心价值及其意义［J］. 社会科学战线，2009（8）：213-218.

之情状、忠诚之情怀、真诚之情感为其基本义素的，正是这些尚情的基本义素决定了孔子仁学的特殊气质。"① 儒家文化不是宗教，它主要讲人与人之间的关系、人与社会之间的关系，不玄虚、不空洞、不遥远，归根结底，由"情"贯穿始终。虽然儒家文化的情感性特征给中华民族性格带来了一些弊端，比如社会存在裙带关系、法律意识还不完备，但是中华民族的团结、以和为贵、几千年的统一稳定，都源于宗族民族情感性基础。为什么儒家文化屹立千年不倒？因为只有接近人性的东西才可以久远。林语堂感受到这一点，一针见血切中了儒家思想的特质。

第三，儒家文化情感性对林语堂的影响。蒙培元说："儒学是德性之学，其核心是仁。仁是人类最真实的情感，又有理性的普遍形式。"② 儒家的近情观念不仅被林语堂所接受、挖掘、赞美，而且直接对他人生、写作产生影响。谢友祥说："林语堂将'近情'和'中庸'取作自己的一种人文选择。他认为近情精神是文化的最高理想，而近情的人是最高形式的有教养的人。他指出孔子就是近情者，因为他尊重人性，且以人情之常为学、立论和行教，后来程朱宋儒以理学解孔子，才使他的面目发生了变化。"③ 丛坤赤说："'近情'可以说是林语堂美学观念的重要特征。对于林语堂来说，'近情'首先是一种价值观念，它包括对人情、人性的全面肯定和对他人的关爱与尊重，是人与自然、人与社会、人与自身之间达至和谐境界的有效手段之一；同时'近情'也是一种思维方式，林语堂重感性、直观、综合的思维方式，而轻理性、逻辑、分析的思维方式。"④ 林语堂的作品表达出浓厚的情感。林语堂在写《京华烟云》红玉之死时，忍不住泪流满面；林语堂晚年身体羸弱，在百货商店拿起一串珠宝痛哭流涕，感叹美好生命的流逝；在杂文《家园之春》中，林语堂写出对一只小鸟惨死的叹息。这些是作家对生命无差别的爱、对凡尘人间无尽的留恋、人情人性的自然奔放。"情"是林语堂的人生表达方式，通读林语堂的作品，我们能够读出

① 郭振香.论孔子仁学的尚情特征 [J].社会科学战线，2005（2）：304-306.
② 蒙培元.儒学的核心价值及其意义 [J].社会科学战线，2009（8）：213-218.
③ 谢友祥.近情和中庸：林语堂的一种人文选择 [J].嘉应学院学报（哲学社会科学），2004，22（1）：45-50.
④ 丛坤赤.论林语堂美学观念中的"近情"精神 [J].齐鲁师范学院学报，2013，28（1）：111-114.

来，无论是年轻时候面对满目疮痍的大中国的悲愤之情，还是抗日战争时期的爱国之情，抑或是晚年留恋人生的不舍之情，都是林语堂人生至诚至性的表达。

综上所述，林语堂对先秦儒家文化"近情"的推崇，是他注重现实人生、靠近生活的人生观的具体呈现，也是其个人文化观的体现。林语堂就是这样一个具有生命力及时间感的作家，他一生很少关注深奥玄虚的哲理，而是注目生活、活在当下，享受生活带来的甘甜。他既不追求来世，也不深究过往，而是在尘世的美好中发掘人生的意义。林语堂把"近情"看作人类和文化特别值得追求的境界，他说："我以为近情精神实是人类文化最高的、最合理的理想，而近情的人实在就是最高形式的有教养的人。"① 近情、自然是林语堂对先秦儒家文化理解的核心。但是，林语堂对于儒家文化的认识还没有从感性认识上升到理性认识，也过于简单，缺乏思辨性。当然从另外一个方面来看，自古"诗言志""文以载道"，文章要饱含作者的深情才能打动读者，林语堂的作品因为他的近情观而充满丰富的情感。林语堂主要是一位作家而不是一位哲学家，我们对他也不必苛求。

三　反叛的协奏：批判宋明理学

"宋明理学"是特定的思想史概念。任继愈说："理学不是一个学派，也不是一家完整的哲学学说，它是我国特定时期（公元 10 世纪到 19 世纪中叶）的哲学史断代的统称。"② 宋明理学产生于两宋时期，分化于明代中后期，总结于明清之际，是宋明时代占主导地位的儒家哲学思想体系。"理学之规范内涵正是由宋明哲学中两大哲学主流体系——程朱道学与陆王心学——所构成，在中国近古思想史上具有核心的价值和意义。"③ 关于宋明理学的特点，张岱年指出："理学虽然分为三派，但也有一些共同的特点。这些特点主要有三：（1）理学为先秦儒家孔丘、孟轲的伦理道德学说提供了本体论的基础。（2）理学把封建地主阶级的道德原则看作永恒的绝对的最高原则，这样来为封建等级秩序提供理论辩护。（3）理学认为在现实生

---

① 林语堂. 林语堂名著全集（第二十一卷）［M］. 长春：东北师范大学出版社，1994：396.
② 任继愈主编. 中国哲学史（第3册）［M］. 北京：人民出版社，2010：160-161.
③ 许总. 论宋明理学的形成及其历史必然性［J］. 齐鲁学刊，2000（5）：58-64.

活中提高一定觉悟即可达到崇高的精神境界，而不需要承认灵魂不死，不需要承认有意志的上帝。"①

林语堂在考察儒学嬗变时，将以孔孟学说为代表的原儒文化视为瑰宝，同时极力指斥汉儒、宋儒对孔孟儒学的歪曲，不遗余力地批判道学名教，坚决否定其繁文缛节以及脱离人生、违反人性的禁欲主义与形式主义。他认为儒学在其发展中受到两次扭曲。汉儒转习章句，使儒学变为阴森逼人的礼制；宋儒援佛入儒，使儒学再变为矫情虚伪的理学、道学，"存天理，灭人欲"的口号使中国人心灵遭到禁锢。在林语堂看来，这些衍生物并不是正宗的儒学，借用清代著名学者戴东原的说法，可称为"后儒"②。林语堂对宋明理学的批判，主要集中在以下三个方面。

首先，林语堂指出宋儒的穷理只在于一心读圣贤书，读得越多离社会越远，人情越生疏。林语堂认为宋儒曲解儒道有三："一、格物致知，转入穷理读书。……二、明心见性，这种禅宗的道理是使儒道由动转入静的最大原因。……三、理欲之辨，这更是学佛不成转而学儒者的话，也是宋儒戒慎恐惧由动转入静的大原因。"③《易经》指出万物本生生不息，世界本是动的，这样世界才会如此多娇。但是佛学是出世之学，违背入世之常理，宋儒援佛入儒以出世之学行入世之道。程朱提出"人欲净尽，天理流行"，这实际上是对人欲的抹杀。林语堂对理学有所批评，认为常识被忘却的确已很久了，这在中国以理学的出现为标志。他批评宋代理学家"援佛入儒，谈心说性，言孔子所不言、子贡所不得而闻的天道，走入玄虚，乃得一点新气息，而又造成统一局面"④。

由此可见，林语堂对于程朱理学完全持否定态度。他认为，宋儒曲解了孔孟之道，走向了另外一个极端。对于程朱理学，清代学者颜元的批评非常典型。颜元反对理学脱离实际的"格物致知"，认为离开实践则"读书愈多愈惑，审事机愈无识，办经济愈无力"（颜元《朱子语类评》）。颜元

---

① 张岱年. 论宋明理学的基本性质 [J]. 哲学研究, 1981 (9): 24-30.
② 董燕. 林语堂文化追求的审美现代性倾向 [D]. 济南: 山东大学, 2005.
③ 林语堂. 论东西思想法之不同 [M] //林语堂. 林语堂名著全集（第十六卷）. 长春: 东北师范大学出版社, 1994: 90-92.
④ 林语堂. 论文艺如何复兴法子 [M] //林语堂. 林语堂名著全集（第十六卷）. 长春: 东北师范大学出版社, 1994: 54.

抨击理学的"空谈"，批评"宋、元来儒者却习成妇女态，甚可羞"（《存学编》卷一《学辨》），"白面书生微独无经天、纬地之略，礼、乐、兵、农之才，率柔脆如妇人女子"（《习斋记余》卷一《泣血集序》）。颜元主张恢复孔子时代的教育方法，轻时文，重六艺，着眼于具体的国计民生等。① 在批判宋明理学的认识上，林语堂和颜元有相似的地方，看到了宋明理学发展后期脱离实际、空谈心性的弊端。

其次，林语堂批判宋明理学在于他反对理学"存天理，灭人欲"。林语堂指出宋明理学不如孔子之学那么近人情、真实、温暖、合乎人的本性、散发着人性自然的光辉。林语堂认为宋明理学阴森、缺乏幽默，批判理学家"自己坚拒人生之乐，而又以坐观女人受苦为可喜"②。在小说中，林语堂借主人公之口倒出对宋明理学的不满。《红牡丹》是林语堂晚期创作的一部小说，主人公梁牡丹是一名藐视纲常礼教、大胆追求爱情的女性。她在丈夫去世之后不愿意守寡，推崇戴震的学说而自由奔放地追求爱情。她说："由汉到唐，没有一个儒家知道什么是'理'。难道意思是说宋朝理学家算对，而孔夫子算错吗？所以您是把'理'家抬高，而轻视了人性。汉唐的学者不是这样。顺乎人性才是圣贤讲的人生的理想。理和人性是一件事。理学兴起，开始把人性看做罪恶而予以压制。这是佛教的道理。"③

林语堂对戴震赞颂有加，认为他指出了宋明理学对人性的戕害。林语堂写道："宋儒理学的根本是佛学，是佛学的窒欲思想，也可以说是虔敬制欲说。你可以想象，理性哲学中主要的一个字是'敬'，这个基本要点你当然知道。理学家对抗佛学思想借以自存之道，却是接受了佛家思想，接受了佛家所说的肉欲与罪恶的思想。戴东原由于研究孟子的结果，他认为人性与理性之间并没有必然的冲突，而且人性善，这是孟子的自然主义。"④林语堂又说："何以这样平易近情的孔子哲学变成礼法森严上下冷酷，戴东原所谓'以理杀人'的局面？我又何以刺刺（刺刺）不休提到戴东原的伦理革命？就是因为戴东原的说法，接近现代人的人生观。我们切不可以残酷的礼

---

① 姚传德．林语堂论中国国民性格的缺陷［J］．辽东学院学报（社会科学版），2008，10（2）：92-97.
② 林语堂．林语堂名著全集（第八卷）［M］．长春：东北师范大学出版社，1994：18.
③ 林语堂．林语堂名著全集（第八卷）［M］．长春：东北师范大学出版社，1994：17.
④ 林语堂．林语堂名著全集（第八卷）［M］．长春：东北师范大学出版社，1994：64.

法归罪于孔孟，使现代人对于孔孟之道隔了一层障蔽而未得其真切意味。"[1]

既然提到宋明理学对人欲的扼杀，下面简要梳理一下理欲之辨的来龙去脉。"理"和"欲"是中国儒学史上一对重要范畴，关于天理和人欲关系的论述，在先秦时期已滥觞。如孔子曾说自己"七十而从心所欲，不逾矩"[2]；孟子说"养心莫善于寡欲"[3]；荀子说："乐者，乐也，君子乐得其道，小人乐得其欲。以道制欲，则乐而不乱；以欲忘道，则惑而不乐。"[4]《礼记·乐记》最早把天理、人欲对举，认为欲望必然产生邪恶，只有消灭欲望，才能保存天理。宋儒把理、欲看成两个既相互联系又相互对立的范畴。张载提出天理和人欲同源，朱熹、陆九渊认为天理与人欲并存，二程则主张把二者对立起来。宋明理学的中心观念是"理"，把"理"作为宇宙万物的本原，或称之为"天理""道"。二程曰："天者理也。""万物皆只是一个天理，己何与焉？"[5]"理"是万物本原和人类社会的最高准则。程颐认为，"格物"就是穷理，而理为人内心所固有，只是被外欲所诱惑时，理、心不能会而为一。人欲与天理是对立的，人欲往往导致天理的丧失，由此，认识"天理"应"求于体""求于内"，要"存天理，灭人欲"。宋明理学只是在哲学上提供了思想的武器，真正施加影响的是封建统治阶级。从历史发展来看，宋儒主张去欲存理的观点对后世影响很大，对人欲的限制太多太甚，加重了"君君、臣臣、父父、子子"对人的枷锁。至戴震著《孟子字义疏证》说"圣人之道，使天下无不达之情，求遂其欲而天下治。后儒不知情之至于纤微无憾，是谓理。而其所谓理者，同于酷吏所谓法。酷吏以法杀人，后儒以理杀人"[6]，给予了理学有力的批判。

林语堂对于理欲之辨这个问题认识还不够全面。林语堂支持戴震，因为林语堂是一个自由主义者，崇尚近情、人情，认为人性本善，人生存在世界上必然有食色利欲的需求，这种需求得以满足才是真正完满幸福的人生。但是在"理欲"这个问题上，林语堂只看到了"存理去欲"观点在封

① 林语堂．戴东原与我们 [M] //林语堂．林语堂名著全集（第十六卷）．长春：东北师范大学出版社，1994：60．
② 阮元校刻．十三经注疏（第五卷）[M]．北京：中华书局，2009：5346．
③ 阮元校刻．十三经注疏（第五卷）[M]．北京：中华书局，2009：6047．
④ 王先谦撰；沈啸寰，王星贤点校．荀子集解 [M]．北京：中华书局，1988：382．
⑤ 程颢，程颐著；王孝鱼点校．二程集 [M]．北京：中华书局，1981：132，30．
⑥ 戴震撰，汤志钧校点．戴震集 [M]．上海：上海古籍出版社，1980：188．

建礼教下对人的戕害，没有看到理欲之辨的历史渊源以及宋明儒学"存天理，灭人欲"的哲学出发点。林语堂抓住这一点危害就对宋明理学大加鞭挞，说明林语堂对于宋明理学的认识还不够深刻。

最后，林语堂得出一个结论：宋明理学贻害后世。宋明理学包括程朱理学和陆王心学，对近千年中国政治、文化、教育、伦理的确产生了深远影响。然而在林语堂看来，这种影响更多的是危害，而且危害很大。

第一，林语堂批评宋明理学没有维护好人的本性。对于儒家，林语堂十分注意区分孔孟的原儒和后代的假儒。他推崇原儒要人坚守"根本"，即人就是人的立场。他认为，原儒的"仁"指人的本性，"仁者"指没有失去人性的人。又说孟子所谓"性善"，指人可以为善、有为善之才，是强调人性中具备善的根基。林语堂希望人将这根基培护起来，按人所以为人的样子去做人，做孟子说的"大丈夫"。他写《做文与做人》一文，晚年又写了《论做好一个人》，主张文字不好无妨，人却不能不做好，正是对原儒注重做人"根本"的伟大传统的直接继承。① 林语堂批评宋明理学没有能够维护好人的本性，使人变得虚夸、世俗。

第二，林语堂提出宋明理学空谈心性误国事。林语堂认为，宋明理学发展到后期只谈心不谈实际，已经走入误区。这样导致的后果就是学问空疏、不务实际、不解决现实当中的问题，走入极端。这样的空谈心性甚至会伤害无辜性命，致使整个民族软弱无力无法应付西方的入侵。

综上所述，林语堂从三个方面批判宋明理学，即曲解儒道、扼杀人性、贻害后世。应该说，林语堂看到了宋明理学对佛教思想的吸收，也看到了理学思想自身存在的缺陷，但是他对宋明理学的评价不够全面客观。

其一，缺乏历史、辩证的眼光。儒学经先秦儒学、两汉经学到宋明理学发展成为具有严密理性思维的哲学，具有宇宙本体论的思想。宋明理学是中国人自己的哲学系统，是有思想见识的中国人对于现实社会问题的回应，这样的哲学智慧深深影响了社会的发展和思想的脉络。当然，宋明理学使儒学重新走上正统地位的同时，其智慧的思辨也具有消极的一面。理学以"三纲五常"之形式维护专制统治，被统治阶级利用来压制人民的需要，扼杀人的自然欲望。张岱年就曾指出宋明理学之弊端："程朱学派的有

① 谢友祥.林语堂的文化批判和文化选择［J］.文学评论，2001（3）：75-78.

害作用是加强了封建礼教，勒紧了君权、父权、夫权的封建绳索，铸造了束缚人民思想的精神枷锁。吃人的礼教就是在程朱学派的影响下形成的。陆王学派专门强调反省内求，拒绝探求自然界的规律，造成空疏虚玄的学风，对于自然科学的发展起了严重的阻碍作用。"① 但是，也要看到："理学作为中国古典哲学发展历程中最后一大阶段的代表形态，体现出古典哲学新阶段的特质，标志着理论思维方式的一次重要跃迁。"② 由以上可知，就对宋明理学的整体认识而言，林语堂忽视了宋明理学的产生背景、历史价值、时代使命，只看到其消极的一面就大加鞭挞，有失公允。

其二，缺乏对宋明理学客观、公正的评判。宋明理学是儒学发展到一定历史阶段的产物，是中国知识分子继魏晋改造儒学为玄学之后，对隋唐以后逐渐走向没落的儒学强有力的复兴。宋明理学所包含的精神内涵，成为中国传统文化精神的重要渊源。有研究者指出："宋明理学的精神内核有着相当丰富的内涵，有利于培养民族精神以形成巨大的思想统摄性。宋明理学具有的以爱国爱民、平天下为内核的忧患意识和济世精神，成为维系中华民族统一团结的社会理想与精神支柱，这是一种'经世致用'、'天理之和'、"公天下"的新境界，也是宋明理学乃至中国传统文化所追求的精神内核。"③ 而林语堂对宋明理学的批判，主要是基于他个人近情、幽默的人生哲学观点。他重视人情、人性，认为一切扼杀人性最基本的感情的事理都是无益的。林语堂对理学的批判可以理解，但是，综观林语堂的言论，他对宋明理学的抨击主观性比较强，相对来说学理性不够，缺乏对理学的全面理解，这容易使西方世界的读者产生对宋明理学的片面认识。

四　现代视域：推崇儒家文化

虽然林语堂对宋明理学颇多微词，但是总体而言他非常推崇儒家文化。林语堂对孔子的学说、为人和儒家（主要指原儒）精神非常欣赏，儒家伦理思想和情感浸染于他的心灵深处。林语堂创办的第一份刊物就起名为《论语》，由此形成了文学流派"论语派"。林语堂极力推崇的理想人生，和

---

① 张岱年. 论宋明理学的基本性质 [J]. 哲学研究，1981（9）：24-30.
② 许总. 论宋明理学的形成及其历史必然性 [J]. 齐鲁学刊，2000（5）：58-64.
③ 徐公喜，郭翠丽. 宋明理学精神内核分析 [J]. 江西社会科学，2011（1）：66-70.

儒家文化所提倡的理想人生、道德、情感、品格息息相关。林语堂对于儒
家文化的推崇，体现在以下几个方面。

（一）创办《论语》刊物

儒家典籍《论语》是孔子的学生记载孔子及其弟子言行的一部书。
1932 年，林语堂和志同道合的朋友一起办刊物，刊物名称也为《论语》，这
是一种巧合，还是受到《论语》的影响呢？此《论语》和彼《论语》有什
么关系呢？

第一，从刊物的起源来看。林语堂首肯这个刊名的名字为"论语"，当
然并不是因为这二字与他的名字谐音，也不是宣传孔子的思想，只是借用
"论"和"语"两字。提及《论语》刊物的缘起，林语堂有如下说法：

> 这大概是去年秋间的事。谋事失败，大家不提。在此声明，我们朋
> 友，思仰圣门，故多以洙泗问学之门人做绰号。虽然迹近轻浮，不过一
> 时戏言，实也无伤大雅。例如有闻未之能行者自称"子路"，有乃父好吃
> 羊枣者为"曾子"，居陋巷而不堪其忧者为"颜回"，说话好方人者为
> "子贡"。大家谋事不成，烟仍要吸。子贡好吃吕宋烟，曾子好吃淡巴菰，
> 宰予昼寝之余，香烟不停口，子路虽不吸烟，烟气亦颇重，过屠门而大
> 嚼故也。至于有子，推己及人，虽不吸烟，家中各种俱备，所以大家乐
> 于奔走有子之门。有子常曰："我虽不吸烟，烟已由我而吸。"由是大家
> 都说有子知礼，并不因其不吸，斥为俗人。闲时大家齐集有子府上，有
> 时相对吸烟，历一小时，不出一语，而大家神游意会，怡然而散。
>
> 一天，有子看见烟已由彼而吸的不少，喟然叹曰："吸烟而不做事
> 可乎？譬诸小人，其犹穿窬之盗也与？"颜渊咒然对曰："尝闻之夫子，
> 饱食终日，无所用心，难、矣、哉！不有博弈者乎？为之犹贤乎已！
> 难为了我们饱食终日，无所用心，至三年之久！积三年所食，斐然成
> 章，亦可以庶几也矣乎？"子路亦曰："尝闻之夫子，年四十而见恶焉，
> 其终也已！"于是大家决定办报，以尽人道，而销烟账。[①]

---

① 林语堂. 缘起［M］//林语堂. 林语堂名著全集（第十七卷）. 长春：东北师范大学出版
社，1994：46.

这是林语堂所写的《论语》刊物创刊的缘由，用他一贯的幽默笔法写成。他将朋友一一冠以孔门弟子的姓名，朋友之性情跃然纸上。一群文人性情相近，自比为孔门诸人谈笑风生、志同道合，确实有几分孔门气象的意味。这份潇洒来源于林语堂对儒家思想的认同，没有道学气，自然而然。无形之中，林语堂将自己比为孔门中人，如果没有对儒家文化真诚的喜爱、深深的理解，断然做不到这一点。

第二，从刊物的定位和内容来看。林语堂进一步说明孔子曾著《春秋》，用其特有的笔法"作战"使乱臣贼子惊恐。林语堂认为在当下这一时代似乎"春秋"比"论语"更重要，《论语》刊物也会借鉴儒家文化经典《春秋》，学一点《春秋》的笔法。林语堂虽未明说，但实际上《论语》半月刊形式上接近《语丝》，刊物开辟了"论语""我的话""群言堂"专栏，发表了大量随感录式的短文。有研究者说："之所以说它（《论语》刊物）复杂，首先体现在其编辑理念的矛盾上，《论语》，作为一本专倡幽默的杂志，它的定位确实迎合了当时市民阶层的审美趣味，然而，作为一本知识分子为主体的刊物，它又体现了现代知识分子'对权势说真话'的欲望。"① "《论语》创刊号'编辑后记'说该刊的'格式内容里也和孔夫子的《论语》差不多'。"② 还有研究者称："《论语》最广泛地囊括了20世纪30、40年代中国社会的政治风云和时事焦点、热点以及各种各样的社会问题矛盾，如30年代的中日关系、流于形式的新生活运动、如火如荼的航空奖券、轰轰烈烈的国货运动、开历史倒车的'尊孔读经'运动、荒谬可笑的道场救灾及国民党的'党治'、'训政'、'不抵抗主义'等等……因此，它的政论色彩是非常鲜明的。"③ 由此可知，林语堂创办和主编的《论语》，是一个以刊载杂感、随笔为主，借用古书《论语》的名字，学习孔子《春秋》的笔法、议论世道人心、泛谈社会政治的刊物。

综上所述，林语堂办刊物，借用了儒家经典《论语》的名字，承袭了儒家经典《春秋》的写作目的，内容上传承了儒家思想"经世致用"的风

---

① 田焱."对权势说真话"——《论语》杂志编辑理念研究之一［J］.时代文学（双月版），2007（4）：29-30.

② 庄钟庆.论语派与幽默文学［J］.新文学史料，1989（3）：158-164.

③ 陈娇娥."幽默大师"林语堂与《论语》半月刊［J］.怀化学院学报，2008，27（5）：36-37.

格。正如吕若涵所说："《论语》的说话模式是小言论、五四的文明批评和社会批评传统及西式自由主义批评等多种批评传统交杂的结果。"① 林语堂办《论语》半月刊，用儒家典籍《论语》来命名这份杂志，这种做法乍看似乎是对孔子的一种模仿，实际上却是内心赞同的外在表现。艺术作品总会带有明显的意图和自觉的形式，整个《论语》刊物的形成、发展，表面看是对《论语》《春秋》的借鉴，实际上是林语堂儒家思想的投射，是对儒家文化的惺惺相惜，是对儒家文化不自觉的依恋的外在显现。这种认识表现在行为上一方面是有意识的，如名称的重复、自比孔门诸生；另一方面是无意识的，刊物反映世道人生，以期在现代承担"春秋笔法"的使命。《论语》刊物的产生并非偶然，是林语堂作为知识分子的自觉行为，是他信奉的"作家要对社会起作用"文艺观的践行，是推崇儒家文化的行为表现，是对社会责任的担当。

（二）推崇儒家的人生哲学

林语堂推崇儒家的人生哲学，在文中多次表示理想的人生就是儒家所提倡的人生。针对中国人的思想情态，林语堂指出中国人生理想之现实主义与其看重现世的特性来源于孔氏之学说，他认为："孔教精神的不同于基督教精神者即为现世的，与生而为尘俗的，基督可以说是浪漫主义者而孔子为现实主义者，基督是玄妙哲学家而孔子为一实验哲学家，基督为一慈悲的仁人，而孔子为一人文主义者。"②

首先，林语堂把复杂的人生、世界还原成一个最简单的道理：日常生活是人的衡量标尺，离人最近也最为普遍，是人人必须关注的。理想的人生不在来生，也不在彼岸，就在当下，就是平日的衣食住行。林语堂说："儒家之立场，却不在揖让进退，繁文缛节。泣泪、泣血、抆泪、拭泪是繁文，不是礼之本。繁文可以改，而与孔子之道无与。圣人之教，只在日用伦常，得中道而行，原没有什么玄虚的话。如男女平等关系，关雎之义，夫妇为人伦之始，至为明显。故外无旷夫，内无怨女，男有室，女有归，

---

① 吕若涵．"论语派"论［M］．上海：上海三联书店，2002：222.
② 林语堂．林语堂名著全集（第二十卷）［M］．长春：东北师范大学出版社，1994：98.

是孔子的理想社会。"①

其次，在林语堂的心中君子才是理想的人。关于"人"这个话题，林语堂将人分成五类："不离开道之根本的叫天人；不脱离道之精微的叫神人；不背弃道之真理的叫至人；以自然为主，以纯德为本，以道体为门，超脱穷窘通死生变化的叫圣人；用仁来施行恩惠，用义来建立条理，用礼来规范行为，用乐来调和性情，用温和、慈蔼、仁爱的态度来感化世人的，便叫做君子。"② 君子——林语堂理想中的人，不是完美的人，不是受推崇的圣人，而是近情的人。他说："因此我亦不赞成'完人'那种理想。理想的人倒是一个相当规矩而能以自己之见解评判是非的人。在我看来，理想的人无非是一个近情的人，愿意认错愿意改过，如斯而已。"③ 林语堂说的"做好一个人"，是说做一个有起码道德操守的人。林语堂不反对人成为完美无瑕的圣人，但那种人毕竟不可多得，所以他更欣赏一般的好人和有缺点的人。他将未来的希望寄托在这样的人身上："人人肯把眼前手下的事做好，有识见，有操守，这个国家就好了。"④ 林语堂对理想的人的判断，首先要有德行，其次要讲感情，然后要有作为，自然不是"心斋坐忘"之人。

最后，在林语堂的眼中，理想的人、理想的社会、理想的民族都充满了儒家色彩。林语堂所反对的人，也就是不近情的人。由一个个具体的理想的人，林语堂又延伸到理想的民族。人生哲学就是要回答做什么样的人和怎么样生活的问题。在对这两个问题的回答上，林语堂的情感砝码明显偏向于儒家思想。儒家的人生哲学注重今生今世、着眼于现实生活，它和佛家讲彼岸有重大的区别，它和道家在现实之外寻找乐土也明显不同。先秦儒学一开始就把观念、情感和仪式引入日常生活的伦理之中，有研究者认为："孔子之伟大，既不在于他是'纯粹'的形而上学家，也不在于他是'纯粹'的伦理学家，更不在于他是什么'纯粹'的'存在哲学家'，而在于他的思想的丰富的层级性：在生活本源上建构形而上学，并将这种形而

---

① 林语堂. 林语堂名著全集（第十六卷）[M]. 长春：东北师范大学出版社，1994：17-18.

② 林语堂. 林语堂名著全集（第二十四卷）[M]. 长春：东北师范大学出版社，1994：24.

③ 林语堂. 我的信仰 [M] //林语堂. 林语堂名著全集（第十八卷）. 长春：东北师范大学出版社，1994：340.

④ 林语堂. 论做好一个人 [M] //林语堂. 林语堂名著全集（第十六卷）. 长春：东北师范大学出版社，1994：69.

上学贯彻到作为'形而下学'的伦理原则中。"① 儒家的人生哲学对林语堂有潜移默化的影响，人都希望成为自己心目中理想的人，所以林语堂本人也是一位谦谦君子。张晓风说："我所知道的林语堂先生其实就是很难得的兼具有'君子'和'文艺复兴人物'之长的人。前者比后者多一份优游园林的隐逸雅致，后者比前者多几分新时代男儿的慧黠矫健。"②

和道家、佛家相比，人伦性是儒家人生哲学的重要特点，家庭、宗族是儒家伦理纲常的重要基础。林语堂特别推崇儒家思想的人伦性并且对其加以放大。在林语堂的心目中，理想生活就是孔子宣扬的生活。其实，林语堂对儒家人生哲学的认识也有片面性。儒家的人生哲学，是"格物、致知、正心、诚意、修身、齐家、治国、平天下"，还是"穷则独善其身，达则兼济天下"，还有"内圣外王""国家兴亡，匹夫有责"。儒家的人生哲学中个人的命运总是和国家联系在一起的。林语堂放大了儒家人生哲学对家庭、亲情的重视而忽略了其刚健有为、铁肩担道义的一面。社会责任、民族气节、舍生取义、为大家舍小家，这是儒家人生哲学更重要的一面，这些没有被林语堂所重视。当然，这并不妨碍他个人自由地表达。正是由于这一点，王兆胜谈道："相较而言，尽管林语堂性格温和身心健康，作品实在、优美而雍容，他的人生哲学对克服过分注重玄而又玄的逻辑思辨、对过分讲究为了集体牺牲个体等也很有意义，但另一方面，林语堂的人生哲学却显得平常、凡俗了些，缺乏崇高感，当然更缺乏伟大的特性。"③

总之，林语堂儒家文化观分为四个层次。一是坚定的信念：儒家文化是中国的人文主义。二是崇尚"近情"：先秦儒家思想精粹。三是反叛的协奏：批判宋明理学。四是现代视域：推崇儒家文化。总的来说林语堂欣赏、崇尚儒家文化，但是对其发展过程中的一个阶段即宋明理学却是批判居多。但林语堂对于儒家文化即使有所批评，也是带着"哀其不幸，怒其不争"的心情进行的。林语堂的整体儒家文化观是林语堂对儒家文化认识的主要

---

① 黄玉顺.论生活儒学与海德格尔思想——答张志伟教授［J］.四川大学学报（哲学社会科学版），2005（4）：42-49.

② 苏东坡.东坡诗文选（汉英对照）［M］.林语堂英译.合肥：安徽科学技术出版社，2012："序言" 1-2.

③ 王兆胜.林语堂人生哲学的价值意义及其缺憾［J］.东岳论丛，1998（1）：84-89.

内容，体现出他对儒家文化整体的态度和认知，他对儒家文化有所传承亦有所捐弃。从林语堂的儒家文化观来看，他和同时代的鲁迅、郭沫若等人有很大的不同。鲁迅对儒家之道的否定至死不渝；郭沫若在《三叶集》时代更多的是把孔子描绘成一个文化上的圣人，到了《十批判书》时代，他则认定孔子袒护乱党、帮助乱党。而林语堂对于儒家文化的态度，总体来说是赞美多于批评，而且随着时间、空间的推移，他对儒家文化的情感越来越深厚。

第三节　林语堂的"仁学观"

"仁"是儒家文化的核心范畴，《论语》中言"仁"者有 109 处，按照胡适先生的观点，孔子之为孔子、儒家之为儒家，关键就在这个"仁"字。[①] 对于"仁"的研究称为"仁学"。在《论语》中，对于"仁"的内涵究竟如何，孔子从来没有给予一个概念式的界定，对"仁"的回答总是根据弟子的不同或者随着环境和条件的改变而相应展开。学界对于"仁"及仁学有多种理解。程颢注重境界之仁，他明确指出："仁者，以天地万物为一体，莫非己也。认得为己，何所不至？若不有诸己，自不与己相干。如手足不仁，气已不贯，皆不属己。"[②] 朱熹讲："性即理也。当然之理，无有不善者。"[③] 又讲："仁义礼智，性也。"[④] 胡适强调"仁"是爱人、做人，他曾指出："仁字不但是爱人，还有一个更广的义。……可知仁即是做人的道理。克己复礼；出门如见大宾，使民如承大祭；居处恭，执事敬，与人忠：都只是如何做人的道理。故都可说是仁。……'仁者人也'，只是说仁是理想的人道，做一个人须要能尽人道。能尽人道，即是仁。"[⑤] 李泽厚认为，孔子"仁学"结构的构成要素有四个——血缘基础、心理原则、人道主义、个体人格，实践理性则是"仁学"的整体特征。[⑥] 正是因为孔子对

---

① 李承贵，张理峰．"仁"的五种诠释 [J]．江南大学学报（人文社会科学版），2008，7（6）：17-22．

② 程颢，程颐著．王孝鱼点校．二程集 [M]．北京：中华书局，1981：15．

③ 黎靖德编，王星贤点校．朱子语类（第一册）[M]．北京：中华书局，1986：67．

④ 黎靖德编，王星贤点校．朱子语类（第一册）[M]．北京：中华书局，1986：108．

⑤ 胡适．中国哲学史大纲 [M]．上海：上海古籍出版社，1997：81．

⑥ 李泽厚．孔子再评价 [J]．中国社会科学，1980（2）：77-96．

"仁"没有下定论，历代学者才能够对"仁"进行多重解读。对于"仁"这样一个重要而又内涵丰富的儒家概念，林语堂的理解又是如何，将通过下文来进行讨论。

一　对"仁"的本性的整体价值判断：仁就是"人"

其一，林语堂对"仁"的界定。林语堂认为"仁"就是人的本性，对人性的把握具有根本性的意义。他说："孔子言仁。我的意思，这仁字，就是讲人的本性，仁者就是未失人性的人，不论男的、女的。这是我的愚见。"① 这是林语堂对"仁"的直接定义，而且一直贯穿于他的思想始终。林语堂在《孔子的智慧》一书中说："孔子的哲学精义，我觉得是在他认定'人的标准是人'这一点上。"② 在中国，孔子基于人所以为人的立场提出了一系列做人准则，孟子继而又为这些准则找到了人性根据。尽管这些准则有的并不合理，先秦儒家还是因此树立起一种堂堂的光明正大之气，那是一种真正的人气。儒家讲"仁"，仁就是人的精神和本质。《中庸》："仁者，人也。"③《孟子》："仁也者，人也。"④ 林语堂又说："我想仁本有二义：一是人人本有的人性，二是指仁爱的仁。"⑤ 在林语堂看来，"仁"就是孟子的"良知"，就是恻隐之心等，就是人天生的"可以为善之才"和顺气自然生发的人必须具备之种种德性，也就是《风声鹤唳》中老彭说的人生就是点燃在那里的一盏明灯。

其二，林语堂对"仁"的标准的认识。既然"仁"就是人，那么，这个"人"的最基本的标准是什么？林语堂认为就是孟子所说的"四心"。"恻隐之心，人皆有之。羞恶之心，人皆有之。恭敬之心，人皆有之。是非之心，人皆有之。"⑥ 正是这些"人"的基本条件成为人类和平的根本保证。当然林语堂对"真人"或"仁人"有他自己的理解："理想的人倒是一个相

---

① 林语堂．论泥做的男人［M］//林语堂．林语堂名著全集（第十六卷）．长春：东北师范大学出版社，1994：47.

② 林语堂．林语堂名著全集（第二十二卷）［M］．长春：东北师范大学出版社，1994：10.

③ 阮元校刻．十三经注疏（第三卷）［M］．北京：中华书局，2009：3535.

④ 阮元校刻．十三经注疏（第五卷）［M］．北京：中华书局，2009：6038.

⑤ 林语堂．论泥做的男人［M］//林语堂．林语堂名著全集（第十六卷）．长春：东北师范大学出版社，1994：48.

⑥ 阮元校刻．十三经注疏（第五卷）［M］．北京：中华书局，2009：5981.

当规矩而能以自己之见解评判是非的人。在我看来，理想的人无非是一个近情的人，愿意认错愿意改过，如斯而已。"① 于是在中国的历史中，林语堂挑选了若干典型人物，如庄子、陶渊明、苏东坡等，作为他眼中理想文化人格的实例，他们正是可以作为"人的标准"的人。

其三，林语堂关于"仁"的修为判定。林语堂认定"仁的本义应当是他的纯乎本然的状态"，进而推论出做一个仁人是不难的。林语堂在一定程度上修订了孔子对"仁人"所认定的高峻的标准。孔子曾说："仁远乎哉？我欲仁，斯仁至矣！"② 据此，林语堂解释："一个人做人接近到'仁人'的地步并不那么困难，而且，只要人自己心放得正，看不起那些伪善言行，只要想做个'真人'，做个'仁人'，他都可以办得到。"③ 这是林语堂关于人的本性的乐观主义态度和立场，认为仁人是可以做到的，只要人们真诚地"遵循本性处世做事"④，"规规矩矩的做人，做事以最高贵最纯洁的本性为准绳"⑤，就可以成为"真人"或"仁人"。继而，林语堂又说："人无有不善，就其善而养之。人生社会有什么了不得的问题，何必谈什么玄虚？做人的道理讲好了，还有什么可怕？循这条路走去，就可为顶天立地的大丈夫。（孔子只讲君子，孟子才提出大丈夫三字。）就使不能建立什么彪炳的事业来，至少也可以成一个有操守气节的人。"⑥ 林语堂相信世上不存在真正的坏人，便是基于对人性的信仰。

从林语堂"仁"的定义、标准、实现途径来看，林语堂对"仁"的理解，突出了"仁"的人文性和伦理性。他将"仁"看作伦理之善，认为自我与他者是一体共生的仁爱关系。"仁者爱人"，"仁"规定的人，不仅是独立的人，更是社会的人。独立的人，具有善的本性，自然而然地涵养于人的真诚生命之中；自己和他人有互动性，社会才能够安定和谐。林语堂对"仁"的理解

---

① 林语堂．我的信仰［M］//林语堂．林语堂名著全集（第十八卷）．长春：东北师范大学出版社，1994：340.
② 阮元校刻．十三经注疏（第五卷）［M］．北京：中华书局，2009：5394.
③ 林语堂．林语堂名著全集（第二十二卷）［M］．长春：东北师范大学出版社，1994：12.
④ 林语堂．林语堂名著全集（第二十二卷）［M］．长春：东北师范大学出版社，1994：78.
⑤ 林语堂．我的信仰［M］//林语堂．林语堂名著全集（第十八卷）．长春：东北师范大学出版社，1994：341.
⑥ 林语堂．孟子说才志气欲［M］//林语堂．林语堂名著全集（第十六卷）．长春：东北师范大学出版社，1994：43-44.

具有持续性，不仅在林语堂的专著、论文中，而且在林语堂的文学作品中，保持了一致性；不仅体现在林语堂的早期思想表达中，其晚年的思想也是如此，保持了逻辑上的连续性。正如有研究者认为："林语堂对孔子的'仁'学做了现代转换，做一个'仁人'在孔子那里是一个仰之弥高的标准，而林语堂把它转换为一个可以实施的人生方案，只是做一个'真人'，而且是可以做得到的。"①

二　对"仁"的存在的整体思考：仁就是和谐

对儒家文化尤其是对"仁"的理解，林语堂以"和谐"为基础。他说："'仁'，或真人性，在道德感的形式上，是以人的内心和外在的宇宙的道德相和谐为基础。当这个'真义'实现时，使'天地位焉，万物育焉'。这就是儒家的哲学基础。"②"仁"是"天"内在赋予人的生命品质，是天人一体同源的体验，人生内容若被"仁"所充实，就表现为崇高的美。孟子曰："仁言不如仁声之入人深也。"③"充实之谓美，充实而有光辉之谓大，大而化之之谓圣，圣而不可知之之谓神。"④"仁"是一个目的，是一个结果，是作为个体身心和谐立于天地之间的存在。"圣人""君子"理想人格即是"仁"的体现，他们可以把天生的仁德化为自觉的内在欲求。孔子仁学思想对个人理想人格的规定，不仅有道德方面的描述，还有对如何实现理想人格的途径建议，较完整地设计了理想人格的实现过程。⑤

同时，林语堂将"仁"扩充为天地之道、宇宙之道。"仁"所追求的和谐，不仅仅是人内心的和谐、人与他人的和谐，还是处理矛盾、解决冲突的济世良方。在林语堂看来，对于解决战争与和平问题，儒家关于"仁"的学说大有用途，孔孟哲学能化干戈为玉帛。他在国际政论作品《啼笑皆非·排物篇第七》中写道："归根结底，和平与战争的问题关键，全凭一代人心之信念为转移。和平问题，就是我们对于人伦人性的信念问题。我相

---

① 沈金耀.林语堂的理想文化人格 [M].北京：中国华侨出版社，2007：129-130.
② 林语堂.林语堂名著全集（第十卷）[M].长春：东北师范大学出版社，1994：102.
③ 阮元校刻.十三经注疏（第五卷）[M].北京：中华书局，2009：6017.
④ 阮元校刻.十三经注疏（第五卷）[M].北京：中华书局，2009：6040.
⑤ 罗锋.简析孔子仁学思想中的和谐意蕴 [J].重庆交通大学学报（社会科学版），2007，7（2）：44-45+75.

信这纯是哲学的问题，是看时人所信仰崇奉者为何物。"① 在《卜算篇第九》中说："我还是相信孔夫子，相信礼乐治国。"② 在《一揆篇第二十三》中又写道："很奇怪的，我们碰上孟子，倒给我们恢复了人的精神观，给我们定了人类平等的原则，世界合作的基础，以及自由的可能性。"③

通过和谐，林语堂强调了儒家"仁学"的普遍情怀。所谓儒家"仁学"的普遍情怀，乃是指产生并存在于中国古代的儒家仁学思想具有穿越历史、跨越国界，对当今世界乃至现实宇宙产生永恒性和普遍性影响的生命关怀意识。④ 宋儒提出"仁者，以天地万物为一体，莫非己也"⑤。"仁"不仅是个人身心的和谐，更是与他人的和谐，进而扩展为人类之间的和谐。儒家"仁学"是一个历史性的、区域性的存在，但却具有穿越时空的普遍情怀，对我们当今世界的和平发展、和谐交往具有重大的借鉴意义。

林语堂所遵从的人生准则是"行为尊孔、孟，思想服老、庄"。在林语堂看来，孔子学说"以伦理为法，以个人修养为本，以道德为施政之基础，以个人正心修身为政治修明之根柢"⑥。和谐的人、和谐的社会，是志士仁人的追求，也是林语堂的理想世界，这一切都要通过"仁"来实现。有研究者对林语堂进行评价道："这一整套思想体系高度肯定人性中的善，认为一个人只要顺着自己本性中的善去做、去生活，就可以成为'仁人'，而一个以'仁人'构成的社会必然有着良好理性的社会秩序和和谐温馨的生活状态。这种社会秩序井然、百姓安居乐业的生活美景对林语堂无疑有着巨大的吸引力，成为他心目中的理想社会图景的重要组成部分，也激发起他为之而奋斗的强烈的入世精神。"⑦ 在中国人的现实生活中，支配着中国人日常生活的是儒家思想。林语堂强调了"仁"的和谐性，将"仁"的友好、普遍、融洽的特性发挥出来，试图以此来拯救对立的世界各方。"仁"所涵盖的人与自然、人与人、人与世界的和谐内涵，为和谐世界的发展提供了思想资源。

---

① 林语堂. 林语堂名著全集（第二十三卷）[M]. 长春：东北师范大学出版社，1994：56.
② 林语堂. 林语堂名著全集（第二十三卷）[M]. 长春：东北师范大学出版社，1994：75.
③ 林语堂. 林语堂名著全集（第二十三卷）[M]. 长春：东北师范大学出版社，1994：192.
④ 刁生虎. 儒家仁学的普世情怀与和谐世界的当代建构 [J]. 兰州学刊，2010（1）：1-6.
⑤ 程颢，程颐著；王孝鱼点校. 二程集 [M]. 北京：中华书局，1981：15.
⑥ 林语堂. 林语堂名著全集（第二十二卷）[M]. 长春：东北师范大学出版社，1994：3.
⑦ 丛坤赤. 林语堂生活美学观念研究 [D]. 济南：山东大学，2011.

三 对"仁"的意味的探寻："仁"就是实践

林语堂特别重视"仁"的另一个特点即实践性。"仁"说来复杂，但是有时候又很简单，林语堂认为"仁"就是做人。

> 仁字向来最难解，也最浅显。据我看来，仁就是做人而已，所以浅显；可是"人"是什么东西，没人知道，所以不能解。你看孔子说"天下归仁"、"三月不违仁"，孟子说"居仁由义"，这讲得何等玄妙？怎么叫做"居"？怎么叫做"归"？怎么叫做"不违"？"不违"时是怎样？"违"时是怎样？这显然是讲一种得人情之正的境界。居于此种境界，叫做"居仁"。后来孟子把他分出恻隐，羞恶，辞让，是非之心。恻隐只是仁爱，合四者才是仁之广义。不然"回也其心三月不违仁，其余则日月至焉而已矣"那里讲得通呢？[①]

林语堂将实践性视为儒家文化的重要特点。林语堂欣赏孔子学说主要在于孔子的思想重点在人世间、在平常生活之中、在人伦日用之中。所谓以天下国家为己任，明知不可为而为之，儒家要求人对人类社会有所担当。正如李泽厚指出的："孔子没有把人的情感心理引导向外在的崇拜对象或神秘境界，而是把它消融满足在以亲子关系为核心的人与人的世间关系之中，使构成宗教三要素的观念、情感和仪式统统环绕和沉浸在这一世俗伦理和日常心理的综合统一体中，而不必去建立另外的神学信仰大厦。"[②] 林语堂推崇动的人生观，同时感叹，随着岁月的流逝，这种气魄已经悄然无存了。

> 这静的人生观，非孔子之过，更非孟子之过。智仁勇三者天下之达德。孔子就少有静观宇宙的话。自首至尾，孔子还是身体力行的。注重在行，不注重在坐。孔子很少仰视天象，最多渡河不得而发水乎水乎之叹而已。子思才有仰视天象的感叹。孔子过蔡过匡，在陈绝粮，还是以天下为职志，而为出世派的隐士如长沮桀溺所看不起。孟子起

---

① 林语堂. 林语堂名著全集（第十八卷）[M]. 长春：东北师范大学出版社，1994：197.
② 李泽厚. 中国古代思想史论 [M]. 北京：生活·读书·新知三联书店，2008：16.

而有大丈夫之论，富贵不能淫，贫贱不能移，威武不能屈。孟子言善养吾浩然之气，志壹则动气，气壹则动志。这浩然之气还是动的。孟子之言仁，不是三月不违，木讷之仁，是讲气魄，有人气之仁。这种有气魄有人气，才是"仁"，才近于西洋所谓 manhood，也就是孟子的大丈夫——但是这已经是一场消逝的梦了。①

孔子把"仁"贯穿到人生的各种实践中，他关注人世、社会、现实，对宗教、鬼神不感兴趣。"克己复礼为仁。一日克己复礼，天下归仁焉。"②孔子的仁学，不是空虚的说理，而是具有极强的实践性，是一种人人都可以实践的道德规范。李泽厚认为"仁学"具有实践理性的品格。他说："这种理性具有极端重视现实实践的特点。即它不在理论上去探求讨论、争辩难以解决的哲学课题，并认为不必要去进行这种纯思辨的抽象（这就是汉人所谓'食肉不食马肝，不为不知味'）。重要的是在现实生活中如何妥善地处理它。"③"与此相当，不是去追求来世拯救、三生业报或灵魂不朽，而是把'不朽'、'拯救'都放在此生的世间功业文章中。"④"在这里，重要的不是言论，不是思辨，而是行动本身：'力行近乎仁'；'君子欲讷于言，而敏于行'；'听其言而观其行'；'古者言之不出，耻躬之不逮也'……"⑤

李泽厚将"仁学"归纳为具有实践理性的学问，而林语堂看到了"仁学"的实践性，但是没有上升到理论的高度。"仁"从根本上来说是人类的真实情感，来自生命的创造，陈来说："仁体虽然宏大，却又是亲切表现于人伦日用，事事物物上皆可以见到仁体。仁体不离日用常行，古人多次提点此意，如明代儒者邹颖泉所说'仁体时时流贯'，的确是一个仁学本体论的重要观点。明代另一儒者万思默专讲生活儒学，他提出'生活是仁体'，确实值得表彰，他的这一思想与颖泉所说'仁体时时流贯于日用之间'是

---

① 林语堂. 论中外的国民性——由动转入静的儒道（八月二十五日在教育部文化局"中华文化之特质"学术会之演讲）[M] // 林语堂. 林语堂名著全集（第十六卷）. 长春：东北师范大学出版社，1994：75-76.
② 阮元校刻. 十三经注疏（第五卷）[M]. 北京：中华书局，2009：5436.
③ 李泽厚. 孔子再评价 [J]. 中国社会科学，1980（2）：77-96.
④ 李泽厚. 孔子再评价 [J]. 中国社会科学，1980（2）：77-96.
⑤ 李泽厚. 孔子再评价 [J]. 中国社会科学，1980（2）：77-96.

一致的。"①

从以上论述可以看出"仁"就是"人"，"仁"就是和谐，"仁"就是实践，这三方面形成了林语堂"仁学"思想的有机整体。"仁"就是"人"，是林语堂"仁学"思想的发端；"仁"就是和谐，是林语堂"仁学"思想的推进；"仁"就是实践，是林语堂"仁学"思想的概括。"仁"就是"人"，使林语堂的儒家文化思想始终呈现出人文主义的色彩。此为林语堂处世和创作思想的发端，林语堂看待世间的人、世间的物都带着温情和暖意。"仁"就是和谐，和谐本是"仁"的内涵之一，以和谐释"仁"，林语堂将"仁"扩展为处理世界争端的方法。和谐是人类的永恒追求，林语堂这样一位"文化智者"自然会想到用"仁"去解决世界争端。"仁"就是实践，是儒学区别于其他思想流派之处，也构成了儒家文化思想的特质。

同样都是儒家文化的坚守者，我们来比较一下辜鸿铭和林语堂对"仁"的思想的理解。辜鸿铭说："在欧洲语言中，古老的基督教术语中的神性（godliness）一词与'仁'的意义最接近。因为'仁'是人所具有的一种神圣的、超凡的品质。"② 显然辜鸿铭认为"仁"具有神性意义，它是人们天天必须努力去实行的，但又是永远不可能完全实现的目标，它是一盏明灯，是一种永远在你前面引导你向善的神性。对此，有研究者认为："在对'仁'和'仁人'的理解上，林语堂显然不如辜鸿铭深刻和真切。在把中国的儒道释综合解读为中国的人文主义并以此为惟一的宗教时，林语堂没有意识到'仁'的形而上意义、神性特征。"③ 本书不赞同这种观点，辜鸿铭赋予"仁"神学性特征，这不符合中国文化的实际情况。孔子的"仁"思想产生于以家族为本位的中国文化土壤里，这与西方以神为本位继而以个人为本位的文化背景大相径庭。中国的"仁"是一种理想、一种追求，但是它不具备神性，它永远植根于生活大地。只有这样理解，中国文明的创设才有它的完整性，也才能理解儒学为何能够作为治理国家的思想武器。脱离中国社会历史的背景谈"仁"没有任何意义，在这一点上林语堂显然比辜鸿铭更能认清事实，对儒学不拔高、不夸大，更接近历史真相。

① 陈来. 仁学本体论 [J]. 文史哲, 2014 (4)：41-63+165.
② 辜鸿铭. 中国人的精神 [M]. 黄兴涛, 宋小庆译. 海口：海南出版社, 1996：66.
③ 沈金耀. 林语堂的理想文化人格 [M]. 北京：中国华侨出版社, 2007：178.

综上所述，林语堂的"仁学观"非常丰富，突出了"仁"的社会性、人文性。"仁学"是一个复杂的体系，孔孟的"仁学"既包含心性之学，也包含政治儒学。葛荣晋认为，"仁"是一个流动型的道德概念和哲学范畴。从古至今，中国对"仁"做出过三次重大的哲学反思和诠释，即唐以前孔子、韩愈等人以"爱"释"仁"；宋代程颐、谢良佐，明代王阳明，清代王夫之、戴震等人以"生"释"仁"；近代谭嗣同等人以"通"释"仁"。①现代新儒家对"仁"进行哲学的讲解，如熊十力谈"仁"，和佛家的"寂"相比较，认为"仁"有"寂"的一面，即无形无相、无杂染、无滞碍；"仁"又有"实"的一面，则为万德具备、生生不息。②蒙培元指出："仁的最高层次是实现'天人合一'境界，即'天地万物一体'境界。"他还进一步认为："实现'天地万物一体'之仁的境界，是儒家仁学的最终目的，可与天地同在，与日月同辉，实现生命的永恒价值。"③相比较而言，林语堂的儒学观是一种古典的儒学观。林语堂对"仁"的理解和孔子的理解相一致，非程朱之"仁学"，非谭嗣同之"仁学"，非新儒家之"仁学"，他对"仁"的理解回归到了孔孟。当然我们也要看到，作为文学家而非哲学家的林语堂，对"仁"的认识还不够丰富，对"仁"的理解还不够全面。在中国文化史上，"仁"是一个道德概念，也是一个哲学概念，从这个意义来说，林语堂的"仁学观"缺乏形而上的色彩。林语堂的"仁学观"和他对儒家文化的人文性质的推崇相一致，即重视生命本真，不足之处在于过多强调现实生活而缺乏超越性，虽重视对人自身地位和价值的肯定、对人的尊严和权利的保护，但无法得到升华。

第四节　林语堂的"中庸"思想

"中庸"是儒家思想的另一重要范畴。林语堂的"中庸"思想是其儒家文化思想的重要组成部分，他在作品中谈论"中庸"的内容也比较丰富。

---

① 葛荣晋. 儒家"仁学"的现代诠释——对儒家"仁学"的两点新认识 [J]. 中共中央党校学报, 2009, 13 (2): 13-18.

② 李承贵, 张理峰. "仁"的五种诠释 [J]. 江南大学学报 (人文社会科学版), 2008, 7 (6): 17-22.

③ 蒙培元. 从仁的四个层面看普遍伦理的可能性 [J]. 中国哲学史, 2000 (4): 49-57.

中庸是一种哲学观，既是人生哲学也是政治哲学，同时也是方法论。"中庸在中西古典伦理思想中占有中心地位。"① 儒家一直把执中用中的中庸视为自己的道统内核，孔子说："中庸之为德也，其至矣乎！民鲜久矣。"② 希腊哲学家德谟克利特有关于中道的言论："人们通过享乐上的有节制和生活上的宁静淡泊，才得到愉快。""从一个极端到另一个极端的动摇不定的灵魂，是既不稳定又不愉快的。"③ 亚里士多德认为，人作为政治动物，其行为的目的在于追求至善，而善也就是美德。最高的善或至德就是中道或称中庸。"德性与情感和行为相关，在这里过度和不及会犯错误，而中道会受到称赞，并达到成功。"④ "德性就是中道，是最高的善和极端的正确。"⑤ 通观林语堂的创作和人生实践，他从儒家的中庸思想中汲取营养，积极倡导并履践这种精神。

再来看林语堂"中庸"思想研究的整体情况。尽管林语堂在作品中提到"中庸"的次数比较多，但是林语堂"中庸"思想的研究成果并不是很多，截至目前，有硕士学位论文 1 篇，期刊论文 5 篇。谢友祥认为："林语堂将'近情'和'中庸'取作自己的人文选择。"⑥ 刘清涛指出"中庸"在林语堂这里以一种与传统中庸完全不同的方式存在着，显示出一种新的生命力。⑦ 朱翠指出："他（林语堂）十分推崇儒家的中庸思想，采用一种不偏不倚的辩证观点来看待他所接触的不同的文化思想，并在中庸融合观点的指导下，把这种不取极端、融会贯通的思想运用到文学创作和自己的人生实践中，并获得了巨大的成功。"⑧ 有研究者将林语堂的哲学归纳为"半半哲学"并编著《林语堂半半哲学全集》一书。这些研究大多截取林语堂"中庸"思想的部分内容进行阐发释读，体现了"中庸"思想在林语堂儒家思想中的哲学思

① 任剑涛. 中庸：作为普世伦理的考量［J］. 厦门大学学报（哲学社会科学版），2002（1）：33-42.
② 阮元校刻. 十三经注疏（第五卷）［M］. 北京：中华书局，2009：5385.
③ 转引自余仕麟. 孔子"中庸"思想与亚里士多德"中道"思想之比较［J］. 北京大学学报（哲学社会科学版），2003（S1）：16-22.
④ 亚里士多德. 尼各马科伦理学［M］. 苗力田译. 北京：中国社会科学出版社，1990：33.
⑤ 亚里士多德. 尼各马科伦理学［M］. 苗力田译. 北京：中国社会科学出版社，1990：32.
⑥ 谢友祥. 近情和中庸：林语堂的一种人文选择［J］. 嘉应学院学报（哲学社会科学），2004，22（1）：45-50.
⑦ 刘清涛. 宇宙文章，半里乾坤——论林语堂的中庸［D］. 延边：延边大学，2004.
⑧ 朱翠. 林语堂中庸思想的表现及溯源［J］. 襄阳职业技术学院学报，2015，14（5）：66-68.

辨与实践预期。整体来看，学界目前尚缺乏学术意义上的完整讨论。

从原儒视角而言，"中庸"是孔子政治哲学的精神追求，是儒家提出的独有的思维方式和行为方式，也是伦理规范的标准。那么，林语堂到底如何看待这一重要的儒家思想资源，怎样将其融入自己的文化观，又是如何运用到实践中的，都值得仔细研究。

一　林语堂"中庸"思想的内容

林语堂"中庸"思想的内容包括三个方面。第一，"中庸"的内涵是近情近理。林语堂为什么赞美"中庸"？这要回到林语堂自己的思维逻辑轨道进行理解。林语堂对中庸的理解和对"仁"的理解有异曲同工之处，即认识的出发点是以"人"为终极目标。刘清涛认为："林语堂中庸的内涵指的就是一种人性化的实现。它不受道德伦理的诸多限制，只是服从于人性的要求和需要。"① 这样的"中庸"，主要从人的需要出发，满足人自身的情感需要。

> 此庸字虽解为"不易"，实即与 commonsense 之 common 原义相同。中庸之道，实即庸人之道，学者专家所失，庸人每得之。执理论者必趋一端，而离实际；庸人则不然，凭直觉以断事之是非。事理本是连续的，整个的，一经逻辑家之分析，乃成断片的，分甲乙丙丁等方面，而事理之是非已失其固有之面目。惟庸人综观一切而下以评判，虽不中，已去实际不远。
>
> 中庸之道既以明理为发端，所以绝对没有玄学色彩，不像西洋基督教把整个道学内的一段神话为基础。……人文主义的理想在于养成通达事理之士人。凡事以近情近理为目的，故贵中和而恶偏倚，恶执一，恶狂狷，恶极端理论。……季文子三思而后行，孔子评以再思可矣，也正是这个中和的意思，再三思维，便要想入非非。②

---

① 刘清涛. 宇宙文章，半里乾坤——论林语堂的中庸［D］. 延边：延边大学，2004.
② 林语堂. 中国文化之精神——一九三二年春在牛津大学和平会演讲稿［M］//林语堂. 林语堂名著全集（第十三卷）. 长春：东北师范大学出版社，1994：146-147.

在《中国文化之精神——一九三二年春在牛津大学和平会演讲稿》一文中，林语堂对"中庸之道"下了个定义："情理二字与理论不同，情理是容忍的，执中的，凭常识的，论实际的，与英文 commonsense 含义与作用极近。理论是求彻底的，趋极端的，凭专家学识的，尚理想的。讲情理者，其归结就是中庸之道。"①

林语堂将"中庸"生活推崇为人类生活的最高理想。这种生活不紧张又不懈怠，即待人接物不偏不倚、调和折中。以与众不同的姿态永远停留在人们仰视的目光中的林语堂，教给世人用"半半哲学"泰然潇洒地直面人生。林语堂认为陶渊明正是享有这种快乐的"最和谐最完善的人物"。他说，陶渊明爱好人生，生活简朴，身在凡尘中却志向高远，虽然反抗世俗却不逃避人生，而是和七情六欲的生活协调起来，这才是真正的和谐。也许有人认为陶渊明是一个逃避社会的人，但事实并非如此，他要逃避的仅仅是政治，而不是生活本身。② 林语堂将陶渊明列为最懂得"中庸"之道的人，即在政治和生活之间、个人和社会之间、自己的身心之间取得平衡的人。林语堂对陶渊明的赞许，即是对"中庸"运用于生活实践的态度的赞许。

近情近理是林语堂理解的"中庸"的一种表达方式，因为他坚信理论不是最重要的，重要的是常识。近情近理，就是"中庸"。林语堂认为"中庸"并不遥远，也并不神秘，"中庸"的本意是中道和常道。林语堂的"中庸"带有浓厚的经验色彩和偏重于实践的特点，突出了"中庸"的普遍价值，从这个层面上讲，林语堂并没有将"中庸"作为哲学范畴来考量，这致使其缺少某种玄思的品格。

第二，"中庸"的特点是平衡的智慧。林语堂认为，"中庸"是日常生活的共同智慧，对通情达理精神的信仰是儒家人文主义的重要组成部分，在自然和社会两个方面均注重适度与均衡。林语堂将中庸运用到日常人伦生活之中，可以说已达到淋漓尽致之境地。

在林语堂的眼中，儒、道并不是一对矛盾而是互补性的存在。林语堂

---

① 林语堂.中国文化之精神——一九三二年春在牛津大学和平会演讲稿［M］//林语堂.林语堂名著全集（第十三卷）.长春：东北师范大学出版社，1994：145-146.
② 刘炎生.林语堂评传［M］.南昌：百花洲文艺出版社，2010：137-138.

认为儒家"中庸之道"体现为对道家人生哲学的包容。它在"仁"的最高境界上代表着一种真人性的哲学观,即以合乎人本身需要的道德秩序去匹配客观宇宙的道德性秩序,使外在的合乎道德的宇宙和内在的真人性的规律之间,建立起一种和谐。在人生态度上,中国人持守中庸,淡泊名利;达则兼济天下,穷则独善其身。① 这时的"中庸"颇有山林气息。《论语》记载:"子贡问:'师与商也孰贤?'子曰:'师也过,商也不及。'曰:'然则师愈与?'子曰:'过犹不及。'"② 在孔子眼中,"过"和"不及"都不是"中庸"最完美的状态。林语堂认为,不偏不倚、取乎其中才是真正的"中庸"。林语堂说:"我像所有中国人一样,相信中庸之道。"③ 在这里需要特别说明的是,林语堂信奉的"中庸"不是思想原则和政治标准,而是生活准则。"儒教和道家的对比是相对的,而不是绝对的;这两种学说,只是代表了两个极端的理论,而在这两个极端的理论之间,还有着许多中间的理论。我以为半玩世者是最优越的玩世者。生活的最高典型终究应属子思所倡导的中庸生活。……与人类生活问题有关的古今哲学,还不曾发现过一个比这种学说更深奥的真理。"④ 在林语堂心目当中,"中庸之道"是融入人们日常生活方方面面的基本风格与共同智慧,甚至应该成为一种被许多人所追求的高超的人生理想和生活境界。

对于中国人的"中庸之道",林语堂基本上持肯定的态度。他说:"中国人如此看重中庸之道以至于把自己的国家也叫做'中国'。这不仅是指地理而言,中国人的处世方式亦然。这是执中的,正常的,基本符合人之常情的方式。这种方式使得中国人宣称自己发现了所有不同流派哲学所共有的基本真理,正如古代学者所自诩的那样。"⑤ 随着"执中"理念到"中庸"思想的递变演进,林语堂对于儒家思想的接受也逐渐明朗化、深层次化,在怀疑、否定、基本肯定等渐次的思想斗争中认可了"中庸"思想的博大精深和哲学智慧,这种认知也成就了林语堂丰富多彩的动态人生。

---

① 周仁政. 论林语堂的自由个人主义文化观 [J]. 江苏社会科学, 2000 (2): 110-115.
② 阮元校刻. 十三经注疏 (第五卷) [M]. 北京: 中华书局, 2009: 5428.
③ 林语堂. 林语堂名著全集 (第十五卷) [M]. 长春: 东北师范大学出版社, 1994: 92.
④ 林语堂. 林语堂名著全集 (第二十一卷) [M]. 长春: 东北师范大学出版社, 1994: 116-117.
⑤ 林语堂. 中国人 [M]. 长春: 时代文艺出版社, 2002: 119.

第三，"中庸"的作用是拯救人心。"中庸"成为林语堂用以矫正西方过激思想的利器。"中庸之道"不但被视为与"西方学理"分庭抗礼的哲学，而且能够拯救"过度膨胀的机械工业制度下""太易于被种种主义所奴役"的西方人。[①] 在《生活的艺术》一书中，林语堂以"中庸之道"为美国人对症下药。这是林语堂"中庸"思想的再度升华，即不仅将其视为个人良药，而且要用其来拯救人类。

"中庸"以理想境界召唤来者。"中庸之道"是孔子的无限之至境、天人合一之至道，所以孔子说："中庸之为德也，其至矣乎！"[②] 孔子将"中庸"理解为儒家思想中最高的标准，即"至善"的境界。"中庸"很难达到，孔子最爱的弟子颜回得"一善"就得到孔子的大加赞赏，但是离"至善"还很远；"中庸"不可企及，以至于"天下国家可均也，爵禄可辞也，白刃可蹈也，中庸不可能也"[③]。从孔子的言论中可以看出，孔子把"中庸"作为一种终极价值来追求，程颐对"中庸"的注释可以印证这一点："不偏之谓中，不易之谓庸，中者天下之正道，庸者天下之定理。"[④] 正因为"中庸"是一种终极追求，所以孔子的"知其不可而为之"指向"中庸之道"，这代表了儒家对"中庸"的进取态度。孔子的"而为之"，即把这种终极追求作为一种可以操作的经验原则要求于世人，并以尧、舜、禹和周公为楷模，这样"中庸之道"就变成了一种普通的行为准则。[⑤]

"中庸"，不仅对君子个人提出了内在修为与外在践行合一的要求，成为历代君子追求至诚至仁的目标，对于社会稳定、世界和谐也起到了非常大的作用。[⑥] 当然，每个时代由于历史局限性，提倡"中庸"的社会目的不一样。诚如朱伯崑在《先秦伦理学概论》中讲的那样："孔子以中庸为最高的美德，就其社会意义说，其目的是要求人与人和谐相处，以维护等级关系不趋于破裂。"[⑦] 在20世纪，"中庸"又产生了新的功能。如王岳川所说：

① 林继中. 林语堂"对外讲中"思想方法初论 [J]. 福建论坛（文史哲版），1997（6）：8-12.

② 阮元校刻. 十三经注疏（第五卷）[M]. 北京：中华书局，2009：5385.

③ 阮元校刻. 十三经注疏（第三卷）[M]. 北京：中华书局，2009：3529.

④ 朱熹编. 河南程氏遗书 [M]. 北京：商务印书馆，1935：110.

⑤ 于九涛. 鲁迅与孔子思想比较研究 [D]. 大连：辽宁师范大学，2002.

⑥ 王岳川.《中庸》的精神价值与当代意义——《大学》《中庸》讲演录（之四）[J]. 西南民族大学学报（人文社科版），2008（2）：1-22.

⑦ 朱伯崑. 先秦伦理学概论 [M]. 北京：北京大学出版社，1984：42.

"'中庸'是中国思想中最具有辩证论和价值论的意义层面，中庸精神具有重要的社会政治和伦理道德意义。关于'中庸'的含义，虽然从古至今都有不同的解释，但它在古代政治文化中是一种具有超越性的思想，在今天世界精神生态危机中同样具有调整人心寻求正途的普世性价值。"① 随着社会的需要和自身的发展，"中庸之道"的意义在不断地挖掘中。20世纪30年代国际关系纷繁复杂，林语堂怀着一颗仁爱之心，试图从儒家文化中寻找资源以建立世界和平的秩序。从这个意义上来讲，林语堂具有超前思维和国际视野。

在对"中庸之道"的功效的推崇这个问题上，林语堂和他的前辈辜鸿铭有一致的认识。辜鸿铭对中国文化产生仰慕之情，是因为在儒家经典里找到了与"炮舰""武力"充斥下的现代文明截然相反的优秀经验、伟大智慧。他在《论语》译序中写道："受过教育的有头脑的英国人，但愿在耐心地读过我们这本译书后，能引起对中国人现有成见的反思，不仅修正谬见，而且改变对于中国无论是个人还是国际交往的态度。"② 他在《中庸》译序中再次强调希望能使西方人"更好地理解'道'，形成一种更明白更深刻的道德责任感，以便能使他们在对待中国和中国人时，抛弃那种欧洲'枪炮'和'暴力'文明的精神和态度，而代之以道，无论是以个人的方式，还是作为一个民族同中国人交往的过程中，都遵从道德责任感——那么，我将感到我多年理解和翻译这本书所花费的劳动没有白费"③。林语堂对"中庸"思想的推崇在世界范围内产生了影响。西方著名的现代学者庞德（Ezra Pound，1885-1972）非常欣赏中国文化，早在20世纪初就开始翻译介绍中国古诗词，尤其看中儒家学说"中庸之道"。庞德对"中庸之道"简直到了顶礼膜拜的程度。④ 庞德在20世纪上半叶竭力宣传中国文化，且论调颇多受林语堂学说影响，可以看出林语堂在西方传播中国文化的巨大影响力。⑤ 林语堂认为儒学的"中庸"思想完全可以与席勒的"审美人格"相媲美，是最健全

---

① 王岳川."中庸"的超越性思想与普世性价值［J］.社会科学战线，2009（5）：133-141.
② 黄兴涛编译.辜鸿铭文集（下卷）［M］.海口：海南出版社，1996：346-347.
③ 黄兴涛编译.辜鸿铭文集（下卷）［M］.海口：海南出版社，1996：513.
④ 陈才忆.脚踏东西文化 评说宇宙文章——林语堂的中西文化观及其在西方对中国文化的传播［J］.重庆教育学院学报，2003，16（4）：29-32.
⑤ 王绍舫.林语堂文化自觉观与翻译思想研究［M］.北京：中国水利水电出版社，2018：31.

最完美最理想的人类生活哲学，直接表现就是"和谐人格"。

从以上论述可知，林语堂把"中庸"看作手段、方法。林语堂用心建构的"中庸"思想由中西"中庸"思想融合而成，贯注了个人主义、享乐主义情感因素。林语堂的这个"中庸"本身就很"中庸"，各取所长杂糅而成，带有理想化同时世俗化的意味，是对世俗的追求和对理想的追求的统一。如果说林语堂的"仁学观"是哲学观思辨，那么他的"中庸"思想就是工具论演绎；如果说林语堂的"仁学观"具有形而上的意味，那么他的"中庸"思想就充满形而下的色彩；如果说林语堂的"仁学观"具有普遍性价值，他的"中庸"思想则充满救世论腔调。

二　林语堂"中庸"思想的矛盾性

林语堂"中庸"思想呈现矛盾性，表现在两个方面。

一是按照对象的不同呈现出矛盾性。林语堂在政治上反对"中庸"。在《给玄同先生的信》中，林语堂写道："今日中国政象之混乱，全在我老大帝国国民癖气太重所致，若惰性，若奴气，若敷衍，若安命，若中庸，若识时务，若无理想，若无热狂，皆是老大帝国国民癖气，而弟之所以信今日中国人为败类也。欲一拔此颓丧不振之气，欲对此下一对症之针砭，则弟以为惟有爽爽快快讲欧化之一法而已。"① 在这里，"中庸"成为中国落后的根源之一，"中庸"和"奴气""敷衍"成了同义词。林语堂晚年仍然对"中庸"不能释怀，他在《说浪漫》一文中说："盖儒家本色亦求中和皆中节而已，第因'中和'二字出了毛病，腐儒误解'中和'，乃专在'节'字'防'字用工，由是孔子自然的人生观，一变为阴森迫人之礼制，再变而为矫情虚伪之道学，而人生乐趣全失矣。"② 在这里，林语堂将"中庸"理解为摒弃事物的矛盾，视为折中主义。所以，在政治上林语堂反对"中庸"，主张明确的倾向性和参与性。如林语堂反对人们倡导"勿谈政治"，"因为'勿谈政治''闭门读书'等等的美字样，实不过盖藏些我们民族的懒惰性与颓丧性而已，不过是我们中庸知命系统哲学的新解释，是我们义

---

① 林语堂.给玄同先生的信［M］//林语堂.林语堂名著全集（第十三卷）.长春：东北师范大学出版社，1994：11.

② 林语堂.说浪漫［M］//林语堂.林语堂名著全集（第十八卷）.长春：东北师范大学出版社，1994：31.

皇上人'击壤而歌'的新变相——总而言之就是西人所谓'东方文化精神'的新表示而已"①。在思想上，林语堂也反对"中庸"，主张怀有"偏见"，各抒己见，他说："以上因为谈'偏见'之重要，及人之不可无偏见夹叙些不相干的话，实则因为强毅贯彻偏见的人并非易见，但是同时我们要承认惟有偏见乃是我们个人所有的思想，别的都是一些贩卖、借光、挪用的东西。凡人只要能把自己的偏见充分的诚意的表示都是有价值，且其价值必远在以调和折中为能事的报纸之上。"②

但是，在生活态度上林语堂提倡"中庸"。林语堂说："孟子的那种比较积极的人生观念和老子的那种比较圆滑和顺的观念，协调起来成为一种中庸的哲学，这种中庸的哲学可说已成了一般中国人的宗教。动和静的冲突，结果却产生了一种妥洽的观念，使人们对于这个不很完美的地上天堂也感到了满足。"③ 林语堂将"中庸"的生活推崇为人类生活的最高理想。林语堂最著名的一则话为："有人说过，理想的生活便是住在一所英国的乡间住宅，雇一个中国厨子，娶一个日本妻子，结识一个法国情妇。"④ 这段话无非是用其"中庸"思想构建的现代生活。从生活的智慧这个角度，林语堂极力主张"中庸"，甚至歌颂"中庸"；从政治这个角度，林语堂批判"中庸"。这都是林语堂所理解的"中庸之道"。看起来有点矛盾，其实是对"中庸"不同面向的理解，并不矛盾。那下面简单说一下林语堂的"非中庸"。唐弢认为从林语堂身上找不出一点中庸主义的东西。他说："他（林语堂）有正义感，比一切文人更强烈的正义感：他敢于公开称颂孙夫人宋庆龄，敢于加入民权保障同盟，敢于到法西斯德国驻沪领事馆提抗议书，敢于让《论语》出'萧伯纳专号'，敢于写《中国何以没有民治》、《等因抵抗歌》等文章，难道这是中庸主义吗？当然不是。"⑤ 唐弢如此评价林语堂在前期并不中庸的政治态度。可以看到，唐弢所说的林语堂的"非中

① 林语堂．"读书救国"谬论一束［M］//林语堂．林语堂名著全集（第十三卷）．长春：东北师范大学出版社，1994：28.
② 林语堂．论语丝文体［M］//林语堂．林语堂名著全集（第十三卷）．长春：东北师范大学出版社，1994：50.
③ 林语堂．林语堂名著全集（第二十一卷）［M］．长春：东北师范大学出版社，1994：99.
④ 林语堂．英国人与中国人［M］//林语堂．林语堂名著全集（第十五卷）．长春：东北师范大学出版社，1994：11.
⑤ 唐弢．林语堂论［J］.鲁迅研究动态，1988（7）：44-48.

庸"，主要是指林语堂的政治态度和政治作为。

　　二是时间不同表现出的矛盾性。林语堂最初是批判"中庸"的。中庸的内涵非常丰富，不仅是世界观、方法论，更是一种政治哲学，是经权、常变的智慧。由经权、常变而延伸出来的"中庸之道"，反对坚执，主张无执。但是，在中国漫长的历史政治发展过程中，"中庸"反而演化成为一种惰性，给人民生活带来了灾难。从这个层面上讲，林语堂认为"中庸"是中国老大民族的性格弱点，影响了中国的进步发展，他对此颇多微词。

　　林语堂批判"中庸"，主要集中在 20 世纪 20 年代。林语堂从欧美留学回到北京后，当时的思潮是提倡欧化，很多作家致力于对中国的"国民性"问题进行清算，林语堂顺应潮流成为其中的一位得力干将。在早期的杂文集《翦拂集》中，林语堂说："个人以为中庸哲学即中国人惰性之结晶，中庸即无主义之别名，所谓乐天知命亦无异不愿奋斗之通称。中国最讲求的是'立身安命'的道理，诚以命不肯安，则身无以立，惟身既立，即平素所抱主义已抛弃于九霄之外矣。中国人之惰性既得此中庸哲学之美名为掩护，遂使有一二急性之人亦步步为所吸收融化（可谓之中庸化），而国中稍有急性之人乃绝不易得。及全国既被了中庸化而今日国中衰颓不振之现象成矣。"① 林语堂认为，"中庸"的无可无不可、折中主义、调和主义，严重导致了中国政府的不作为、人民的懒惰和社会的倒退。

　　无独有偶，在中国现代文学史上，另外一名反封建文化大将——鲁迅对"中庸"也进行了猛烈的抨击。鲁迅对正统的儒家文化从总体上持否定的态度。他猛烈抨击儒家文化的伦理道德，指出它无非是利用所谓的"忠、孝、节、烈"等一整套等级森严的封建秩序作为控制民众精神的工具，从而达到巩固和维护封建统治的目的。② 他明确反对"中庸之道"，指出其危害性在于"中国之治，理想在不撄"，而称颂"不为顺世和乐之音"的叛逆勇士。③ 这就是鲁迅的反"中庸"。

　　在当时的历史背景下，林语堂反对"中庸"，就是要在思想上提倡"欧化"，要"思想革命"，要讲大胆和诚意，"不说别人的话"。为什么林语堂

---

① 林语堂.论性急为中国人所恶——纪念孙中山先生［M］//林语堂.林语堂名著全集（第十三卷）.长春：东北师范大学出版社，1994：15.
② 廖超慧.鲁迅林语堂关论［J］.华中理工大学学报（社会科学版），1994（4）：83-89.
③ 廖超慧.鲁迅林语堂关论［J］.华中理工大学学报（社会科学版），1994（4）：83-89.

会这样反"中庸"？其实当时林语堂也未必对"中庸"思想有整体透彻的了解，国学根基不够牢固的他，才从国外留学归来就卷入国内的思想革命洪流之中，来不及整理、反思，只能跟随着思想文化的潮流前行。事实上，林语堂是把"中庸""中和"和没有原则、不求上进等同起来，希望借此痛批中国旧文化，实现"精神复兴"，拯救中国于水深火热之中。作家，总是社会思想和意识的最佳代言人，林语堂对"中庸"政治理想的批判，顺应了当时的社会思潮。这种心情可以理解但是方法不足取。

随着时间的流逝，林语堂对"中庸"的态度发生改变。20世纪20年代，林语堂有时还会在中西文化、传统文化与现代文化之间犹豫徘徊、摇摆不定，如在1929年底的演讲《机器与精神》中批评了"听天由命""中庸不偏"等传统文化，但《中国文化之精神——一九三二年春在牛津大学和平会演讲稿》中则多有赞美东方文明之语，尤其是对于传统人文精神中的"执中""不偏倚"，他说："人文主义的发端，在于明理。所谓明理，非仅指理智理论之理，乃情理之理，以情之理相调和。……讲情理者，其归结就是中庸之道。……凡事以近情近理为目的，故贵中和而恶偏倚，恶执一，恶狂狷，恶极端理论。"[1]"因为中国人主张中庸，所以恶趋极端，因为恶趋极端，所以……铁面无私的制度与中国人的脾气，最不相合。所以历史上，法治在中国是失败的。……中国不能演出西方式的法治制度，在另一方面却产出一种比较和平容忍的文化。在这种文化之下，个性发展比较自由，而西方文化的硬性发展与武力侵略，比较受中和的道理所抑制。"[2]在这里，早先还受到严厉批判的"中庸"精神摇身一变成为抑制西方文化中不合理成分的有效因素，对"中庸之道"的推崇可以说是林语堂后期文化选择的伏笔。

从最初批判"中庸"是民族劣根性，到转而将其视为中华民族文化的精粹，这表明了林语堂对于中国传统文化的态度的转变。王兆胜认为："与许多激进的文化先驱一样，林语堂的中国文化观开始走过了一个相当'西化'的道路；但不同的是，他中年后开始转身，更多地探讨中国文化的特

---

① 林语堂.中国文化之精神——一九三二年春在牛津大学和平会演讲稿［M］//林语堂.林语堂名著全集（第十三卷）.长春：东北师范大学出版社，1994：145-146.

② 林语堂.中国文化之精神——一九三二年春在牛津大学和平会演讲稿［M］//林语堂.林语堂名著全集（第十三卷）.长春：东北师范大学出版社，1994：147-148.

质与美好，到老年他的这一倾向更为明显。"① 这个转变，是一种自然而然的转变，是林语堂对中国传统文化进行深入研究的结果。这种转变，体现出林语堂融入祖国文化的迫切心理，以及对民族落后的悲愤心情。另外，无论是对"中庸"进行批判，还是进行赞美，无论是囫囵吞枣，还是尽力讴歌，他的初衷都是对国家民族的热爱。他希望国家强盛，民族振兴。还要注意一点，林语堂批判"中庸"主要是在国内，而对外则称赞"中庸"思想，这似乎也是民族心理在起作用。但是他将"中庸"政治化，将民族的落后归结于"中庸"思想的落后过于简单，也是激进的表现，当然也无可避免地打上了时代的烙印。

　　总而言之，林语堂把"中庸"思想看作建设新型文明的重要资源。他强调，真正优秀的思想文化，应该是民族永恒的精神财富，它的某些内容，虽然会随着时间的流逝而失去意义，然而它的合理的精神，却超越时空的界限而亘古常青、生机盎然。传统文化应该成为新型文明建设的资源。② 林语堂无意中把"中庸"思想放大了，夸大了它的功用，认为它是衡量一切文化的标准。同时，他又把"中庸"缩小了，从政治角度、道德领域缩小到了日常生活的范围。林语堂"中庸"思想的矛盾性，源于他看待"中庸"的不同角度、不同时空。林语堂"中庸"思想的矛盾性也是他思想"一团矛盾"的体现，也反映了他的政治观和文化观。这使林语堂的"中庸"思想有点不中不西、亦中亦西。

① 王兆胜. 林语堂的中国文化观［J］. 东岳论丛，2009，30（7）：79-86.
② 陈煜斓. 林语堂的国学观［J］. 黑龙江社会科学，2006（4）：106-108.

第三章 林语堂儒家文化思想研究（二）

——以文学作品为对象

直接呈现林语堂儒家文化思想的是其专著和论文，间接呈现其儒家思想的是其文学作品。林语堂一生创作宏富，用中英文创作了 60 多部作品。作为文学实体要素和中心环节的文学作品，是作家思想的外现和近乎客观实际的间接表达，我们可以通过其作品的旨意分析，按图索骥地寻觅林语堂灵魂深处对儒家文化思想的审视与接受，从而洞悉其人生哲学所归，及西学背景下其对中国传统文化的吐故纳新与归整融合。

第一节　从题材看林语堂的儒家文化思想

题材在文学作品中占据着非常重要的地位。文学作品的情感和思想必须依托一定的客观基础，这个客观基础就是文学作品的题材。① 歌德曾说过："对，还有什么比题材更重要的呢？离开题材还有什么艺术学呢？如果题材不合适，一切才能都会浪费掉。"② 本节将从林语堂文学作品的题材来看他的儒家文化思想。

一　历史的现代重构：戏剧《子见南子》③

林语堂平生创作的唯一剧本是《子见南子》，他选取了"子见南子"这个历史题材。林语堂为什么选取"子见南子"这个题材？为什么不塑造老

---

① 蒲生华. 中国古代节令酒诗中的祈寿趋吉心理探源 [J]. 青海师范大学民族师范学院学报，2002，13（1）：20-24.

② 爱克曼. 歌德谈话录 [M]. 朱光潜译. 北京：中华书局，2013：12.

③ 部分内容见李瑾. 林语堂《子见南子》中的儒家文化思想 [J]. 四川戏剧，2020（1）：29-32.

子形象、庄子形象、耶稣形象，而要塑造孔子形象？它产生了怎样的影响？这些问题都值得我们思考。

首先，林语堂的写作意图是将孔子拉下神坛。在中国 20 世纪 20 年代尊孔复古的潮流中，林语堂通过《子见南子》直观地塑造了圣人孔子的形象而不是其他人物形象，其直接的原因是对尊孔复古文化潮流的反拨。孔子一生经历丰富，为何林语堂选择"子见南子"这个事件来塑造孔子形象？对此，林语堂没有作答。以下四个原因是可能存在的。第一，历史上确有其事。根据《论语》《史记》《淮南子》《盐铁论》《论衡》等记载，历史上确有"子见南子"其事。历史上真实存在的人确实发生过这样的事情，在此基础上作家写剧本就有说服力，毕竟情节可以虚构而历史事件并非子虚乌有。第二，历史上对于此事记述不多，讨论比较多但是都没有定论，因此这件事情就被抹上了暧昧的色彩，容易吸引观众的眼球。作家写作总是希望作品有读者的。第三，在孔子留下的众多事迹中，只有这一事件涉及男女，"子见南子"与情爱想象有挥之不去的联系。在此事上做文章似乎更容易将圣人拉下神坛，凸显作者的写作目的。第四，时在"五四"新文化运动之后，提倡女性解放和男女平等思想，南子的形象塑造正好和这一思想呼应。

其次，戏剧《子见南子》体现林语堂对儒家文化的矛盾心理。终其一生，林语堂对儒家文化都不是全面否定或者全面肯定，他对儒家文化的态度呈阶段性变化。就创作《子见南子》的时间节点来看，在顺应时代潮流的同时林语堂实际上又是反潮流的。他顺应的是反复古的潮流，反对尊敬封建统治阶级推崇的孔子。但是他又是反潮流的，他反对打倒孔子，反对彻头彻尾地打倒儒家文化。林语堂实际上哪边都不站，站的是自己的队，他有自己的独立思考，这实际上反映的是另外一种暗流，即理性回归传统。陈平原曾说："'他（林语堂）'，实际上集中而强烈地反映了'五四'退潮后一大批中国知识分子向传统复归的社会思潮。"① 从这个剧本我们可以看出，林语堂将孔子和儒家文化、封建专制这些概念分开来理解，所以才会创作出这样一个既有点木讷又有点幽默的孔子形象。作品中有诸多矛盾之处，如周公之礼与南子之礼的矛盾、孔子去留卫国的矛盾、当官和不当

---

① 陈平原. 在东西方文化碰撞中 [M]. 杭州：浙江文艺出版社，1987：38.

官的矛盾，甚至"子见南子"这件事情在戏中的细节和历史记载也有矛盾。这个矛盾的孔子形象、剧中情节的矛盾之处，正是林语堂对儒家文化所持有的矛盾心理交织在一起的演绎。由此看来，似乎《子见南子》就是一个矛盾体，其核心内容是林语堂对儒家文化的矛盾心态，因为作家个体的心理会投射于作品及人物形象。冲突是戏剧的灵魂，矛盾是客观存在，这部戏剧是林语堂内心矛盾的写照，也是当时充满冲突的时代精神的反映。

最后，林语堂选取《子见南子》这个历史题材并赋予它新的内涵。讨论林语堂戏剧《子见南子》的意义主要从两个方面展开。

第一点是对于认识林语堂儒家文化思想的意义。综观林语堂的作品，无论是直接表达其儒家文化思想的专著和论文，还是间接反映其儒家文化思想的戏剧、小说、散文、传记，其对儒家文化思想的态度都呈现"之"字形特点。1923年，林语堂从西方学成归国，来到文化论战的中心北京，一头扎进争论的旋涡中，本来中国传统文化根基不牢的他也没有时间对传统文化进行深入研究。我们可以明显看到，在关于中西方文化的讨论中，30年代的林语堂对儒家思想的态度开始转向，甚至赞成用儒家文化来拯救世界。1936年林语堂远赴美国以后，身处西方社会中心，对于西方社会问题更是感同身受，于是他改变了文化传播策略，发挥自身优势，主要宣传中国传统文化，试图以中国文化来调解世界矛盾，用幽默的手法促进世界和平。

1928—1929年是林语堂文学创作甚至职业生涯的过渡期，在这段时间林语堂的文学创作文风发生了转变。目睹"三一八"惨案和经历国民党"清党"事件以后，因为现实环境的需要，林语堂的文风从"语丝文体"向"论语格调"转换。林语堂的第一部杂文集《翦拂集》在1928年出版，这对他来说是一种反思。他在《翦拂集·序》中写道："时代既无所用于激烈思想，激烈思想亦将随而消灭。这也是太平人所以感觉沉寂的原因。有人以为这种沉寂的态度是青年的拓落，这话我不承认。我以为这只是青年人增进一点自卫的聪明。"[①] 与此同时林语堂的写作内容也发生了改变。从《林语堂学术年谱》中可以看到，1929年之后林语堂的作品更多的是译作、小说、文化评论，写作内容涉及政治的少了，即使有也更偏向于使用反语、曲笔、影射的笔法。在林语堂第二部杂文集《大荒集》中，学术性、理论

---

① 林语堂. 林语堂名著全集（第十三卷）[M]. 长春：东北师范大学出版社，1994：4.

性的文章明显居多而政论则较少。30 年代的林语堂正式成为一名职业作家。可以说，《子见南子》这部戏剧正是林语堂处于对中国文化重新思考阶段的产物，也是其重新审视儒家文化的起点。自此时开始，《思孔子》《孔子在雨中歌唱》《论孔子的幽默》《再论孔子近情》等文陆续发表。正如陈平原所说："从二十年代宣称欲救中国，'惟有爽爽快快讲欧化之一法而已'，到四十年代以儒家的'礼让'、道家的'不争'救世界，林语堂思想转变的关键是在三十年代中期完成的。"① 《子见南子》剧本的写作，实际上是林语堂儒家文化思想的转折点。他对儒家文化的态度由批判到审视，由随波逐流地反对到独立自主地支持。同时，《子见南子》所反映出的林语堂的儒家文化观，也成为他日后成熟理性思想的雏形、轮廓、方向。林语堂以一个学者的勇气，大胆地从幽默的角度切入对孔子个性的研究，经过几十年不懈的努力，终于成为一个有独特见解的孔学家，而戏剧《子见南子》正是这位孔学家的起点。

　　戏剧《子见南子》的第二点意义在于，从儒家文化发展的角度来看，《子见南子》的发表意味着一种崭新孔子观的发轫。历代文人都是从仰视的角度来观察自己的祖师爷孔子的，在"五四"新文化运动中孔子却成为攻击对象被赶下历史的舞台。此时的林语堂既反对复古，又有自己的孔子观，这需要很大的胆量。林毓生说："20 世纪中国思想史的最显著特征之一，是对中国传统文化遗产坚决地全盘否定的态度的出现与持续。"② 有人提出"打倒孔家店""打倒孔老二"，而林语堂的孔子观代表着对孔子的重新认识，即从圣人气象到凡夫俗子的转换。林语堂笔下的孔子，是对批孔思想的反驳也是对孔子的正名。这样的孔子，不是庙堂之上的孔子，也不是流落民间的孔子，更不是挥舞着大棒的孔子，而是具有现代意识的孔子。施建伟认为："（《子见南子》）剧本在孔学研究上的意义是，标志着一种标新立异的孔子观的诞生，这是孔子研究中的一条新路。"③

---

① 陈平原．在东西方文化碰撞中 [M]．杭州：浙江文艺出版社，1987：37．

② 林毓生．中国意识的危机——五四时期激烈的反传统主义（增订再版本）[M]．穆善培译．贵阳：贵州人民出版社，1988：2．

③ 施建伟．林语堂传 [M]．北京：北京十月文艺出版社，1999：230．

二　兼济天下：政治军事皆文章

"穷则独善其身，达则兼济天下"是中国古代知识分子特有的情怀，身在庙堂之上、心在江湖之外也是他们的生存方式，他们总能在天地之间找到自己的位置从而心安。林语堂也有一份兼济天下的情怀，只是在不同的时期以不同的方式呈现。

第一，林语堂的小说和散文题材有相当大一部分源于历史事件。周可说："林语堂开始其小说创作之际，正是抗日战争全面展开之时。这一特定的时代背景，决定了林语堂这样一个有着浓厚民族意识和社会良知的中国知识分子，从一开始就能够自觉地将其创作与整个时代、整个民族的反对法西斯主义、争取民族解放的时代精神联在一起。"[1] 事实的确如此，林语堂著名的小说三部曲——《京华烟云》《朱门》《风声鹤唳》都和抗日战争或者当代历史事件相关联。林语堂为了"纪念全国在前线为国牺牲之勇男儿"特地创作小说《京华烟云》。《风声鹤唳》通过抗日期间一名中国少女的故事表现广大人民普遍的抗日情绪。姚家少爷博雅虽然带有纨绔子弟的风流气，但他热情地关心抗战并自诩为"战略家"，他对汉奸的厌恶、对中日民族的分析，特别是对持久战的观点代表了林语堂对抗战的意见。[2] 《朱门》是在民族矛盾、回汉冲突的真实背景下展开故事的，不少真人真事穿插在小说的情节中。散文《悼刘和珍杨德群女士》记录了1926年的"三一八"惨案。这些历史事件题材的选用，说明了林语堂对社会的关心和对时事的关注，以及与现实生活的密切联系，表现出林语堂的爱国精神、民族情怀。

第二，政治事件是林语堂小说和散文重要的题材来源。首先看早期的政论。林语堂刚回国那几年正是"五四"新文化运动高潮过去不久、西方文化大量涌进中国并为中国知识界所接受的时候。此时深受西方文化熏陶的林语堂从西方文明汲取的"科学""民主"精神、"表现自我"的思想与改革社会的热望相吻合，于是他带着这样的精神气质大步进入新文化运动

---

① 周可. 论林语堂小说的文化构成与审美品格 [J]. 长白论丛，1997（1）：68-73.

② 邱志武. 播撒烛照世界的火种——林语堂五部英文小说中国形象文化传播蕴涵的伦理价值特质 [J]. 辽宁教育行政学院学报，2010，27（7）：106-109.

大潮中。① 林语堂在早期喜欢写杂文，出版成集的有《翦拂集》《大荒集》《披荆集》《行素集》《讽颂集》等。这些作品有的主张改造国民精神，有的对军阀、官僚及其帮闲直接进行抨击，赞扬叛逆的"土匪"精神，如《"发微"与"告密"》《闲话与谣言》《讨狗檄文》等。《谈言论自由》一文讽刺国民党禁止言论自由的法西斯独裁政策，《黏指民族》一文旨在揭露国民党官僚搜刮民脂民膏的丑行，《祝土匪》一文痛斥"现代评论"派的"学者"们是"倚门卖笑，双方讨好"，《咏名流》《文妓说》《"读书救国"谬论一束》表达出对旧势力、旧思想、旧文化的批判。

　　林语堂除了写政治性的杂文还写政论专著。20 世纪 40 年代初，世界形势和中国时局都处于光明和黑暗大决战的前夜。林语堂在他的政论著作《啼笑皆非》中把国内外时局概括为四个字——"啼笑皆非"。在书的卷首，林语堂毫不隐讳地表明了弱势国民对强权政治的抗议、对世界局势的回顾和展望，深沉的民族感情涌动在字里行间。在林语堂看来，解决战争与和平问题除奉行老庄哲学之外，孔孟哲学也能化干戈为玉帛，特别是儒家关于"仁"的学说美妙无比，在国与国之间大有用"仁"之地。② 他在《排物篇第七》中写道："归根结底，和平与战争的问题关键，全凭一代人心之信念为转移。和平问题，就是我们对于人伦人性的信念问题。我相信这纯是哲学的问题，是看时人所信仰崇奉者为何物。"③ 在《卜算篇第九》中说："我还是相信孔夫子，相信礼乐治国。"④ 在林语堂看来，推广孔孟之道，一切国际问题都可以迎刃而解。林语堂在小说中也写政治。他 1955 年写成的小说《奇岛》讲述了一个女飞行员的奇特经历。她闯入了泰勒斯岛，这是一个与世隔绝的岛，小岛上社会秩序井然，人们和谐相处，居民来自不同国家，有不同文化背景。劳思是这个世外桃源的精神领袖，他集世界文化的智慧于一身，其中主要是儒道文化。劳思这个人物体现了林语堂对中国传统的理解，承载了林语堂对未来世界文化、世界人个性和品格的想象。⑤

---

① 涂秀芳. 在中西文化锋面上——试论林语堂散文创作 [J]. 福州大学学报（社会科学版），1998，12（4）：32-36+44.

② 李路丽. 林语堂的文化乡愁与文化认同 [J]. 闽台文化交流，2008（4）：132-135.

③ 林语堂. 林语堂名著全集（第二十三卷）[M]. 长春：东北师范大学出版社，1994：56.

④ 林语堂. 林语堂名著全集（第二十三卷）[M]. 长春：东北师范大学出版社，1994：75.

⑤ 肖百容. 论林语堂对中国文化传统的阐释 [J]. 中国现代文学研究丛刊，2018（3）：105-118.

《奇岛》这部小说是虚幻性质的，但讨论的内容却是战争、人性、政治这些永恒的话题，是林语堂设立的理想乌托邦。总之，林语堂早期的杂文慷慨激昂，具有较强的现实性与批判性，是儒家文化思想的直接体现；政论则表现出他的文化倾向性，追求"中庸"、和谐；小说则是他政治文化理想的具体展现。

第三，中国人的奋斗经历是林语堂常用的题材。在林语堂创作前期，小说题材主要取自国内的时代背景，而到后期小说题材主要取自异国他乡，华人的奋斗历程、坚强的毅力、美好的道德品质多有体现。小说《唐人街》讲述了一个华人家庭艰辛的创业史与奋斗史。这本小说虽然出版于1948年，但林语堂并未忘怀昔日唐人街上的情景，那高昂的民族情绪、热烈的募捐场面，特别是为抗战而奔忙的艾丝、冯太太等，都浸染着作者的爱国热情，给人一种积极向上的鼓舞力量。[①] 自传体小说《赖柏英》选择以新加坡为背景。不同民族的文化在新加坡汇合、碰撞、交融，多种文化并存的社会环境为林语堂提供了展开情节的特殊背景，主人公新洛的舅舅是老一代的创业者，其发达主要靠勤劳、投机、联姻；而新洛是新一代的开创者，其发展主要靠知识、文化、个人奋斗。不同时代的中国人在新加坡的土地上奋斗，都希望能够衣锦还乡、亲人团聚，这是中国人最朴素的愿望，也是奋斗的动力源泉。林语堂本人就是一个奋斗不息、战斗不止的中国人，他选用中国人奋斗这样的题材，一方面是出于内心对中国人勤劳、智慧的尊敬之情，另一方面也是自身生活经历的投射，更多的则是对本民族人民美好品质的赞扬。

多采用历史、政治事件作为写作题材，是因为林语堂跟中国历代"以天下为己任"的知识分子一样，曾经"精读《论语》而咀嚼之"，深受儒家面向社会、面向人生的入世精神的影响，确信"儒家思想不失为颠扑不破的真理"。[②] 描写中国人的奋斗体现出林语堂对民族自强不息精神的深刻领悟。林语堂描写对社会生活有重大影响的题材，其作品引起社会普遍的关注说明林语堂具有历史责任感；而其驾驭的题材也体现出林语堂对儒家文

---

① 邱志武．播撒烛照世界的火种——林语堂五部英文小说中中国形象文化传播蕴涵的伦理价值特质［J］.辽宁教育行政学院学报，2010，27（7）：106-109.

② 陈漱渝．"相得"与"疏离"——林语堂与鲁迅的交往史实及其文化思考［J］.新文学史料，1995（2）：125-137+94.

化的崇尚。

三　独善其身：人生众相尽从容

文学领域的题材丰富多彩，凡是可能成为艺术品的东西都可以写，这就为作家创作提供了巨大的空间。儒家文化思想本有两面性，一方面是积极入世，在社会中参与政治、投身实践；另一方面是热爱生活，在生活的点点滴滴中留下足迹。林语堂儒家文化思想的一个侧面即兼济天下，另一个侧面则是独善其身。人生众相尽从容，主要通过他的散文来实现。对于中国现代散文发展史上出现过的众多流派，研究者会从不同的角度进行划分。虽然划分标准各异、流派名称表述不同，如"言志派""逃避现实派""闲适幽默派"等，但其中无疑都包括林语堂在 30 年代提倡幽默、性灵，并以闲适散文创作为主的这一流派①。相较于其他文体的作品而言，林语堂在散文方面取得的文学成就是得到公认的，"林语堂和周作人都是现代散文闲话风一派的宗师"②。

第一，书写生活日常表明了林语堂选材的范围之广。正如林语堂在《人间世》发刊词中所说："内容如上所述，包括一切，宇宙之大，苍蝇之微，皆可取材，故名之为《人间世》。"③《我怎样买牙刷》是一个深信广告术的知识分子受骗经过的详细描述；《论握手》所揭示的是陌生两手接触之一刻的神奇反应及其所传达的微妙心态；《论躺在床上》写清晨赖在床上听街道、人声、鸟语的奇异感觉；《我的戒烟》描写作者戒烟过程中的精神冲突；《记元旦》写理智和人情的戏剧性冲突，使人读来忍俊不禁。谢友祥说："林语堂喜欢写寻常事物，在其中展现真实的自我。所言未必句句真理，至理常于偶言中得之；未必关心世道，世道亦可于偶言中得其款曲。"④林语堂通过自己独有的书写方式，对寻常事物的描写引发读者的会心一笑，抑或是启迪，抑或是联想，无形中产生了"寓教于乐"的效果。

---

① 郑新胜. 论 20 世纪 30 年代林语堂散文创作对现代散文的贡献 [J]. 闽江学院学报，2014（4）：92-100.

② 钱理群，温儒敏，吴福辉. 中国现代文学三十年（修订本）[M]. 北京：北京大学出版社，1998：397.

③ 林语堂. 发刊《人间世》意见书 [M] // 林语堂. 林语堂名著全集（第十七卷）. 长春：东北师范大学出版社，1994：180.

④ 谢友祥. 论林语堂的闲谈散文 [J]. 中国现代文学研究丛刊，2001（4）：61-74.

第二，文化和人生哲学是林语堂主要的题材来源。20世纪30年代以后，林语堂自觉地和政治中心保持距离，不直接干预抗战现实但也并非无视人生，他沿袭了二三十年代性灵散文和《论语》派散文注重幽默从容的路子，站在边缘审视和时代无关但和整个人类密切相关的文化，超越了时代局限。① 此时，日常生活的种种都可以归结到文化这个大框架中。林语堂谈文化和人生哲学有几个特点。一是融于世情。《婚嫁与女子职业》宣称女子最好的职业便是婚嫁；《思满大人》虽欣赏前朝遗民的仪态风度修养，但对其贪污腐化进行淋漓尽致的讽刺；《做文与做人》强调作文可以幽默，做人必须认真；《一张字条的写法》，最后竟然炮制出"文选派"和"桐城派"的字条，一时间如临大敌。二是贯通古今中外。林语堂说："把两千年前的老子与美国的福特氏（Henry Ford. 汽车大王）拉在一个房间之内，让他们畅谈心曲，共同讨论货币的价值和人生的价值。或者要辜鸿铭导引孔子投入麦唐纳（前英国内阁总理）之家中，而看着他们相视而笑，默默无言，而在杯酒之间得完全了解。"② 《理想中的女性》《家庭与婚姻》《妓女与妾》数篇散文通过中西比较的方法提出关于家庭和妇女问题的真知灼见③；《中国人与日本人》《广田和孩子》《"无折我树杞！"》触及当时的中日战争；《英国人与中国人》《真正的威胁——观念，不是炸弹》讨论第二次世界大战。林语堂的闲谈散文不仅思想独特、近乎人情，而且涉猎广泛，知识丰富，大到文学、哲学、宗教、艺术，小到抽烟、喝茶、买东西，无所不包，笔触贯通中外、纵横古今。林语堂谈文化和人生哲学，最后都要落脚到世俗人生，这是受到儒家文化思想深刻影响的结果。

第三，生活的艺术是林语堂选取的重要题材。在林语堂的代表作《吾国与吾民》《生活的艺术》这两本文化评论中，林语堂真诚、自由地展示了中国文化优美丰富的内涵。喝酒、书法、建筑、饮食、赏雪，统摄于生活的艺术旗帜之下。林语堂说："赏花弄月之外，有中国诗人旷怀达观、高逸退隐、陶情遣兴、涤烦消愁之人生哲学在焉……不说老庄，而老庄之精神

---

① 金春平，杨猛.20世纪40年代学者散文的"去政治化书写"与"五四"文统的传承［J］.西北工业大学学报（社会科学版），2011，31（3）：29-34.

② 林语堂.林语堂名著全集（第十卷）［M］.长春：东北师范大学出版社，1994：31.

③ 李山川.林语堂小品文的社会评论浅析——对于误解的匡正［J］.自贡师范高等专科学校学报，2003，18（4）：54-58.

在焉，不谈孔孟，而孔孟之面目存焉。"① 特别是《生活的艺术》一书将中国人的生活写得非常精致，这是林语堂儒道思想的完美诠释。生活，是儒家思想的立足点；艺术，来源于道家思想的精神。《生活的艺术》也是艺术的生活，是林语堂儒道思想的生动体现。生活是世间的安顿，是物质的存在；艺术是向上的美的追求，是精神的不朽。生活和艺术二者不可偏废，不可或缺，二者的统一实际上是林语堂儒道文化思想的高度统一。在《生活的艺术》中，林语堂提出人类理想的生活，他说："我以为半玩世者是最优越的玩世者。生活的最高典型终究应属子思所倡导的中庸生活。"② 由此可见，这样的理想生活是以儒家文化思想为核心、以道家思想为辅翼的有机结合。这样的理想生活以儒家的"中庸"思想为统领（虽然这个"中庸"已经过林语堂的改造）并注入了道家的因子。

对于同样的生活现象、同样的生活材料，不同的作家从不同的角度去审视，会描写它不同的侧面和重点，提炼出不同的题材。而决定作品价值的主要不在于写什么、用什么材料，而在于怎么写和表达什么样的情感、思想。清人刘大櫆说："理不可以直指也，故即物以明理；情不可以显出也，故即事以寓情。"③ 无论是"子见南子"事件，还是政治、历史、军事题材，抑或是日常生活琐事和闲情逸致，都成为林语堂笔下丰富的题材，使林语堂的作品琳琅满目。一方面，这些题材的甄别、选用，体现出林语堂对儒家文化的深厚感情；另一方面，林语堂的小说和散文的部分题材，或者和抗日战争有关，或者和国内时局相关，甚至他也向世界政局贡献一份良策，表现了林语堂"铁肩担道义"的儒家文化思想情怀，即时时不忘国家民族安危，系世界和平于心间。

第二节　从主题看林语堂的儒家文化思想

主题是一个作家在作品中试图集中表达的思想认识和情感态度。林语堂的儒家文化思想深邃博大，是对时代精神的召唤，是中国文化的生命智

---

① 林语堂. 林语堂名著全集（第十八卷）[M]. 长春：东北师范大学出版社，1994：300.
② 林语堂. 林语堂名著全集（第二十一卷）[M]. 长春：东北师范大学出版社，1994：117.
③ 刘大櫆. 论文偶记 [M]. 北京：人民文学出版社，1959：12.

慧。他集中撷取哪些主题，如何进行阐释，对这些主题怎样创造性地转化都值得认真研究。讨论林语堂的文学作品中凝练的主题，将有助于理解林语堂的作品进而读懂林语堂的儒家文化思想，并理解他是如何合理、道德、审美地使中西文化价值和合，完成传统文化的现代转型的。

一 林语堂的孔子观①

"孔子是人不是神"，这是林语堂孔子观的第一点。这个主题一直以不同的形式贯穿于林语堂的文学作品中。我们首先来看林语堂平生创作的唯一一部戏剧《子见南子》。这部戏剧虽然在中国戏剧史上的地位不是很突出，但是对我们认识林语堂的儒家文化思想轨迹非常重要。戏剧的主题表现了林语堂孔子观的核心内容——"孔子是人不是神"。林语堂的这个观念是始终如一的。

孔子作为儒学的创始人在中国历史上享有至高无上的地位。从西汉平帝追谥孔子为"褒成宣尼公"，到清代顺治二年尊孔子为"大成至圣文宣先师"，后又改为"至圣先师"，孔子的政治地位一直无人企及。然而，每个时代的孔子形象各异，都为满足统治阶级和学者自己或者时代精神的要求而被塑造。林语堂心目中的孔子形象是怎样的呢？《子见南子》告诉读者：林语堂反对被宋儒歪曲得面目全非的孔子，试图恢复孔子的本来面目，即孔子是一个有七情六欲的人，是一个近乎人情的幽默家！这从剧中孔子的情绪波动过程可以看出来。孔子开始是兴致勃勃的，"君子惟求行道而已，余者都不在乎"②；听说南子"愿以卿礼相事"后，"色喜，但一刹那间又端严的"③；听了南子一席惊世骇俗的言论后，"我有所怕。我有所怕"④；在看完南子和歌女的合舞后，"如由梦中惊醒"⑤；经过剧烈的思想斗争，孔子最后"形容憔悴，慢慢的低着头坐下，两手抵额，靠手湾（弯）于膝上，成一团弯形"⑥。在戏剧整个过程中，孔子的情感可谓跌宕起伏、曲折不已。

① 部分内容见李瑾. 林语堂《子见南子》中的儒家文化思想［J］. 四川戏剧，2020（1）：29-32.
② 林语堂. 林语堂名著全集（第十三卷）［M］. 长春：东北师范大学出版社，1994：269.
③ 林语堂. 林语堂名著全集（第十三卷）［M］. 长春：东北师范大学出版社，1994：273.
④ 林语堂. 林语堂名著全集（第十三卷）［M］. 长春：东北师范大学出版社，1994：286.
⑤ 林语堂. 林语堂名著全集（第十三卷）［M］. 长春：东北师范大学出版社，1994：288.
⑥ 林语堂. 林语堂名著全集（第十三卷）［M］. 长春：东北师范大学出版社，1994：290.

另外，从孔子的行为也可以看出孔子的真性情。孔子和南子初次见面，南子奉送白璧一双，两人谈玉还凑在一起赏玉，随后南子主张成立"六艺研究社"供男女同聚一堂。孔子对南子和歌女的美妙歌舞赞叹不已。最后，孔子在理智和情感的冲突中感到非常不安，决定离开卫国。于此，孔子的庄严、道学的形象不复存在，一个有真实欲望、可爱可笑的孔子俨然呈现在大家面前。凡是写剧本，用故事新编向来不免旧瓶装新酒掺以时代的意义。鲁迅就曾指出："在那个剧本（《子见南子》）里，有孔夫子登场，以圣人而论，固然不免略有欠稳重和呆头呆脑的地方，然而作为一个人，倒是可爱的好人物。"[①] 在这部戏剧中，林语堂将自己对孔子的认识注入文字、融入角色，孔子被演化为一个真实、可爱的人，这是林语堂孔子观的形象体现。

在林语堂其他作品中，"孔子是人不是神"这个主题也一直在被书写。在散文中，林语堂写道："当今世人只认孔子做圣人，不让孔子做人，不许有人之常情。然吾思孔子岂尝板板六十四寒酸道学若汝辈哉！儒家以近情自许，独不许孔子近情，是岂所以崇孔及所以认识孔子人格之道哉！夫孔子一多情人也。有笑，有怒，有喜，有憎，好乐，好歌，甚至好哭，皆是一位活灵活现之人的表记。"[②] 孔子虽然有短处甚至矛盾的行为，可是他始终是一个很可爱的人物。

"孔子是人不是神"这个主题在"五四"新文化运动风起云涌的时候有特别的意义。孔子本就是一个普通的人，他好学、努力，生于乱世之中却立下鸿鹄之志，他所建立的儒家思想系统并不十分完备，但是其试图实现的社会理想却有深远的意义。后世历代思想家在他思想的基础上对儒家思想进行阐释，虽然有进步但是也有不少"误读"，孔子本人的形象也不断被神化。而林语堂则坚持将孔子拉回人间，恢复为有血有肉、饶有人情的"可爱的智者""极富美感的艺术家"。[③] 从历史上来看，魏晋时期以老庄来

① 鲁迅. 在现代中国的孔夫子［M］//鲁迅. 鲁迅全集（第六卷）. 北京：人民文学出版社，2005：329.

② 林语堂. 思孔子［M］//林语堂. 林语堂名著全集（第十七卷）. 长春：东北师范大学出版社，1994：262.

③ 赵怀俊. 林语堂幽默观之中西来源［J］. 晋中师范高等专科学校学报，2002，19（4）：275-277.

释儒，形成"玄学"；南北朝时期，儒学和佛教的斗争成为思想领域的主线；唐朝佛教兴盛，致使儒学家们（韩愈等）不得不振兴"道统"以示抗拒；而两宋之理学家，援佛入儒，更是改造了孔门的思维方式。[①] 儒学被不断地改造，孔子形象更是不断地被误读。林语堂提出"孔子是人不是神"，抹去了后人涂抹在孔子脸上的色彩，恢复了孔子的本来面目。

林语堂的孔子观第二点是孔子注重人生现实。林语堂对孔子的这一层理解建立在对儒家思想的挖掘之上，反映在林语堂的作品之中。我们通过初读戏剧《了见南子》文本，能感受到南子之礼和孔子之礼似乎处于矛盾的对立面，待细细品来，会发现他们之间的冲突其实是林语堂心目中的孔子和前人塑造的孔子的冲突，是林语堂心目中古代孔子和现代孔子之间的冲突。南子代表了林语堂理解的孔子形象，孔子代表了现实中封建遗老形象。舞台上的孔子的失败，表明了现代孔子的失败；舞台上南子的胜利，表明了林语堂心目中的孔子的胜利。所以，戏中孔子才会说："南子有南子礼，不是你们所能懂的！"

剧中南子的言论代表了林语堂对儒家思想的理解。其一，男女是人伦之始。南子说："人伦之间以男女关系为始，礼莫重乎男女之间的交际。"[②]南子还对"烽火戏诸侯"这一典故进行新解，为褒姒洗清冤屈，认为褒姒是嘲笑幽王之愚而非笑烽火，继而南子还认为男女有别是伪托古制。这一思想从南子口中说出有惊世骇俗之感，但戏剧的特点本就是夸张和虚拟，从古人骨子里吹进"新的思想的风"，借古人之口谈新思想新文化是时代赋予戏剧的历史使命。我们能够明显地看到这种男女平等思想正是"五四"精神的遗绪。男女为人伦之开端，这在儒家经典中早有论述。《周易》中乾卦和坤卦是最基本的两个卦，即所谓"天尊地卑，乾坤定矣"[③]，"乾知大始，坤作成物"[④]。同时，又把乾、坤和男女对应起来，认为"乾道成男，坤道成女"[⑤]。有男女，才有子女、家庭、社会、国家。男女是人伦之初，

---

① 陈雷．试析梁漱溟解释孔子的方法 [J]．淮阴师范学院学报（哲学社会科学版），2003，25（6）：753-757.
② 林语堂．林语堂名著全集（第十三卷）[M]．长春：东北师范大学出版社，1994：282.
③ 阮元校刻．十三经注疏（第一卷）[M]．北京：中华书局，2009：156.
④ 阮元校刻．十三经注疏（第一卷）[M]．北京：中华书局，2009：157.
⑤ 阮元校刻．十三经注疏（第一卷）[M]．北京：中华书局，2009：157.

也是家道之始，对此林语堂非常认同，他在《生活的艺术》一书中专门写了"家庭之乐"一章，宣称夫妻关系是人伦之始，而天伦之乐则是人生中最基本的快乐。在剧中林语堂通过南子之口道出的心中的男女观和儒家思想相一致。其二，饮食男女是人生的真义。南子说："我想饮食男女，就是人生的真义，就是生命之河的活源。得着这河源滚滚不绝的灌溉，然后人生才能畅茂向荣。男女关系是人生之至情，至情动，然后发为诗歌，有诗歌然后有文学。"[①] 南子的话符合儒家思想本义。早期儒家认为男女之情、男女之欲是天地至理，完全符合自然法则。《礼记·礼运》中强调"饮食男女，人之大欲存焉"[②]，明确承认了人的正常欲望符合自然规律。后来孟子也承认男女之欲为自然之理。《孟子·万章上》："好色，人之所欲。"[③]《孟子·梁惠王下》中还提出"王如好色，与百姓同之"[④]。这都说明了早期儒家思想尊重人的本能、生理特点，认为男女之情合情合理。

林语堂深谙此理，重视男女之情、生活常态。

照道理，学所以为人，并非人所以为学，以人为一切学问的中心，这是中国文明之特征，人生在世不满百，到头来盘算一下，真正叫我们受用的，还不是饮食男女，家庭之乐，朋友之快，心地清净，不欠债，及冬天早晨得一碗热粥一碟萝卜干求一温饱吗？常人谈文化总是贪高骛远，搬弄名词，空空洞洞，不着边际，如此是谈不到人生的，谈不到人生便也谈不到文化。这样一来就有点象盲人骑瞎马了。我最佩服一句孔夫子的话，叫做"道不远人，人以（之）为道而远人，不可以为道"，这是真正东方思想的本色。[⑤]

林语堂在其他作品中，多次重申要从生活和人生方面来理解孔子。林语堂在戏剧中借用南子之口表达出他对儒家思想的理解，即饮食、男女、

---

① 林语堂. 林语堂名著全集（第十三卷）［M］. 长春：东北师范大学出版社，1994：283－284.

② 阮元校刻. 十三经注疏（第三卷）［M］. 北京：中华书局，2009：3080.

③ 阮元校刻. 十三经注疏（第五卷）［M］. 北京：中华书局，2009：5946.

④ 阮元校刻. 十三经注疏（第五卷）［M］. 北京：中华书局，2009：5822.

⑤ 林语堂. 林语堂名著全集（第十八卷）［M］. 长春：东北师范大学出版社，1994：109.

生活才是文化的正道。可能在当时的政治环境下孔子真如丧家之犬，但他并不气馁，更不绝望，而是幽默诙谐、自我打趣，这是对世界和人生的理解，也表达出对个人局限性的正视。林语堂向我们展示了一个更加生活化、可爱的孔子，一个真实的、立体的孔子呈现在读者面前。在《生活的艺术》一书中，林语堂曾援引孔子在《论语》中所说的"食不厌精"，把孔子作为一个美食家来塑造。他从孔子之妻究竟是被休还是因受不了孔子的种种苛求而自己逃回娘家的分析入手，指出孔子的美食实是他的人生乐趣。林语堂说，孔子"食不厌精，脍不厌细"，"不得其酱不食，割不正不食，色恶不食，臭恶不食"①。他由此断定孔子的妻子对于这些要求总是能忍受，但有一天她买些熟食以供餐，孔子即说："沽酒市脯不食。"② 到了这时，孔子的妻子除了整一整行李弃家逃走之外，还有什么办法？这是林语堂所创作出来的孔子之妻的心理，也是他所认同并想象的孔子热爱美食的心理状态。

　　综上可知，林语堂非常欣赏孔子，他认定孔子是幽默可爱的性情中人，所以在剧中写出了一个充满生活气息的孔子。至此，林语堂笔下的孔子已不是一个高高在上的圣人，而是一个有血有肉、有爱有恨的普通人，一个幽默的人。林语堂强调从"人"的角度切入孔学研究，他一生写过许多有关孔子的专题文章，并且第一次把《史记》中的《孔子世家》翻译成英文，并编译专著《孔子的智慧》。林语堂的《子见南子》是他的"孔子观"的形象说明和艺术外化，发表以后引起了尊孔派的强烈批评。这一社会效果所造成的思维导向使人们总是认为这出新编的历史剧是反孔的，是借古讽今。但是林语堂研究专家施建伟指出："实际上，林语堂并不反孔，他所嘲讽和揶揄的不是几千年前的孔子，而是 20 世纪 20 年代中国社会的封建遗老，借以讥刺当时尊孔读经的复古思潮。"③ 这是对林语堂的透彻解读，也是对林语堂塑造的孔子形象的理性分析。林语堂对孔子的理解，建立在对原儒精神的领悟之上，即是对先秦儒家学说的剖析，而非对汉之后的儒家思想的理解。林语堂一生只创作了一个剧本，而恰恰选取了"子见南子"这个历史事件，不能不说林语堂对孔子形象的塑造用心良苦。

① 林语堂. 林语堂名著全集（第二十一卷）[M]. 长春：东北师范大学出版社，1994：246.
② 林语堂. 林语堂名著全集（第二十一卷）[M]. 长春：东北师范大学出版社，1994：246.
③ 施建伟. 林语堂传 [M]. 北京：北京十月文艺出版社，1999：229.

二 林语堂的伦理观

伦理思想是儒家学说的核心，并与其哲学、政治思想融为一体构成完整的理论体系。在林语堂的小说研究成果中，有对人物的分析、对文化理想的分析，还有对小说创作动因和目的、文化特征的分析，但是对林语堂小说中儒家伦理观的研究成果至今还没有看到。林语堂的作品中处处体现了儒家伦理思想，这些内容是林语堂自身伦理观的投射，也是儒家伦理思想的反映。

（一）家庭伦理

家庭伦理观念是处理家庭中人与人之间关系的准则。儒家思想重家国情怀，家是社会最小的组织，有家才有国、有国才有家。儒家思想中的家庭伦理观念对中国人个人的观念行为有很大的约束力。"所谓治国必先齐其家者，其家不可教，而能教人者，无之。"① 林语堂的作品中处处体现了儒家的家庭伦理观。

夫妻之道。以宗法制为基础的中国古代社会把夫妻关系看得极重，认为其是"人伦之始"和"王化之基"②，夫妇之际是人道之大伦。先秦儒家认为夫妻是造物之始，夫妇之间的关系是各种社会关系中最重要的一种，夫妻之间应该互相尊重。"昔三代明王之政，必敬其妻子也有道。妻也者，亲之主也，敢不敬与。"③《周易·序卦传》中说："有天地然后有万物，有万物然后有男女，有男女然后有夫妇，有夫妇然后有父子，有父子然后有君臣，有君臣然后有上下，有上下然后礼义有所错。"④ 国是家的扩大，社会伦理纲常是家庭伦常的延伸，只有家庭伦常沿着规范的道路前行，国家才可能强盛，所以儒家十分重视家庭中夫妻的关系。在林语堂的小说中，姚莫愁把孔立夫拴在家庭中安度平静的生活；李飞和杜柔安对爱情坚贞不渝；梁牡丹陶醉在梁孟嘉的爱慕中渴望幸福；若水和白薇过着神仙眷侣般

---

① 朱熹. 四书章句集注［M］. 湖南：岳麓书社，1985：12.
② 杨子彬. 孔子鄙视妇女吗？"唯女子与小人为难养也"辨析之一［M］//《国学论衡》编辑委员会编辑. 国学论衡（第二辑）. 兰州：兰州大学出版社，2002：379-405.
③ 阮元校刻. 十三经注疏（第三卷）［M］. 北京：中华书局，2009：3497.
④ 阮元校刻. 十三经注疏（第一卷）［M］. 北京：中华书局，2009：200-201.

的日子;汤姆父母异地分居十几年却都忠贞不贰;曾荪亚一度发生婚外情,但是姚木兰凭借智慧挽回了丈夫的心,恢复了和谐温馨的夫妻关系。这种符合传统社会规范的婚姻模式体现了林语堂的婚姻观,也是他自己婚姻的写照。在小说《京华烟云》中,曾太太教导儿子平亚:"平儿,你天天看见你妹妹,她那么有教养,我很喜欢她。可是你若尊重你这位未来的妻子,就不能不守礼法。夫妻之间要相敬如宾。"曾太太出身于读书之家,像"相敬如宾"这种典故是挂在嘴边儿上的。① 夫妻之间互敬互爱、家庭和美是社会稳定、国家昌盛的基础。这些思想在林语堂的小说中通过人物塑造、情节设置都得到了充分的体现。

孝道思想。孝,是人伦之始终。"夫孝,天之经也,地之义也,民之行也。"② "孝悌"是儒家家庭伦理观念的基础,孔子反复强调"仁"的思想,并教导学生"仁"的本质就是"孝悌"。对于家庭内部的孝顺之道,儒家设置了诸多需要遵守的礼节,包括吃饭、生子、参加葬礼、对待父母等日常行为的规范。礼,是一种形式,也是必要的形式,精神表达需要赋予形式,礼的形式体现了崇德尚礼的精神。孝,是通过对长辈的扶持和尊重来消解人与生俱来的自我中心化倾向,这在林语堂的作品中多有体现。平亚和曼娘还没有成亲,在曼娘父亲的葬礼上,"因为平亚自己的父母还健在,他的白腰带上有个红花结"③。"'七七'过完之后,平亚也参加了送殡,在灵的前头走,穿的是正式的女婿的孝,白衣白帽子。"④ 在小说《赖柏英》中,"叔叔到了四十岁还没有子嗣,立刻遵照儒家传统说法,娶了琼娜当姨太太"⑤,体现了儒家"不孝有三,无后为大"的思想。这些是礼也是孝道,是长幼尊卑的顺序,是中国两千多年来约定俗成的,打破了这些传统就被认为不合情理。

家庭教育。在中国传统文化中,家庭教育是个人成长最重要的部分,有既定的礼仪礼貌,也蕴含传统文化意义。小说《朱门》中,杜柔安准备让父亲杜忠和男朋友李飞见面,对此杜柔安很紧张。书中写道:"她仔细打

---

① 林语堂. 林语堂名著全集(第一卷)[M]. 长春:东北师范大学出版社,1994:100.
② 阮元校刻. 十三经注疏(第五卷)[M]. 北京:中华书局,2009:5543.
③ 林语堂. 林语堂名著全集(第一卷)[M]. 长春:东北师范大学出版社,1994:108.
④ 林语堂. 林语堂名著全集(第一卷)[M]. 长春:东北师范大学出版社,1994:108.
⑤ 林语堂. 林语堂名著全集(第九卷)[M]. 长春:东北师范大学出版社,1994:34.

量他说：'我父亲很挑剔，是个守旧的人。你必须坐得直直的，跟他讲话不能垂头丧气，也不能翘起二郎腿。他习惯用举止态度来判断人。'"① 小说《奇岛》："通常情形不至于此，但是理论是这样。如果孩子做坏事是谁的错？这是个家庭荣誉问题，很符合孔夫子的理论，而且确实有效。假如孩子偷东西或犯别的罪，父母会觉得丢脸，责任在父母的肩上，是他们疏于职守。"② 小说《京华烟云》："早饭之后，孩子们开始上课，大概十一点钟，女孩子们下课，男孩子要一直念到吃午饭。男女学生都要念《诗经》，五种遗规。五种遗规里的文章都是论及生活之道，学校规则，孝顺父母，读书方法。"③ 林语堂从小就生活在这样的儒家思想家庭教育氛围之中，这些是他幼时的场景在作品中的回放。

与人为善。人与人的关系是从感情开始建立的，这正是孔子"仁学"的基本出发点。"仁爱"的精神是人自身所具有的，而爱自己的亲人是最根本的。在小说《唐人街》中，汤姆很喜爱自己意大利籍的大嫂佛罗拉，平时都称呼她为大嫂。"（汤姆：）'唉！我希望我能叫你佛罗拉就好了。如果我爱上了一个女孩，我会叫她佛罗拉。'佛罗拉听了这句话，感动地在他头上吻了一下。汤姆就冲出厨房了。"④ "仁"的精神讲爱，爱自己的亲人，这只是爱；爱自己的父母，再扩大到爱别人，这才叫作"仁"。《唐人街》中的二哥义可体现了这种精神："他对任何人都很友善，尤其是当他碰到美国人时，总是不等别人介绍，就说：'我是佛烈德利克 A. T. 冯。'"⑤ 这是典型的与人为善的中国人形象，不管他在海外异乡生活多长时间，儒家思想的影响始终留在他的血脉之中。

观照儒家家庭伦理传统，是林语堂与中国众多现代作家的不同之处，也是他对现当代文学文化观念的重大突破与超越。"五四"时期，家族观念受到知识分子们的大力批判。吴虞认为儒家的"孝悌"观念把家族制度与专制政治联结起来，"使宗法社会牵制军国社会，不克完全发达，其流毒诚

---

① 林语堂. 林语堂名著全集（第五卷）[M]. 长春：东北师范大学出版社，1994：196.
② 林语堂. 林语堂名著全集（第七卷）[M]. 长春：东北师范大学出版社，1994：67.
③ 林语堂. 林语堂名著全集（第一卷）[M]. 长春：东北师范大学出版社，1994：65.
④ 林语堂. 林语堂名著全集（第四卷）[M]. 长春：东北师范大学出版社，1994：39.
⑤ 林语堂. 林语堂名著全集（第四卷）[M]. 长春：东北师范大学出版社，1994：6.

不减于洪水猛兽矣"①。而林语堂却能够充分观照儒家的伦理传统，在小说中试图还原儒家人伦精神的本义，恢复"父慈子孝"的传统，挖掘家庭温馨的一面，使家族复归到井井有条的和谐秩序中。② 这是难能可贵的，使林语堂的小说具有一种和谐、温情的审美风格。正如肖百容和马翔所说："家庭能生生不息，国家也就能长治久安，文明也能绵延不绝，林语堂全面彰显了儒家'家国同构，共生共存'的理念，证明了以家庭为社会基本组织形式存在的合理性与必要性，也体现出他与中国传统文化割不断的血脉联系。"③

（二）女子之道

林语堂对中国传承千年的贤妻良母型女子颇有好感，他在小说中塑造了《京华烟云》中的姚木兰、《红牡丹》中的梁素馨，《赖柏英》中的赖柏英、《唐人街》中的艾丝、《朱门》中的杜柔安等一系列女性形象，她们从小受到良好的家庭教育，对"父母之命、媒妁之言"和"夫唱妇随"的传统坚信不疑，过着平静知足的生活。她们的形象体现了林语堂传统的女性观，集中体现了儒家思想中女性的美德，如正直、坚韧、善良、忠贞。

其一，在夫妻关系中，丈夫的权威要大于妻子。"夫义妻顺"，丈夫的做法要合乎道义，妻子要尊敬丈夫、服从丈夫的命令。林语堂介绍道，这种教育是从小就开始的："所谓旧式教育并不是指她经典上的学问，经典的学问在旧式教育之中只占一小部分，而指的是礼貌行为，表现在由来已久的女人的四方面的教育：就是女人的'德、言、容、工'。这四方面代表大家公认的女人良好教育的传统，女孩子时期就应当受此等教育。"④

作为一个特殊的群体，寡妇也要遵循特别的规定。小说《京华烟云》中，曼娘是一个寡妇，作者写道："现在曼娘虽然在北京住了一年半，出门儿也不过十几次，主要都是到南城买东西，逛过几个地方如孔庙，在孔庙

---

① 吴虞．家族制度为专制主义之根据论 [J]．新青年，1917，2（6）：11.
② 肖百容，马翔．论儒家传统与林语堂小说 [J]．湖南大学学报（社会科学版），2017，31（6）：87-93.
③ 肖百容，马翔．论儒家传统与林语堂小说 [J]．湖南大学学报（社会科学版），2017，31（6）：87-93.
④ 林语堂．林语堂名著全集（第一卷）[M]．长春：东北师范大学出版社，1994：63.

她看见石碑上刻着前几代科举高中的人名。曾先生叫女人看这些东西，主要是他的儒教思想的缘故，因为他以为女人若能重视这个，就容易教训孩子成儒生，去赶考中举。"① 女性一旦结婚各方面就受到限制。尤其是一名寡妇，她的活动会受到更多限制，她要深居简出，不能在人多的场合抛头露面，不适宜发表言论。林语堂对这种习俗进行介绍道："丈夫死后不嫁，谓之'守节'，未'过门'而终生不嫁谓之'守贞'，也叫'守望门寡'。若非完全出于本意，天下没有一种力量能勉强女人守节，或是守贞，因为那等于立誓进修道院，入尼姑庵了此一生，纯粹是个人自己的事。"② 在林语堂的笔下，这样的寡妇美丽又合乎礼仪规范，能博得众人喜欢但也是悲惨的。

　　其二，一个家庭的儿媳妇也要守很多规矩。在小说《京华烟云》中，婆婆曾太太说："你们做儿媳妇的，在家都受过教育，用不着我来说，你们的第一个本份，就是帮助丈夫。一个姑娘家受的教育越好，在家里就越有礼貌。若不然，念书有才学，反倒有害于人品。要孝顺婆婆，伺候丈夫。帮助丈夫，也就等于孝敬我。"③ 甚至女孩有这样的地位就是从圣人孔子开始的："'女仔'……这个字的意思也是说，连孔子这个圣人都反对女孩，而且还为女孩子立下了规矩；女孩应该文静、善良、勤劳、沉默寡言，女孩子应该有文雅的举止。而男孩子就可以不被这些规矩所束缚。"④ "木兰这位新娘第二天，一早起来，真是快乐幸福。伴娘赶快前去道喜。新娘必须向全曾家的每一个人'敬茶'，算是正式见面，由祖母开始。每一位长辈必须在茶盘子里放一件礼品，算是见面礼。这一天有午宴，招待第一天没招待过的客人。晚上又开宴席，请新娘全家，叫做'会亲戚'。"⑤ 多年媳妇熬成婆，女人们在年轻的时候伺候好公婆，在年老的时候，就有享受媳妇伺候自己的福气了。"女人穿上这种鞋，非常欢喜，因为这足以表示儿媳妇对自己地位的尊重，又表示自己有个贤德俭省的儿媳妇。"⑥

---

① 林语堂. 林语堂名著全集（第一卷）[M]. 长春：东北师范大学出版社，1994：209-210.
② 林语堂. 林语堂名著全集（第一卷）[M]. 长春：东北师范大学出版社，1994：115.
③ 林语堂. 林语堂名著全集（第一卷）[M]. 长春：东北师范大学出版社，1994：389.
④ 林语堂. 林语堂名著全集（第四卷）[M]. 长春：东北师范大学出版社，1994：59.
⑤ 林语堂. 林语堂名著全集（第一卷）[M]. 长春：东北师范大学出版社，1994：383.
⑥ 林语堂. 林语堂名著全集（第一卷）[M]. 长春：东北师范大学出版社，1994：197.

在历史传记《武则天传》中，就连武则天这样一个不可一世的女皇帝也遵从儒家礼仪中的女子之道。虽然她使妇女地位发生天翻地覆的变化，本是最不符合儒家之道的，但是她也利用儒家之道为自己行方便。"次年春天，她（武则天）遵守古礼，亲身参与蚕桑祭典，表示与平民妇女一样采桑养蚕。这是以身作则，犹如皇帝祭地时，亲扶耕犁一样。这表示民生之本，衣食两端都自农民努力耕作而来。"① 武则天遵从儒家妇女之道还表现为："她敕令大臣编一部书，用她自己的名字发表，尽是讲妇女家居之道，名为《内轨要略》，注重妇人对丈夫的服从，对丈夫家人亲戚的和好，尤其侧重重臣巨宦之家，力戒妇人对自己母家族人偏袒维护。"② "武后深信孔孟之道，她重视宗教，她是贤妻的楷模。为妻者不应当欺压丈夫，不应当窥伺丈夫的行动。国人以为是的，她也以为是，由她那本讲解妇道的著作，就可一目了然。"③ 由此看来，武则天也逃不过儒家伦理思想的束缚，也希望在儒家文化的观照之下博得世人赞誉，儒家思想实在是诲人至深。

（三）中国的官场之道

林语堂的小说内容丰富，被称为"文化小说"，是中国文化的大舞台，其中有对中国传统文化习俗、人情世故常识的解释，有对风景名胜之地的推荐，也包含对中国官场礼仪的介绍。自从汉朝"罢黜百家，独尊儒术"之后，儒家文化就和中国的官场紧密地结合到一起。中国的官场是儒家人才聚集之地："中国办公的诀窍儿，官场用对称和谐、温文尔雅的两句话表达出来了，就是：'不求有功，但求无过。'这个哲学另一个说明是：'多做，多错；少做，少错；不做，不错。'这个说法极对，是保持官位的秘诀。这就是向接受公文的人要请他'明察'、要请他'钧核'的道理。"④这是对官场文化的高度概括，也是一种讽刺，看来林语堂参透了中国几千年的官场之道。小说中写官场上就连骂人的话的来历都和儒家文化有关，真是一件有趣的事情："'王八'本义是忘了第八个重要美德，就是'孝悌忠信礼义廉耻'的'耻'字，但是习惯上和乌龟弄到一起了。这是大官常

---

① 林语堂．林语堂名著全集（第十二卷）[M].长春：东北师范大学出版社，1994：44.
② 林语堂．林语堂名著全集（第十二卷）[M].长春：东北师范大学出版社，1994：44.
③ 林语堂．林语堂名著全集（第十二卷）[M].长春：东北师范大学出版社，1994：44.
④ 林语堂．林语堂名著全集（第二卷）[M].长春：东北师范大学出版社，1994：2.

用来骂犯人的话。"①

　　且看儒家官员形象。《京华烟云》中姚木兰的公公曾文璞是一名清朝的官吏，他对官服官帽十分看重。官服官帽是官员日常工作的服装，更是官场地位的象征，是官员的威严所在，是万万不可亵渎的。"在曾家，若是有什么神圣不可侵犯的东西，那就是他的官衣官帽了，孩子们是严禁去动的。经常都是曾太太亲自经管，不许别人动，因为官衣官帽是权威的表记，又是家庭地位的象征，并且也是皇帝的赏赐，一向是与官靴、雅扇放在一个特制的橱子里。那里也有祖父的遗物，祖父当年是户部侍郎。孩子对那些东西都敬而远之，从来没想去动过。"② 在曾文璞去世的时候，在葬礼上"有显爵者出丧时的仪仗执事又都摆列出来，他入殓时是项戴朝珠，穿的是官服靴、帽、袍、套"③。名正言顺，形式和内容相统一，这是儒家礼仪很重要的一部分。人去世后入土为安，人要和他的官服官帽一起，一来显示主人生前的身份地位，二来表示对"名分"的重视。虽然林语堂的小说对官场之道描述不多，但是就已有的材料来看，林语堂深谙中国官场之道。

　　林语堂笔下的儒家家庭伦理、女子之道、中国官场之道，并未停留在伦理的层面，而是被看作通往理想社会的必然选择。林语堂认为要实现孔子的社会理想，必然要从个体间的人伦关系入手："孔子社会秩序的梦想不涉及经济，但是掌握了人类的心理，特别是男女之爱及父母与子女之爱。"④而孔子的礼教传统，不仅维系了和谐的人际关系，铸造了中华民族的精神品格，也关系着国家的兴衰发展。⑤ 儒家思想具有日常伦理性的特点得到公认。它不玄虚、不空想、不遥远，就扎根在日常生活之中，没有彼岸、没有来世。这种思想如空气萦绕在人的周围，让人浑然不觉，不需要刻意为之，也没有特殊的形式。它和日常生活交织在一起，从人的一言一行、一举一动中都可以看到儒家思想的痕迹。传统的道德仁心不是空洞、僵化的教条，而是仍然可以落实到当今人伦日用之中的和谐之"道"和个人修身

---

① 林语堂．林语堂名著全集（第二卷）［M］．长春：东北师范大学出版社，1994：102.
② 林语堂．林语堂名著全集（第一卷）［M］．长春：东北师范大学出版社，1994：70.
③ 林语堂．林语堂名著全集（第二卷）［M］．长春：东北师范大学出版社，1994：244.
④ 林语堂．林语堂名著全集（第十卷）［M］．长春：东北师范大学出版社，1994：107.
⑤ 肖百容，马翔．论儒家传统与林语堂小说［J］．湖南大学学报（社会科学版），2017，31（6）：87-93.

之"德"。① 林语堂充分认识到这一点，并将其蕴含于小说人物关系之中。"人物关系是支撑传统家族文化的核心，也是传统家族文化得以演绎的舞台。"② 儒家伦理观在儒家思想系统中占有核心位置，这在林语堂的小说人物性格的设置、人物关系的安排中都得到了一定的体现。

第三节　从人物形象看林语堂的儒家文化思想

什么是形象？"它是用语言描绘的具体可感的、具有一定审美价值的、包括作家主观倾向的社会生活图画和人生情境。"③ 形象具有具体可感性、美感性、倾向性、间接性等特点。形象是能够引起人的思想或感情活动的具体形态或姿态，可以指场景，也可以指具体的人物。本节主要聚焦林语堂作品中的人物形象，通过分析他们的形象特点、言行风范、情感韵致、时代精神，来探究林语堂中西合璧、儒道圆融的儒家文化思想。

林语堂塑造的人物形象众多，先来看儒家历史上的两位代表人物——"至圣"孔子和"亚圣"孟子在林语堂的笔下呈现出怎样的特点。

一　孔子形象

（一）幽默的孔子

林语堂坚信只有从幽默角度去看孔子，才能真正领略孔子的性格美。④ 林语堂说："吾尝细读《论语》，精读《论语》而咀嚼之，觉得圣人无一句话不幽默。"⑤ 幽默只是一个统称，它包括对自己的不苛求、对别人的宽容、对外界的接纳。幽默对人生必须抱一种从容达观的态度，它是温厚的、趋

① 温海明，张凤琴. 论儒家伦理思想的原点 [N]. 光明日报，2008-4-14（12）.
② 罗成琰. 百年文学与传统文化 [M]. 长沙：湖南教育出版社，2002：49.
③ 唐正序，冯宪光主编. 文艺学基础理论 [M]. 成都：四川大学出版社，1994：60.
④ 杨柳. 通俗翻译的"震惊"效果与日常生活的审美精神——林语堂翻译研究 [J]. 中国翻译，2004，25（4）：42-47.
⑤ 林语堂. 思孔子 [M] //林语堂. 林语堂名著全集（第十七卷）. 长春：东北师范大学出版社，1994：262.

于洒脱的。① 学者林艳认为，林语堂并非仅仅把幽默当作一种手法，而是将其升华为一种态度、一种人生观来理解，从这种深层次的认识出发，他把最上层的幽默看成"心灵的光辉与智慧的丰富"②。由这个观点出发，林语堂认定孔子是幽默的。在孔子那里，林语堂发现了人生的闲适，他说孔子对一些重要事情往往采取会心一笑的方式解决，以豁达的态度对待所面对的一切，是一个乐天派的老先生。

> 反是孔子个人温而厉，恭而安，无适，无必，无可无不可，近于真正幽默态度。孔子之幽默及儒者之不幽默，乃一最明显的事实。我所取于孔子，倒不是他的踧踖如也，而是他燕居时之恂恂如也。腐儒所取的是他的踧踖如也，而不是他的恂恂如也。我所爱的是失败时幽默的孔子，是不愿做匏瓜系而不食的孔子，不是成功时年少气盛杀少正卯的孔子。腐儒所爱的是杀少正卯之孔子，而不是吾与点也幽默自适之孔子。孔子既殁，孟子犹能诙谐百出，逾东家墙而搂其女子，是今时士大夫所不屑出于口的。齐人一妻一妾之喻，亦大有讽刺气味。然孟子亦近于郁别，不近于幽默。理智多而情感少故也。其后儒者日趋酸腐，不足谈了。③

由此可见，林语堂佩服孔子达观的人生态度、洒脱的性情，并以此来印证他的孔子幽默观。同时，林语堂认为自古以来众人对《论语》的解读有偏颇。他说："《论语》一书之妙正在多圣门师生燕居闲谈谐谑语气，矛盾语多，过甚语多，不假修饰语多，反而从此可见得圣人幽默。"④ 林语堂举的若干例子，也说明了他重新阐释孔子性格的出发点仍然是幽默。有研究者对林语堂的翻译作品进行了细致的研究，也得出类似的结论。董娜在《基于语料库的"译者痕迹"研究——林语堂翻译文本解读》中说："为了

---

① 陈秀珍. 寓庄于谐 独具闲趣——林语堂散文的幽默［J］. 武夷学院学报，2010，29（6）：57-59+71.

② 林艳. 简论林语堂的幽默观［J］. 盐城师专学报（人文社会科学版），1997（1）：48-51.

③ 林语堂. 论幽默［M］//林语堂. 林语堂名著全集（第十四卷）. 长春：东北师范大学出版社，1994：6-7.

④ 林语堂. 答灵犀君论《论语》读法［M］//林语堂. 林语堂名著全集（第十四卷）. 长春：东北师范大学出版社，1994：289.

对林语堂笔下的圣人形象进行深入考察，笔者选取了其中的典型圣人形象——孔子作为具体的考察对象，对林语堂翻译语料库中包含 'Confucius' 的二词词丛搭配的前 50 位进行统计，统计结果如下：通过这些与 'Confucius' 搭配的词语考察，笔者发现林语堂笔下的孔子多与一些表示言语行为的动词搭配，如 Confucius said, Confucius replied, Confucius remarked, Confucius heard, Confucius taught, Confucius asked, Confucius told, Confucius declined 等。在林语堂翻译文本中的孔子多是与学生或他人进行交流、沟通，而不是以传统观念中高高在上、不苟言笑、高不可及的形象出现在翻译文本中。林语堂认为孔子所代表的中国传统文化经典的儒家思想和孔子的幽默性格美，是值得精心打造的中国文化形象，所以他在编译《孔子的智慧》和撰写《孔子的幽默》的时候，就塑造了一位经常与学生进行交流的孔子。"① 总之，林语堂在自己相关的译著和论著中都把人们"须仰视才见"的神明从天上接回人间。② 这种用文本说话、用语料进行分析的方法非常科学、严谨，也极具说服力。

林语堂从幽默角度来塑造孔子，主要着眼于对孔子人生智慧的理解，包括放任自达、返归自我。这既可以说林语堂借用圣人阐发了"幽默"的主张，为自己独辟蹊径的理论增加了光环、提供了支持，为孔子解脱了身上过重的道义负担，也可以理解成林语堂本人谦虚、鄙视社会中的伪善、欣赏自然的天性和圣人如出一辙。于是穿越两千多年的岁月光景，林语堂视孔子为知音。幽默是林语堂观察孔子的一个重要支点，也是他研究孔子的全新视角。这是林语堂的独创，也是他深挖中国古代文化之后的新发现。孔子也幽默，自然提升了林语堂创建的"幽默"理论的高度，拓展了"幽默"的历史维度，增加了"幽默"的含金量，增强了说服力。孔子是否幽默有待后人进一步探讨。但是至少林语堂指出了孔子这一特点，并与他所提倡的幽默内涵相吻合，这是一种文化自信，是对古人的理解和尊重，是对孔子形象的再创造。孔子是否幽默，仁者见仁智者见智，林语堂对孔子的理解却是真诚的，但也是片面的、个人化的。孔子个人伟大之处更多的

① 董娜. 基于语料库的"译者痕迹"研究——林语堂翻译文本解读 [M]. 北京：中国社会科学出版社，2010：220-221.
② 杨柳. 通俗翻译的"震惊"效果与日常生活的审美精神——林语堂翻译研究 [J]. 中国翻译，2004，25（4）：42-47.

是对社会责任的担当，"知其不可而为之"；孔子对中国文化的巨大贡献在于对中国文化的整理，"斯文在兹"即是此意。历代对孔子的崇拜敬仰主要立足于政治意义和其在教育史上的贡献。而林语堂则主要从人性方面阐释并突出孔子的性格优点，且带有林语堂个人主观意识色彩。可以说孔子的"幽默"是林语堂挖掘的，也是林语堂塑造的。当然也有研究者认为："发掘出长期被后人所忽视了的孔子个性中的某些方面（比如：幽默），纠正了以往研究中的偏颇，这是林语堂对孔子研究的特殊贡献。然而，在林语堂眼里，孔子居然变成了'无一句话不幽默'的幽默大师，这大概是矫枉过正所引起的逆反效应。"① 这种观点可以看作对林语堂研究的矫正、提醒，是有必要的。

（二）孔子最近人情

林语堂认定历史上真实的孔子最近人情。他说："孔子是最近人情的，他是恭而安，威而不猛，并不是道貌岸然，冷酷拒人于千里之外。"② "孔子师生问答之间，每每有老实话，娓娓动人的话，私谈近情的话，甚至有脱口而出不加修饰的话。"③ "孔子一生是会拉弦琴也会唱歌好音乐的人。……孔子与人歌而喜欢，便喝彩令人再唱一遍，然后和之。"④ 林语堂相信孔子并非僵滞的、冬烘的偶像，而是一位极富有感情的长者："孔子闻人歌而乐则和之，是孔子吟唱，亦不定于未时申时举行也，今世儒者即定时亦不敢歌。哭而恸，酒无量，与点也，三月不知肉味，皆孔子富于情感之证。至若见一不相知者之丧，泪珠无故滴下（恶其泪之无从），直是浪漫派若卢骚者之行径。"⑤

其一，林语堂心目中孔子近情主要体现为有情有义、有血有肉的真实。

---

① 施建伟. 林语堂在海外 [M]. 天津：百花文艺出版社，1992：288.
② 林语堂. 论孔子的幽默 [M] //林语堂. 林语堂名著全集（第十六卷）. 长春：东北师范大学出版社，1994：22.
③ 林语堂. 再论孔子近情 [M] //林语堂. 林语堂名著全集（第十六卷）. 长春：东北师范大学出版社，1994：28.
④ 林语堂. 戴东原与我们 [M] //林语堂. 林语堂名著全集（第十六卷）. 长春：东北师范大学出版社，1994：60.
⑤ 林语堂. 代序　且把闲情寄笔端 [M] //林语堂. 闲情偶寄. 西安：陕西师范大学出版社，2008：1.

林语堂说："孔子是在雨中歌唱。对于一个雨中歌唱的人，我们能无动于衷吗？他跟他的弟子在这个荒野中漂泊着，尽了他们的机智，简直不知道要到那里才好，好像一群言语难以形容的乞丐，或流浪者，'匪兕匪虎'，不是鱼，肉，也不是美味的熏青鱼。然而他仍然能够开一次玩笑。他的灵魂里并没有愤怒。我不知有何中国画家能把孔子在荒野中这一个景象绘出来，这个景象最能显出孔子的真性格。"① "夫孔子一多情人也。有笑，有怒，有喜，有憎，好乐，好歌，甚至好哭，皆是一位活灵活现之人的表记。"② 这真是对孔子的生动阐释。在对待生活的态度上，林语堂相信孔子是一个"美食家"。林语堂在饮食方面的观点与孔子有很多相同之处，他公开宣称"吃是人生为数不多的享受之一"。正是出于对吃的文化认同，林语堂尤其欣赏中国人将吃与人的审美趣味联系起来。③

其二，林语堂理解的近情还体现为孔子可爱。林语堂总是别出心裁地戏说孔子，对孔子经常使用调侃的语气来描述："孔子比旁人更明白群众心理学，礼节乃是一种仪表，而大众非有看得见的仪表不可。季氏旅于泰山，不但是乱礼，并且表示其犯上作乱之心。季氏不遵大夫规矩，用四阵的舞女，而袭天子之礼，用八阵舞女于宴会上，孔子便叹道：'这个忍得住，什么忍不住？'"④ 这种轻松愉快的态度，反映出林语堂对孔子自然而然的亲近。林语堂说："儒家求治，专以心理学入手，甚足注意。谁要候考哲学博士，做篇博士论文，以'孔子之心理学'为题，甚为容易。篇中可饰以现代名词，如'习惯心理'〔'性相近，习相远''惟上知与下愚不移'，及小儿在家学孝敬为立身之本〕，'仿效心理'〔君子化民之道，'其身正，不令而行''为政以德，譬如北辰'等〕，'儿时修炼的潜意识反应'〔'父召无诺'，长大了'君令召，不俟驾'〕及'以象征制约群众'〔礼仪隆节〕等时行名词。"⑤ 由此可见，林语堂还运用自己的擅长之处，结合中西文化将西方心理学与孔子的言论进行对照解释，细细读来颇有一番味道。

---

① 林语堂. 孔子在雨中歌唱 [M] //林语堂. 林语堂名著全集（第十五卷）. 长春：东北师范大学出版社，1994：150.
② 林语堂. 思孔子 [M] //林语堂. 林语堂名著全集（第十七卷）. 长春：东北师范大学出版社，1994：262.
③ 周海波，阎开振. 漂泊的书斋——林语堂的读书生活 [M]. 郑州：中原农民出版社，1999：178.
④ 林语堂. 林语堂名著全集（第二十三卷）[M]. 长春：东北师范大学出版社，1994：77.
⑤ 林语堂. 林语堂名著全集（第二十三卷）[M]. 长春：东北师范大学出版社，1994：77.

我们再来看一下历史上对孔子形象的描绘。在《藏书·世纪列传总目前论》中，李贽并不否定孔子，但认为孔子也是普通人而不是神，不能以孔夫子之定本行罚赏。别人也不一定没有高过孔子的见解，圣人和凡人应该是平等的，"圣人不曾高，众人不曾低"①。《在现代中国的孔夫子》一文中，鲁迅将孔子描写为一个严肃的角色。郭沫若曾经用很多材料证明，孔夫子之所以成为圣人，是因为他是革命党，到处参加造反。郭沫若说孔夫子著春秋"而乱臣贼子惧"是孟子讲的。其实当时孔夫子周游列国，就是哪里造反他就到哪里去，哪里想革命他就到哪里去。所以，对于此人不可一笔抹杀，不能简单地"打倒孔家店"②。看来，真是一千个读者眼中有一千个哈姆雷特，孔子的形象具有无限的言说空间。林语堂在孔子那里看到的是温情脉脉，不是宏伟的叙事空间、等级秩序、严肃话题。林语堂眼中的孔子更接近现实人生、日常生活。

林语堂对于孔子的调侃戏说，改变了人们的固定思维，使人们从习以为常、司空见惯的孔子言论评价中体会出新意。这是林语堂心目中的孔子，林语堂抛开了教条主义，解构了圣人形象的权威，颠覆了孔子的传统形象。赖勤芳认为："它的基本取向就是要求剥除孔子的政治外衣，革去笼罩在孔子身上的道学气，揭去所谓'圣人'的神圣面纱，主张回归到一种常识生活之中。"③ 林语堂试图重新塑造孔子形象，为在"重新评估一切"口号下的中国现代文化提供了解说儒家文化的另一种可能性。有研究者说："林语堂不但认为孔子是个常人，而且还是个并不能自抑之人。这也就意味着作为常人的孔子在以往神圣性下被颠灭了的人性重新复活，重新向'人'回归，这也意味着孔子宣传孔教的失败，使统治中国 2500 年的孔教的合理性完全从内部被颠覆了。"④ 这种说法言之过高，也不符合实际情况。但是我们可以从文本本身体会出林语堂打心眼里喜欢孔子，从一个活生生的人的角度来看待孔子的衣食住行，还调侃孔子休妻。这是一种大胆的表达，也是真实的表达，正如林语堂说的"幽默"无非是将常识表达出来而已，不

① 李贽. 复京中友朋［M］//陈仁仁. 焚书·续焚书校释. 长沙：岳麓书社，2011：49.
② 王兴国. 成年毛泽东与儒学［J］. 湘潭大学学报（哲学社会科学版），2005，29（3）：5-11.
③ 赖勤芳. 论林语堂对孔子形象的消解与重建［J］. 社会科学辑刊，2007（5）：209-214.
④ 邢娟妮. 林语堂笔下的孔子形象——索解孔子神圣性的理论视角［J］. 陕西师范大学学报（哲学社会科学版），2007，36（S2）：141-143.

走寻常路，不为偏见埋没，笔下自然有真知灼见。

二 "大丈夫"孟子

孟子作为儒家学派的第二个重要人物也得到了林语堂的钟爱。林语堂曾回忆他父亲喜欢用孟子的"天爵"与"人爵"为题，他说："当他（林至诚）在基督教讲坛谈及孟子的天爵时，他的眼睛发亮。"① 可见印象之深。林语堂直言不讳："我是自小爱孟子的。孟子是儒家中的理想主义者，文字中有一种蓬勃葱郁之气，令人喜欢，令人感动。在儒家中我就是推崇孟子。其气派得力于子思。"② 林语堂专门写了一篇散文《孟子说才志气欲》，毫不掩饰自己对孟子的崇敬之情，在文章末尾他说："好了，算我孟子派中人罢了。"③

首先，林语堂赞赏孟子提出的"性善说"。《孟子说才志气欲》与《思孔子》二者在内容与形式上比较相似。只是面对孟子，林语堂更加庄严高亢一些，更多的是站在人性和精神的高度来谈论，与主要从生活和人生的角度来谈论孔子有些不同。林语堂将孟子看成"性善"之说的典型，并极力赞成孟子对"仁"的意义的开拓，认定孟子是富有英才、志气和功底深厚的大儒。林语堂认为孟子所谓"性善"并非说人性中只有善和生而有善，而应指人可以为善。他说："'可以为善'四字，是性善的精义，是说有可以为善之才。"④ "性善论"，是孟子哲学思想中很重要的一个概念，填补了孔子之学缺乏思辨色彩、只知日用伦常之缺憾。林语堂称赞孟子的"性善论"，也即把握住了孟子的重要历史贡献，是对儒家思想核心内容的把握。林语堂也常常谈人身上美、善的东西，推崇孟子"恻隐之心，人皆有之。羞恶之心，人皆有之。恭敬之心，人皆有之。是非之心，人皆有之"⑤ 的观点，也相信这些都是人的内在素质，并非从外面强加进去的东西。也正是

① 沈金耀.林语堂的理想文化人格 [M].北京：中国华侨出版社，2007：46.
② 林语堂.孟子说才志气欲 [M] //林语堂.林语堂名著全集（第十六卷）.长春：东北师范大学出版社，1994：42.
③ 林语堂.孟子说才志气欲 [M] //林语堂.林语堂名著全集（第十六卷）.长春：东北师范大学出版社，1994：45.
④ 林语堂.孟子说才志气欲 [M] //林语堂.林语堂名著全集（第十六卷）.长春：东北师范大学出版社，1994：44.
⑤ 阮元校刻.十三经注疏（第五卷）[M].北京：中华书局，2009：5981.

因为对孟子"性善论"的欣赏，林语堂一生中都与人为善，坚信"仁"的力量。

其次，林语堂非常钦佩孟子的"浩然正气"说。孟子提倡养气，养人固有的浩然之气，"其为气也，至大至刚，以直养而无害，则塞于天地之间。其为气也，配义与道；无是，馁也。是集义所生者，非义袭而取之也"①。对于孟子，林语堂赞其为"儒家中的理想主义者"，他说："只有孟子能发挥性善之说，言孔子所未言，又能推广仁义之本意，说出仁义本于天性，使孔子的道理得到哲学上的根据，及政治上的条理。他又雄辩、又弘毅、又自信、又善讽喻、善幽默，是一种浩然大丈夫气象。"② 林语堂将这种气象推演为"大丈夫气概"，并将其提升到做人的高度向青年人推广。

> 现代青年人，应该多读《孟子》，常读《孟子》；年年再读《孟子》一遍。（《万章》、《告子》、《尽心》诸篇最好。）孟子一身都是英俊之气，于青年人立志淬砺工夫，是一种补剂。孟子专言养志养气，志壹则动气，气壹则动志，是积极的。荀子专讲制民制欲，是消极的。"圣人与我同类"、"人皆可以为尧舜"、"人无有不善"、"养其大体为大人"，……这是何等动人的话？少时常听我父亲引《孟子》说："虽存乎人者，岂无仁义之心哉。"——这句话不知如何，永远萦绕在我心上。这样的人生观，不是很好的吗？人无有不善，就其善而养之。人生社会有什么了不得的问题，何必谈什么玄虚？做人的道理讲好了，还有什么可怕？循这条路走去，就可为顶天立地的大丈夫。③

孟子的养气说，实际上是一种人格培养方法，它使人的某种意志信念高度集中，从而贯注全身让其充实完满。然而，"浩然正气"的培养需要日积月累，并非一朝一夕可以养成。"大丈夫气概"是一种精神、一种气度，和"善"一起融入了林语堂的血液之中。林语堂也将孟子所谈之"气"旁

---

① 阮元校刻．十三经注疏（第五卷）［M］．北京：中华书局，2009：5840-5841.
② 林语堂．孟子说才志气欲［M］//林语堂．林语堂名著全集（第十六卷）．长春：东北师范大学出版社，1994：42-43.
③ 林语堂．孟子说才志气欲［M］//林语堂．林语堂名著全集（第十六卷）．长春：东北师范大学出版社，1994：43.

征博引，并与西方的概念相比较。林语堂对"浩然之气"非常看重，认为一个人有了这种坦坦荡荡的胸怀，才能称得上是屹立于天地之间的"大丈夫"。①由此可见，林语堂推崇的孟子的"大丈夫气概"，是一种顶天立地、无愧于天地的气概，是做人应有的品格。浩然正气，是儒家文化的精髓，也成为中国传统文化的主心骨，是历代文人志士的心之所向、道德风尚。林语堂认同孟子的主要理论观点，心有戚戚焉。

由此，林语堂相信原始儒家充满了活力、动力。孔子讲礼、乐、射、御、书、数，孟子提出仁、义、礼、智，都是对人体格、精神、智力的全方位要求。儒家推崇的浩然正气充塞于天地之间，塑造出来的人有骨气、有干劲，只是经过岁月流逝，儒家文化慢慢往静的方向发展了。孟子的"养气说"对林语堂产生了很大的影响。研究者王兆胜认为："林语堂的理想主义精神、气势磅礴的风采、拼命三郎的干劲、享受主义的欲望和注重操守的修为等，都可以从孟子这里找到源头。"②"大丈夫气概"，也体现在林语堂的为人处世中。林语堂一生行事光明磊落、堂堂正正而且心胸宽广。林语堂曾和鲁迅是亲密的战友，但林语堂绝不是唯鲁迅是从的无聊者，而是葆有真正文人我行我素的骨气。他们对待某些问题在观点上会出现分歧，但是林语堂对鲁迅从来没有不敬，更没有诋毁，反而一直怀着尊敬与爱戴之心。他说："吾始终敬鲁迅。""然吾私心终以长辈事之。""鲁迅顾我，我喜其相知，鲁迅弃我，我亦无悔。大凡以所见相左相同，而为离合之迹，绝无私人意气存焉。"③这都是很有大丈夫气概的话，反映了林语堂做人的"方"与"圆"之处，从这里也可以看出林语堂品格的高尚。浩然正气运用到文学艺术上，成为一种主体人格精神与艺术美学风格，知识分子精神独立和个性自由的性情与趣味跃然纸上。我们看到，林语堂文章自带大丈夫气概，无论是慷慨淋漓的散文，还是闲适性灵的小品文，都带有我行我素的意味，将胸中之块垒尽情吐露，这来自孟子的影响和启迪。

最后，林语堂赞赏孟子的文体。林语堂不仅钦羡孟子的浩然正气、人格魅力，对于孟子的文学才能也十分钦佩。诸子中孟子的文体比较独特，

① 王兆胜.林语堂与孟子[J].学习与探索，2003（5）：100-103.
② 王兆胜.林语堂与孟子[J].学习与探索，2003（5）：100-103.
③ 林语堂.悼鲁迅[M]//林语堂.林语堂名著全集（第十八卷）.长春：东北师范大学出版社，1994：289.

孟子的文章说理畅达、气势充沛，并长于论辩，逻辑严密、尖锐机智，代表着传统散文写作的高峰。[①] 朱光潜认为，《孟子》在先秦文章中是"显著的例外"，"孟子用对话，不但首尾自成一完整体，全篇用直接叙述语气；而且进展的方式不是横面的而是直线的。换句话说，他的写法与柏拉图的很相近，虽然篇幅较短"[②]。林语堂宣称，孟子的文体有一种"磅礴的文气"，"在他文章体格上，找不出什么太史公笔法，也不应该谈什么古文臭'义法''章法'。孟子在文字上，是性灵派中人，能发前人所未发，倒不在乎什么呼应、章法。行于所当行，止于所不得不止而已。此种文章文气特别雄厚。章法他是有的，但不是桐城谬种之所谓义法"[③]。林语堂谈到孟子为文好重叠、好辩，《论语》问答是片段式的，到了《孟子》，便有近于现代文的对白。他列举孟子与陈相的会话，然后说"很近自然"，"诸子中难见这样完全逼近口语的问答"[④]。林语堂早期创作的散文畅快淋漓、直抒胸臆，也是受到了孟子文体的影响。

三　小说中的人物

人物形象是小说的三大要素之一，形象的塑造倾注着作家大量的心血。林语堂运用小说传达其文化思考时塑造了一批内涵丰富的"文化人"并引起了关注。对林语堂的小说从人物形象进行分析的研究成果有阎开振的《理想人格追求中的生命形态——论林语堂小说创作的人物构成》、朱东宇的《妻子与姬妾——〈林语堂三部曲〉人物论之二》、徐云浩的《爱好自然：林语堂小说理想人物的共同特征》。但是对小说中的儒家人物进行系统分析的研究成果还没有看到，而这对于理解林语堂的儒家文化思想脉络和内容非常有必要。因此，本小节主要研究林语堂小说中和儒家文化有关的人物形象。

---

① 樊苗苗.《孟子》前后"斯"的用法及其消失原因初探［J］.绵阳师范学院学报，2012，31（3）：64-67.

② 朱光潜.谈对话体［M］//朱光潜著，吴泰昌编.艺文杂谈.合肥：安徽人民出版社，1981：189.

③ 林语堂.论孟子的文体［M］//林语堂.林语堂名著全集（第十六卷）.长春：东北师范大学出版社，1994：264.

④ 林语堂.论孟子的文体［M］//林语堂.林语堂名著全集（第十六卷）.长春：东北师范大学出版社，1994：266.

（一）正儒形象

慈父。林语堂在小说《唐人街》中塑造了一个中国传统的慈父形象——冯老爹，这个形象有林语堂父亲的影子。这个父亲早年从旧金山不可思议地生还，一生勤勤恳恳，在美国唐人街开了一家洗衣店，通过昼夜辛苦的劳动换来妻儿的团聚，身上充满了中国人勤劳、坚韧、乐观、爱国的精神。当父亲知道意大利籍媳妇终于怀孕了的时候，他用中国人特有的含蓄温暖的方式来表达内心的喜悦。"父亲已经把楼梯修好了，不知道跑到那里去了。六点钟左右，他带回来一只大烤鸡，他只说他去过唐人街了。他还买了一枝带着玉嘴的新烟斗。很明显地，这是他为自己买的礼物。他的脸上有着微妙的表情，身上带有酒味。一副天塌下来也无所谓的样子。仿佛一个学者在六十岁这年连考了四十年没有及格的资格检定考试。当他以为佛罗拉不能生育时，他虽然一句话也没说，但是心中仍有一个大疙瘩，现在他终于如释重担了。"① 这名父亲不幸遭遇车祸丧生之后，在他的葬礼之上："外人看到这个死者，有这么多女儿、儿子来送终，都说他好福气。所有认识冯老爹的人都说：'他是一个好人，一个诚实不欺的人。'"② 辛劳耕耘、子孙满堂、诚实不欺、让孩子们活得有理想有道德、使家族能够兴旺，这就是中国传统儒家父亲的形象。

有为青年。在《京华烟云》中，林语堂塑造了一个儒家青年学者形象——孔立夫，这是一个林语堂欣赏的"大丈夫"形象。"这个人物姓'孔'，是儒家的嫡系传人，而且其名也是'立夫'。何以然？'立'者，'顶天立地'之谓也；'夫'者，'大丈夫'是也。"③ 孔立夫自小家贫，但勤勉努力自强不息、专注学术博古通今，体现了儒家"朝闻道，夕死可矣"的求学精神。同时孔立夫有情有义，为了营救姚木兰的女儿，脚踝被攻击游行队伍的军警所伤，一生留下创伤。后来孔立夫加入了法律检查队伍，在国家动荡不安的时候参与国家法律事务，通过履行法律检查职能这种方式爱国，体现了他有志有胆有识有骨。孔立夫身上具有孟子的"大丈夫气

---

① 林语堂.林语堂名著全集（第四卷）[M].长春：东北师范大学出版社，1994：124-125.
② 林语堂.林语堂名著全集（第四卷）[M].长春：东北师范大学出版社，1994：206.
③ 王兆胜.林语堂与孟子[J].学习与探索，2003（5）：100-103.

概"，充分体现了"富贵不能淫，贫贱不能移，威武不能屈"的中国气节。这位青年学者身上也有年轻林语堂的身影，博学多才、有气节，是林语堂塑造得比较完美的儒家人物形象。而《朱门》中的李飞，年轻爱国，事业心强，不惜冒着生命危险只身到新疆去获取新闻报道第一手资料，也是一个有责任心能担当的有为青年。

林语堂在小说《唐人街》中，塑造了爱国、坚韧、奋斗、不卑不亢的海外普通中国民众形象。为了支持中国抗战，海外中国人"在捐钱时的慷慨，令人难以相信就是平时节俭的中国人"①。无论洗衣工人、餐馆主人还是侍者，为了拯救祖国，都按月捐出他们一点一滴省下来的钱。小说体现出中国人无论身居国内还是国外，重义轻利、爱国爱家、高度团结的传统思想都已经融入他们的血脉之中。②

（二）腐儒形象

在林语堂的小说中，除了正儒形象之外，他还塑造了一系列腐朽、在变革面前无能为力、专制霸道、受到封建礼仪戕害的腐儒形象。

清朝遗老。小说《京华烟云》中有个处处不合时宜的人物，即曾文璞。他是前清朝廷命官，民国时成为顽固的封建遗老，反对一切新事物。曾文璞恨洋书、西洋制度和一切洋玩意儿，对作为科学象征的金表也很反感，认为不过是低等头脑的产品。他说洋人制出精巧的东西只表明他们是能工巧匠，比农人低一等，比读书人低两等，只比生意人高一等，他们不配称拥有高等文明。③ 若非西医治好其糖尿病，曾文璞对洋人的奚落恐怕到死都不会停止。他反对革命，认为民国建立，一国无君，则个人目无法纪，社会必乱，整个中国文明都将受到威胁。④ 他更反对以"打倒孔家店"为旗帜的"五四"新文化运动，称革新派为"蛮子"、"忘八"和大言不惭地谈论自己不懂的东西（尤其是儒家学说）的人。曾文璞是一切旧的伦理道德的

① 林语堂. 林语堂名著全集（第四卷）[M]. 长春：东北师范大学出版社，1994：148.
② 董燕. 林语堂文化追求的审美现代性倾向 [D]. 济南：山东大学，2005.
③ 汤奇云.《瞬息京华》的文化意蕴探寻 [J]. 新疆大学学报（哲学社会科学版），1995，23（4）：72-78.
④ 汤奇云.《瞬息京华》的文化意蕴探寻 [J]. 新疆大学学报（哲学社会科学版），1995，23（4）：72-78.

维护者，将新道德视为洪水猛兽。① 为了维护所谓"妇道"，他限制儿媳们抛头露面，不赞成木兰喜爱歌赋，说这些东西少不了男女私情，会引人堕落。大儿媳曼娘的终生守节虽出于本人自愿，可也正中他下怀。曾老太太死后，曾文璞以命服殓之，在灵前恸哭失声，尽情宣泄满腔幽怨。

然而就是这样的曾文璞却始终保持做人的基本准则和铮铮气骨。他在前清不是贪官，而人民最为鄙薄的是那些自私和贪婪的新贵、政客。许多前清官僚摇身一变又成民国要人，只求富贵不讲信仰，对此曾文璞不屑为之。对曾文璞这个人物，林语堂有讽刺，但也欣赏他特立独行的品格、有所坚执的高贵、正直的人生态度。对于曾文璞这样一个儒家代表人物，作者显然怀有同情之心，在他死后称其为"一个正人君子，自律严，有修养"，"为官清正"，"为了家里，他个人确是牺牲不少"②。林语堂所塑造的曾文璞身上有辜鸿铭的影子，是林语堂对辜鸿铭仰慕欣赏之情无意识的投射。

无独有偶，1932年郁达夫的散文名篇《钓台的春昼》，文章结尾处提到他的同乡夏灵峰系有感而发，也为我们介绍了一个曾文璞式的人物。其文曰："夏灵峰先生虽则只知崇古，不善处今，但是五十年来，像他那样的顽固自尊的亡清遗老，也的确是没有第二个人。比较起现在的那些官迷财迷的南满尚书和东洋宦婢来，他的经术言行，姑且不必去论它，就是以骨头来称称，我想也要比罗三郎郑太郎辈，重到好几百倍。"③ 这些清朝遗老是历史的产物，他们身上既承载着历史的烙印、拖着历史的尾巴，又饱含着心酸。他们的坚持是对历史的无可奈何，有对前朝的忠诚和对现实的无奈。可贵之处在于，他们不苟且、不做墙头草随风倒，这也是令林语堂钦佩之处。

后儒。主要是指受到二程、朱子等人以至宋明理学所影响的人。林语堂对后儒的态度非常复杂，并非一味否定，而是批判之中带有同情，而对宋明理学的反对态度则一直很鲜明。在林语堂的小说《京华烟云》中，曼娘这个人物就是礼教的受害者。作者以带有同情的笔触描写曼娘的悲剧，

---

① 汤奇云.《瞬息京华》的文化意蕴探寻 [J]. 新疆大学学报（哲学社会科学版），1995，23（4）：72-78.

② 林语堂. 林语堂名著全集（第二卷）[M]. 长春：东北师范大学出版社，1994：244.

③ 郁达夫. 钓台的春昼 [M]. 济南：山东画报出版社，2002：21.

但他也清楚地交代出，"冲喜"一事由曼娘自己拿定主意，并没有人强迫她，她在结婚之前便打定主意，"活着，我是曾家的人；死了，我是曾家的鬼"，这话"简明有力，出乎真诚，说时态度严肃冷静"①。这些话语从一个侧面昭示出封建礼教对人性的戕害。对于漫长的孀居生活，曼娘更是表现出超乎想象的平静。这一悲剧的真正原因是宋明理学道统的"节烈观"，是"以理杀人"的禁欲主义对曼娘的异化和毒害。透过这一人物的命运悲剧，作者揭露了后儒文化对人性的压抑，揭示了它不近情理、违反人性的弊害，在对传统妇德的赞叹以及对人物命运的深切同情中，也可以看到林语堂对儒家文化的复杂心态。② 孙凯风说："如果说曾文璞、牛思道及其所代表的家族的'穷途末路'隐含了林语堂贬抑儒家的意味，那么曼娘的生存——行为模式则是他向读者展示的一个儒家文化的祭品。"③《朱门》中的春梅虽没有守活寡的悲哀，但在杜范林厚颜无耻的乱伦中过着一种被践踏、遭玩弄的悲惨生活。她的半婢半妾的身份以及企图升为偏房或正室的奴性心理说明了中国旧式妇女的双重悲剧。④

　　不仁不义之人。小说《朱门》中，杜范林父子为了多捕鱼、多赚钱，在自家产业三岔湖上修建水闸，这样就能够把鱼关在湖里。从"法律"角度讲，杜家"有权这样做"⑤。这样做的直接后果是切断了附近回族人山谷的水源，导致回族人的河床干涸，渔夫失业，山谷下农民的生计完全受到影响，使"整个回教山谷陷入绝境"⑥。从道义上讲，这种依靠"毁灭邻居，来堆积自己的财富"的做法是应当受到谴责的。⑦ 这种做法不符合仁义之道，是把财富的聚集建立在对他人利益的损害之上，最后杜范林父子因此丧生。《京华烟云》中的牛思道则是一个庸俗、贪婪而又愚蠢的"混世魔王"，虽曾一时春风得意，但终因恶贯满盈而自食恶果。⑧ 这些不仁不义之人，只注重个人利益，和儒家思想中博爱、厚生、人与自然和谐相处的观

① 林语堂．林语堂名著全集（第一卷）[M]．长春：东北师范大学出版社，1994：132.
② 董燕．林语堂文化追求的审美现代性倾向 [D]．济南：山东大学，2005.
③ 孙凯风．林语堂小说论 [J]．中国现代文学研究丛刊，1998（1）：149-166.
④ 孙凯风．林语堂小说论 [J]．中国现代文学研究丛刊，1998（1）：149-166.
⑤ 林语堂．林语堂名著全集（第五卷）[M]．长春：东北师范大学出版社，1994：225.
⑥ 林语堂．林语堂名著全集（第五卷）[M]．长春：东北师范大学出版社，1994：215.
⑦ 董燕．林语堂文化追求的审美现代性倾向 [D]．济南：山东大学，2005.
⑧ 孙凯风．林语堂小说论 [J]．中国现代文学研究丛刊，1998（1）：149-166.

念相违背，他们的失败是必然的。

（三）儒道合流、中西合璧的形象

林语堂之所以成为林语堂，是因为他以中西文化交融互通而闻名。他曾自称为"一团矛盾"，也正说明了他的文化观念中有诸多因素，但其又可互补融合，正因如此才体现出他独特有魅力的文化品格。彭映艳说："林语堂又常'儒道互补'，即把儒家和道家的某些文化层面，如道家的'中顺自然'同儒家的'匡时济世'、道家的'精神逍遥自由'同儒家的'独善其身'和'乐亦在其中'等相融合，这样，他的作品既具有道家'出世'的超脱和自由，又富有儒家'入世'的责任感和忧患意识。"① 不仅如此，林语堂的思想中还融入了西方的文化元素。体现在林语堂小说中，就有这样一类人物形象，他们并不是纯然的儒家形象，也不是全然的道家形象，而是儒道思想兼备，有的还具有西方文化精神。此类人物形象在本书第四章第一节中有详细分析。

（四）女性形象

儒家的女性观一直是"男主外，女主内"的传统模式，女性的价值体现在家庭中，主要是照顾丈夫、孩子，往往作为人妇、人母的角色而存在，缺乏主体意识。《礼记·郊特牲》说："男帅女，女从男，夫妇之义，由此始也。妇人，从人者也。幼从父兄，嫁从夫，夫死从子。"② 儒家作品中也鲜有论及女子的语句，因为女子的主体性已经缺失。孔子的话"唯小人与女子为难养也"更让人觉得孔子对女性不重视。董仲舒提出"阳尊阴卑""阳主阴从""阳德阴刑"的观点，还提出了著名的三纲五常的思想。③ 长期以来儒家男尊女卑的思想，对于中国妇女在历史上的地位、作用产生了重大影响。作为现代作家，林语堂对女性角色是如何认知的呢？这里将重点分析林语堂小说中的女性形象，梳理林语堂的女性观，研究林语堂的女性观和儒家女性观的关系。

---

① 彭映艳.《瞬息京华》中"贬儒扬道"的思想倾向 [J]. 湖南医科大学学报（社会科学版），2007，9（1）：13-16.
② 阮元校刻. 十三经注疏（第三卷）[M]. 北京：中华书局，2009：3155.
③ 李丹. 儒家之女性观 [J]. 湖北科技学院学报，2014，34（10）：58-59.

　　林语堂的小说塑造了众多温良、贤惠的中国传统女性形象，她们都符合儒家思想对女性的要求。林语堂最喜欢的姚木兰形象受到如此评论："无论从女儿、媳妇、妻子、母亲角度来看，姚木兰都无愧为我们民族贤妻良母的标准形象。"① "林语堂喜爱少女的活泼天真，但更敬重在家庭中女性角色的崇高，他笔下活色生香的女性，其根本打动人之处，大概都是在这些女子的品德之崇高上。"② 而与此相反的恶女形象，如牛素云、莺莺，与木兰、曼娘具有相反的价值坐标，都没有好下场。一般来说，儒家思想不提倡女子多读书。中国人多年来通常的认识是女子无才便是德，女子不需要多读书，只需要有道德，孝顺公婆、生儿育女、伺候好丈夫就可以了。小说中写道："咱们女人的根在肠子，男人的根往上，在心、肝、肺。这就是我为什么说女人要多吃蔬菜，男人要多吃肉的缘故。不过阴阳不仅仅是指身子，也指的是精神心思。男人有其当做的事，女人也有女人当做的事。看书太多，对咱们女人不好。什么都到了头上，就会阴亏。地为阴，是女人。脚要下地，咱们女人离不开的事是养孩子，做饭，洗衣裳。女孩子即使天生聪明，也要隐晦一点儿。看历史和诗当然好，但也不要太认真。不然，越看得多，和日常的生活离得越远。"③ 在小说《风声鹤唳》中，读书太多的红玉心思太细、思虑太多，最后投湖自尽而死。林语堂对此事叹息不已，也可看出对她这种人生观的不赞同，认为女子倒不如读书少一点、活泼健康为妙。

　　而林语堂在小说中塑造的寡妇形象，通过人物的思想、言语、行为深刻反映出中国女性的"贞操观""节烈观"。曼娘在父亲的葬礼上和未婚夫平亚有一次肌肤接触之后思绪万千，作者这样写道："在一个严格旧礼教中抚养长大的姑娘，叫男人一抱，那就一生非他莫属了。按照孔门礼教来说，她已经不是白璧无瑕了。她的身体就像一张照相的底版，一旦显灵给某一个男人，就不能再属于另外一个男人。这当然不能持此以论现代的小姐，和现代咖啡馆中的女侍。但是曼娘是由孔门儒者的父亲教养长大的，她懂

　　① 张西山. 论《京华烟云》主题及林语堂的政治哲学 [J]. 西南师范大学学报（人文社会科学版），2002，28（3）：140-143.
　　② 胡慧娥. 论林语堂的"自然"女性观——以《京华烟云》为例 [J]. 邵阳学院学报（社会科学版），2010，9（5）：99-103.
　　③ 林语堂. 林语堂名著全集（第二卷）[M]. 长春：东北师范大学出版社，1994：53-54.

得那套道理。所以她暗中静悄悄地自言自语说：'平哥，我是你的人了。'"① 平亚生命垂危之际，曼娘被请来曾家照顾他，同时曾家希望能够尽快完婚，也叫"冲喜"，这在中国古代是普遍的事情。曼娘的心里早有充分的准备，她对姚木兰说："……他若好不了，我要为他烧香，念佛吃素，绣佛像，一直到我活在这个世界上的最后一天。他父母不会叫我挨饿的。"② 曼娘的坦然接受、心甘情愿，正说明这种"守节"习俗已经深入人心，女性做出牺牲由被动变为自觉。

林语堂对女性的认知和儒家女性观基本一致。他打心眼里认同、接纳、欣赏儒家的女性观，并试图通过塑造小说形象向世界展示中国的女性风采。他按照儒家思想的思维模式塑造了大部分女性形象，女性的美德和他心中的规则相契合，所以他笔下的女性形象才能够显得自然顺畅。甚至连妻妾制度，林语堂都认为是合情合理的，这倒是和辜鸿铭有相似之处。林语堂最喜欢的中国文学作品《浮生六记》中，芸娘就一直想为沈复娶妾憨园，在得知憨园已经嫁人时她深受打击。《京华烟云》中，木兰说"为人妻者没有妾，就如同花瓶儿里的花虽好，却没有绿叶儿扶持一样"③。当看到这些情节的时候，我们会觉得震惊，受过西方文化熏陶的林语堂怎么会有如此落后的想法？妻妾成群是封建时代的遗毒啊！但是，当我们理解林语堂的女性观之后，我们会发现，这和他自然、和谐的女性观是一致的，林语堂小说中的大部分女性形象虽然有新思想，但还是有旧道德。林语堂之所以会有这样和谐的女性观以及婚姻观，源于他传统的家庭环境。和美、淳朴、善良的原生家庭向他提供了可参考的典范，他自己的婚姻也是奉父母之命、媒妁之言，婚后由恋爱而开始的老式婚姻，而他的家庭温馨和睦。

林语堂笔下的女性也有对礼教的反叛。小说《红牡丹》中的梁牡丹是一个礼教的"叛徒"，这个形象的塑造充分体现了林语堂对宋明理学的批判。在牡丹的丈夫去世之初，"那些女客认为她（梁牡丹）是要含辛茹苦遵守妇道的。所谓寡妇要遵守的道德，已经由圣人分为两类：一是终身守寡，做节妇；一是抗命不再嫁，一死做烈妇"④。守寡或是做烈妇，是中国传统

---

① 林语堂．林语堂名著全集（第一卷）[M]．长春：东北师范大学出版社，1994：107.
② 林语堂．林语堂名著全集（第一卷）[M]．长春：东北师范大学出版社，1994：162.
③ 林语堂．林语堂名著全集（第二卷）[M]．长春：东北师范大学出版社，1994：38.
④ 林语堂．林语堂名著全集（第八卷）[M]．长春：东北师范大学出版社，1994：10.

寡妇通常的两种选择，但是牡丹却一语惊人："王老师，我只是个妇道人家。你们有学问的男人想出来些大道理。宋朝理学家老夫子们才开始赞扬寡妇守节，过去孔夫子可没说过。'内无怨女，外无旷夫'，这不是孔夫子说的话吗？"① 作者通过牡丹之口对宋明理学遏制人欲进行强烈批判。牡丹是个礼教的"叛徒"，她说："儒家的名教思想把女人压得太厉害了。你们男人是高高在上，女人是被压在下面的。"② 肯定原儒精神，否定宋明理学是林语堂儒家思想的一部分。《红牡丹》中，牡丹生命激情与本能冲动的掺杂，正是对宋儒把理与欲、灵与肉分离和对立的反叛，是戴震以"情欲主义"对抗宋儒理学之"禁欲主义"的生动注解："人生而后有欲，有情，有知，三者，血气心知之自然也。"③ 小说《红牡丹》就是对戴震哲学的阐释，是林语堂对宋明理学集中的批判。朱东宇说："小说（《红牡丹》）深刻、独特之哲理性主题，是它超越了庸俗的色情文学，而成为严肃文学作品之又一重要标志。概括来说，小说主题可分为三层。一是对'通情、遂欲、达理'三者合一的完美爱情的追求与向往；对宋儒理学的否定和批判。……"④

综上所述，林语堂塑造的孔孟形象、小说中的人物形象直接反映出林语堂对儒家文化的态度。小说创作中人物形象的塑造非常重要，其可以支撑起一部作品。人物是作者内心思想的传声筒，人物的语言可以直接传递作者的思想，人物的行为可以体现作者的价值取向，人物命运的安排可以传达出作者的价值判断。孔孟形象的塑造，是林语堂对儒家情感直接的表达。林语堂小说中塑造的正儒形象，或是循规蹈矩或是堂堂正正，既有名士情趣，又有强有力的主体人格精神魅力。林语堂对儒家思想进行赞美，赋予正儒人物美好的外形、充实的内在、灿烂的前途。腐儒形象的塑造，则体现了林语堂对他们的讽刺、怜悯、谴责。这样的人物是时代的产物，固然值得同情，但是如果违背了儒家的伦理道德就会遭遇悲惨的下场，这也彰显出林语堂对儒家伦理价值的坚守。后儒形象的塑造，体现了宋明理

---

① 林语堂. 林语堂名著全集（第八卷）[M]. 长春：东北师范大学出版社，1994：17.
② 林语堂. 林语堂名著全集（第八卷）[M]. 长春：东北师范大学出版社，1994：53.
③ 戴震著，何文光整理. 孟子字义疏证 [M]. 北京：中华书局，1961：40.
④ 朱东宇. 伦理性人物与哲理性主题——论《红牡丹》的文化精神 [J]. 求是学刊，1998（3）：75-77.

学"以理杀人"对个人的戕害。儒道合流、中西合璧的人物形象也许是林语堂眼中最完美的形象。他曾说过生女当如姚木兰,姚木兰的形象倾注了林语堂的大量心血和美好期许。正儒形象和儒道合流形象在林语堂小说中基本上都是主要人物,说明在林语堂心目中儒家文化的分量很重。当然像《风声鹤唳》一书中老彭那样具有佛家、基督教思想的人物也是有的,这也说明林语堂的思想具有多元性。

第四节　林语堂的儒家文艺思想

无论是林语堂的专著、论文,还是他创作的文学作品,都显示了林语堂文艺思想中所包含的儒家成分。林语堂的文艺思想是一种平正、中和、有补于世的儒家文艺思想,其特征主要体现在三个方面:一是在文艺观念中建构"诗言志"的儒家诗教观,注重载道和言志的统一;二是崇尚"知言养气",遵从"文质彬彬""修辞立诚"的儒家义理观;三是在美学观念上坚守"温柔敦厚"、以"中和"为美的审美标准。

一　载道和言志合一

众所周知,儒家文艺思想强调文艺与政治的密切联系,所谓文以明道、文以载道,文艺要满足功利主义的要求,即为政治、社会、人生服务。同时,也注重言志,即个人情怀的表达。载道论,主要指文学内容关涉天下,关心社会民生、国家大事,具有家国情怀。言志论,主要指文学内容抒发个人情怀、表达情感。载道为文章写作,言志为诗歌写作,指涉不同文体,传统所论文以载道、诗以言志即指此意。本书所指也是这个意思。

林语堂相信"文以载道"。这里的"道",指的是社会、政治、现实生活,这个"道"不是封建宗法制度和伦理道德,而是科学、民主、个性解放的新道德。林语堂自小爱孟子,认为"孟子是儒家中的理想主义者,文字中有一种蓬勃葱郁之气"①。林语堂坚信,文学要为政治服务,为国家天下太平、人民福祉做力所能及的事情。林语堂说文学是对社会的反映,这

---

① 林语堂. 孟子说才志气欲 [M] //林语堂名著全集(第十六卷). 长春:东北师范大学出版社,1994:42.

和他的"家国情怀"紧密相连。林语堂的女儿林太乙在《林语堂传》中写道："父亲说过：'要做作家，必须能够整个人对时代起反应。'他做到了，所以他的作品可以传世。"① 林语堂是这样说的，也是这样做的。林语堂对当时的黑暗社会和丑恶政治进行批判，比如他的《论政治病》《假定我是土匪》《谈言论自由》《中国何以没有民治》等文章都对国民党的官场进行了讽刺、挖苦和批评，为此林语堂曾与鲁迅一起被右翼文人在《申报》上点名攻击。只不过他的批判与鲁迅所采取的手法不一样，鲁迅视笔如刀，视小品为匕首，而林语堂则声称在没有人权保障的社会，严格的取缔令逼他只好另辟蹊径发表言论和表达思想。这种作文法是既要讲又不能直讲，以使自己"不致于身受牢狱之灾"，"这样写文章无异是马戏场中所见的在绳子上跳舞，需眼明手快，身心平衡合度"。② 他说："在这个奇妙的空气当中，我已经成为一个所谓幽默或讽刺的写作者了。"③ 林语堂的作品，是对时代的记录，是对历史的反映，彰显了儒家的"济世"精神，是为人生的"载道"文学。

林语堂主张文学要反映政治生活。"1933 年他应《东方杂志》之约撰写的《新年之梦——中国之梦》一文，实际上道出了他最高和最低的政治理想。他的理想境界是：实现民治，修明内政，建立代议制度，监察院行使职权，建设道路，兴办大学，培养政治人才、文学天才……而他目睹的现实，却是军阀不但砍人头，而且以二十五元代价强行将头卖与死者家属；军舰被用于运鸦片，而禁烟局长是鸦片烟鬼；政府对外妥协，临时开会抗日也要被军警干涉……"④ 这些社会内容融进了林语堂的散文、小说中，成为散文的题材、小说的背景。

在载道的同时，林语堂文学作品也表现言志特点。林语堂的艺术观、文学观在不断发展变化中逐渐形成。在林语堂创作的前期，他的作品主要反映政治、社会、人生，20 世纪 30 年代，林语堂的文学思想发生了变化，

---

① 林太乙．林语堂传［M］//林语堂．林语堂名著全集（第二十九卷）［M］．长春：东北师范大学出版社，1994：319.

② 林语堂．林语堂名著全集（第十卷）［M］．长春：东北师范大学出版社，1994：30.

③ 林语堂．林语堂名著全集（第十卷）［M］．长春：东北师范大学出版社，1994：30.

④ 陈漱渝．"相得"与"疏离"——林语堂与鲁迅的交往史实及其文化思考［J］．鲁迅研究月刊，1994（12）：30-41.

开始宣传"幽默""性灵""闲适"。林语堂意识到文学既要明道,同时也是作家内心世界感情的真实表达。而作为一个典型的中国学者,他对中国文化同样敢疑能疑善疑,不落窠臼,不拾人牙慧,常道人所未能道、言人所不敢言。林语堂说:"怕为时代遗弃而落伍者,先已失去自己,终必随那短短的时代而落伍。在这熙熙攘攘、世事纠纷的世界,只有一字可做标准,就是'真'。一人宁可说襟腑独见的落伍话,不可说虚伪投机的合时话。说襟腑独见的落伍话,至少良心无愧,落伍得痛快,落伍得傲慢。而且即使一时见解错误,尚有生机。说虚伪投机的合时话者,方寸灵明已乱,不可救药。"①"我们知道尺牍之所以成为文学,是因为它是真情最吐露,而最能表现个性的文字,而再启之所以可贵,就是因为他是尺牍中最能表露真情的一部分。"②

林语堂在肯定克罗齐表现主义美学理论的同时,实际上也表达了自己的文艺观,即文学是个性的表达。他说:"古文笔法是最无用的勾当,文理法度,只能产出场屋举业的文章。起承转合之法,是循文思自然的波澜涌现而成,其千变万化,犹如危崖幽谷,深潭浅涧,毫无匠心的经营,而因缘际会,自成其曲折崭岩之美,不是明堂太庙营造法尺所足以谈到的东西。"③林语堂这些说法的内涵,说到底就是主张创作要自由地表现作者的个性和主观感情,而非功名活动或道德说教,同时不应有一成不变的规则章法,而应打破一切成法、一切束缚、一切桎梏。

在文学观上林语堂与鲁迅有明显的不同。鲁、林两人的不同之处,在于鲁迅对于现实世界、现实社会的丑恶处处抗争到底,所以他视笔如投枪,视小品文如匕首,而林语堂却以为人生或世界不无静观自得之处。④鲁迅认为中国充满"仁义道德"的文化,其实都是在"吃人"。林语堂却向往儒家的明性达理、道家的顺其自然。他认为文学只是性灵的表现,不可以充当政治的武器。⑤林语堂认为,中国文学有含有教训意味的文学与优美悦人的

①　林语堂. 林语堂名著全集(第十八卷)[M]. 长春:东北师范大学出版社,1994:30.

②　林语堂. 林语堂名著全集(第十四卷)[M]. 长春:东北师范大学出版社,1994:52.

③　林语堂. 林语堂名著全集(第二十七卷)[M]. 长春:东北师范大学出版社,1994:197.

④　黄寿娟. 鲁迅和林语堂翻译思想对比研究[J]. 中山大学研究生学刊(社会科学版),2007,28(2):120-127.

⑤　黄寿娟. 鲁迅和林语堂翻译思想对比研究[J]. 中山大学研究生学刊(社会科学版),2007,28(2):120-127.

文学之区别，前者为真理之运转传达工具，即所谓"文以载道"之文；后者为情愫之发表，即所谓"抒情文学"。林语堂称自己的作品是"抒情哲学"，比喻自己像皮匠做皮鞋，一针一针钉下去，他写作，是在青山白云芒鞋竹杖影中，一段一段、一章一章地写出来的。"凡是艺术，都是心手俱闲时慢慢产生出来的。"至于他怎么可以忙里偷闲，林语堂认为张山来说得好："能忙人之所闲者，始能闲人之所忙。"① 文学观归根结底是作家的世界观在文学上的反映，林语堂和鲁迅的文学观的差异其实是二者对于儒家文化思想认识的差异。虽然鲁迅也写闲散平淡别致的散文，但是就总体特征而言，他和林语堂一个是"打狗急先锋"，一个是"幽默大师"，文学风格迥异。

总而言之，林语堂的文学观表现为载道和言志合一。载道和言志为什么能在林语堂身上合一？林语堂继承儒家思想"兼济天下"的出世原则，同时推崇克罗齐的表现主义，还受到斯平加恩表现派思想的影响。他曾经向中国译介斯平加恩的《新的文评》一文。而表现主义注重个人感情的表达、打破樊篱塑造个性的主张深得林语堂的喜爱。另外，林语堂欣赏袁宏道的"性灵派"主张，喜爱明清小品文，由此林语堂在中西方文化中找到共同点并以此阐发自己的"幽默"理论。林语堂载道和言志的合一，是其人生观和审美观的合一，是文艺观和文学批评思想的合一。

二　"文质彬彬"和"修辞立诚"

林语堂对传统儒家文艺观念的继承是坚定的，始终推崇以"德行"为先的文艺批评标准。先秦儒家强调的是德行为本、质地为基，强调作家的道德修养，强调作品思想内容的健康纯正。② 同时，先秦儒家以德行为先，辅之学文，才能称得上"文质彬彬"，做人和作文，人品最重要。

林语堂非常重视做人的品德操守。他始终主张人应有别于兽，主张人要好好地守住根本。他提出人生在世首先不是学做事，不是建功立业，而是学做人，按照人所以为人的那些去学做一个好人。他在 1930 年写过一篇

---

① 林语堂. 林语堂名著全集（第十八卷）［M］. 长春：东北师范大学出版社，1994：298.
② 黄念然，胡立新. 二十世纪的古代儒家文艺思想研究［J］. 重庆三峡学院学报，2005，21（6）：33-38.

《做文与做人》的文章，晚年又写《论做好一个人》，都指出"文字不好无妨，人不可不做好"①。

林语堂尤其注重文人的道德品行，将其置于文字之上。林语堂曾对青年说："我看人行径，不看人文章……一人若不先在品格上，修养上下工夫，就会在文章上暴露其卑劣的品性。……你们要明白，不做文人，还可以做人，一做文人，做人就不甚容易。……孔子所谓行有余力，则以学文。可见行字重要在文字之上。文做不好有甚么要紧？人却不可不做好。"② 林语堂的文章，主要针对文人无行的现象而发。林语堂尤其憎恶那种卖身投靠的读书人，称之为"破靴党"。他又极其讨厌那些小政客，从不跟他们打交道，因为他们最势利、最无耻、最容易变脸。林语堂说："人只怕不肯说老实话，能说一句老实话，必为后世所重。板桥满身名士骨气，在三百年来之读书人中，为我所最看重。"③ 林语堂提倡文人的道德修养，主要是指志存远大的人格修养，须以"集义"的工夫变化气质而问心无愧，养成至大至刚的浩然之气。"学为好人"是儒家伦理文化的重要传统。

综上所述，林语堂强调文质彬彬、道德为先，要求文品和人品相一致。林语堂这一思想来源于孟子的"充实之谓美"、韩愈的"养气说"、欧阳修的"蓄道德而能文章"这一思想脉络。其强调文与人不可分，文品由人品所决定，所以只有加强人的道德修养，方能显示文的风格之美。林语堂持守儒家仁义之道的人格修养，这是由学养而充实、盛大的历程，是由躬行儒家仁义之道所达到的精神状态，这是一种充满济世热情和独立精神的人生境界，是一种品格高尚而才气横溢、学养深厚而精力充沛的理想境界，也是一种心手相应的最佳立言状态。

此外，林语堂认为，写文章并不难，关键在于"修辞立诚"。林语堂含英咀华，欣赏不同文体的表达艺术，培养灵活运用语言文字的才能。"修辞"，最初是指君子起草辞令时的修饰润色工作，需要一种非常认真诚实的态度，一丝不苟方能言辞得当而积蓄功业，同时也泛指文章写作的语言艺术。"立诚"，主要强调君子自身的诚信品质，言行一致而真实无欺。孔颖

---

① 林语堂. 林语堂名著全集（第十六卷）[M]. 长春：东北师范大学出版社，1994：69.
② 林语堂. 做文与做人 [M] //林语堂名著全集（第十七卷）. 长春：东北师范大学出版社，1994：257-258.
③ 林语堂. 林语堂名著全集（第十四卷）[M]. 长春：东北师范大学出版社，1994：282.

达说："辞，谓文教；诚，谓诚实也。外则修理文教，内则立其诚实，内外相成，则有功业可居。"① 修辞同于文饰，修辞讲究的是外在的语言形式美，立诚是作文者内在的心性修养，修辞与立诚应当并重，合则双美、离则两伤。

其一，林语堂主张作文最重要的是"辞达"，即把自己的想法充分表达出来。他说："我们从小念《史记》《左传》就有'作文章'这个观念，仿佛一篇文章读起来可诵可歌，可以一唱三叹，才叫文章。"② 林语堂认为："'作文'这两个字，就害人不浅，大家因为要'作文'，因此以为需要特别技术，文字必须有别于说话，自自然然的国语似乎不够表达意思，常常要掉文舞墨，堆砌词藻。"③ 林语堂提出"清顺自然"四个字，赠给有志写作的同胞，他要大家在提笔时先抛开"作文章"这个观念，好好地规规矩矩地用自然的语言表达自己。林语堂说："白话是活的言语，是我们天天不断说出来的，所以非常有力量。"④ 林语堂给安德生编撰的《林语堂精摘》写序言说："我喜欢中国以前一位作家说过的话：'古人没有被迫说话，但他们心血来潮时，要说什么就说什么；有时谈论重大的事件，有时抒发自己的感想。说完话，就走。'我也是这样，我的笔写出我胸中的话。我的话说完了，我就要告辞。"⑤ "辞达而已"是孔子的话，是说文章不在于如何惨淡经营和精美修饰，而在于把心头话用最适当最达意的方法表达出来，林语堂如是理解，亦如是实践。

其二，林语堂坚信文章要"立诚"，即主要是个人性灵的表现。"文章者，个人之性灵之表现。性灵之为物，惟我知之，生我之父母不知，同床之吾妻亦不知。然文学之生命实寄托于此。"⑥ "读书是文明生活中人所共认的一种乐趣，极为无福享受此种乐趣的人所羡慕。……一本古书使读者在心灵上和长眠已久的古人如相面对，当他读下去时，他便会想象到这位古

① 阮元校刻. 十三经注疏（第一卷）［M］. 北京：中华书局，2009：27.
② 林语堂. 国语的将来［M］// 林语堂. 林语堂名著全集（第十六卷）. 长春：东北师范大学出版社，1994：198.
③ 转引自林太乙. 林语堂传［M］. 太原：北岳文艺出版社，1994：193.
④ 林太乙. 林语堂传［M］// 林语堂. 林语堂名著全集（第二十九卷）［M］. 长春：东北师范大学出版社，1994：225.
⑤ 转引自朱艳丽. 幽默大师林语堂［M］. 武汉：湖北人民出版社，2005：185.
⑥ 林语堂. 林语堂名著全集（第十四卷）［M］. 长春：东北师范大学出版社，1994：148.

作家是怎样的形态和怎样的一种人,孟子和大史家司马迁都表示这个意见。"① 林语堂受到公安派文学的影响,深以袁宏道为知己,认为文章是个人性灵的充分表现,是个人情感的抒发。

林语堂甚至认为古来作家有个性,略微挣脱一下儒家礼教约束也是情有可原的。"文德乃指文人必有的个性,故其第一义是诚,必不愧有我,不愧人之见我真面目,此种文章始有性灵有骨气。"② 可以看出,林语堂理解的文德不是指文学的道德规范,而是指作家放任自己的情感而不必遵守文学的死板规律,珍视个人的感受而不必拘泥于名教礼仪,只有这样才能写出世间美文。

林语堂将性灵提升到对生命的尊重的高度。他说:"我以为文学的作用,便是使我们带了一种更真的了解与更大的同情把人生看得更清楚,更正确一点。然而人类的生活是太复杂了,难以用任何一条社会主义的标语来加以概括或把它硬塞到一种主义中去。把文学放到政治的仆从地位这种看法,必然因为限制了人类心智的自由创作,而把文学杀害了的。"③ 林语堂由性灵而提倡幽默,他说:"由道统遗毒之深,更使人不得不感觉须赶速作破坏工作,揭穿虚伪的严肃文体,而易以较诚恳,较自然,较近情,较亲切的文风。我是赞成诚恳而反对严肃的。主张严肃之人,大概在家做父亲,也不肯和儿女说两句笑话。在诚恳,亲切,自然,近情的文风中,幽默必不期然而至,犹如改训话为谈心,幽默也必不期然而至。中国文章向来是训话式的,非谈心式的,所以其虚伪定然与要人训话相同。所以若谓提倡幽默有什么意义,倒不是叫文人个个学写几篇幽默文,而是叫文人在普通行文中化板重为轻松,变铺张为亲切,使中国散文从此较近情,较诚实而已。"④

且看林语堂所理解的"修辞立诚"。"修辞"是林语堂对文学作品语言表达的要求,"立诚"主要是指要写作家本人的真实情感,性灵是林语堂文艺思想的重要主张,幽默则成为林语堂的重要风格。性灵、幽默虽然不是林语堂的独创,但是这两个重要的范畴,在近代确实是通过林语堂的提倡、

---

① 林语堂 . 林语堂名著全集(第二十一卷)[M]. 长春:东北师范大学出版社,1994:349.
② 林语堂 . 林语堂名著全集(第十四卷)[M]. 长春:东北师范大学出版社,1994:186.
③ 林语堂 . 林语堂名著全集(第十五卷)[M]. 长春:东北师范大学出版社,1994:74.
④ 林语堂 . 林语堂名著全集(第十八卷)[M]. 长春:东北师范大学出版社,1994:271.

创作实践才发扬光大进而广为人知的，而这两个范畴集中体现了林语堂对
"修辞立诚"的理解。林语堂的文艺思想也体现在其文学作品之中，综观林
语堂的作品，无论小说、散文、戏剧，都语言流畅、情感充沛、言之有物，
这也是林语堂作品深入人心的原因。林语堂曾说自己作文的秘密就在于把
读者当作知心朋友，将自己的想法娓娓道来。在先秦儒家看来，只有在美
好的德性上滋生出来的文辞才是"天籁"，最为可取，所以修养德性可通向
"文质彬彬"之境。"有德者必有言"，德是言辞的充足条件。① 所以说，
"情深而文明，气盛而化神，和顺积中，而英华发外，唯乐不可以为伪"②。
文道合一、修辞立诚，是儒家文艺思想的重要内容，在林语堂的文艺思想
中得到了充分的体现，并且在新的时代背景和个人阐释下获得重新理解。

三　"中和"之道与"温柔敦厚"之美

"中和"之道是介乎于阳刚、阴柔之间的一种阴阳中和、刚柔相济的
美，是儒家崇尚的"中庸"之道在文学艺术上的表现。在儒家看来，中和
是天地万物的"大德"，"喜怒哀乐之未发谓之中，发而皆中节谓之和；中
也者，天下之大本也；和也者，天下之达道也"③。林语堂的作品，总体上
呈现出"中和"之道的艺术风貌，除了早期作品呈现"凌厉激进"的风格
之外，后期作品整体风格"温柔敦厚"。林语堂作品"中和"之道、"温柔
敦厚"之美的艺术风格表现在以下三个方面。

第一，林语堂的作品呈现出情信辞巧的美善观。林语堂的作品十分重
视道德标准，同时也强调艺术形式的完美，主张文实兼备。林语堂领悟了
"中和"之道的生命状态，至高的道德和艺术风格由此而来，其笔下文字都
是深层次生命意识之自然流露，就是个人本性的本真状态。先看林语堂塑
造的人物。姚木兰、姚莫愁、谢珊瑚、梁素馨、杜柔安、赖柏英、艾丝等，
一个个都是既美且善的女子；汤姆、李飞、新洛、曾苏亚、曾平亚、孔立
夫等，都是意气风发、好学上进的男子，就是姚体仁调皮一些，最后也归
顺了家庭；姚思安、杜忠、曾文璞都是慈祥老者，就连自私、势利的杜范

---

① 陈顺智. 略论先秦儒家中和文艺观 [J]. 武汉大学学报（社会科学版），1993（2）：108-113.
② 阮元校刻. 十三经注疏（第三卷）[M]. 北京：中华书局，2009：3330.
③ 阮元校刻. 十三经注疏（第三卷）[M]. 北京：中华书局，2009：3527.

林，也不是令人恨得咬牙切齿的人。可以说，林语堂笔下无一个坏人。林语堂塑造的人物，融入了林语堂的伦理思想、审美理念、道德标准，符合"尽善尽美"的艺术标准。再说林语堂的作品，其文化评论，视野开阔、纵横捭阖，充满了对中国文化的赞美之词；其小说宣扬爱国热情，鼓励爱国之志；其散文描写自然，直抒胸臆。阅读林语堂的作品，可以用善、喜、信、美来概括读者的感受。

第二，林语堂的文章讲究本色之美。林语堂在《说本色之美》中曾指出："吾深信此本色之美。盖做作之美，最高不过工品，妙品，而本色之美，佳者便是神品，化品，与天地争衡，绝无斧凿痕迹。近译《浮生六记》，尤感觉此点。沈复何尝有意为文？何尝顾到什么笔法波澜？只是依实情实事，一句一句一段一段写下来，而结果其感人魔力，万非一般有意摹写者所能望其肩背。称之为化工，也未尝不可。文人稍有高见者，都看不起堆砌辞藻，都渐趋平淡，以平淡为文学最高佳境；平淡而有奇思妙想足以运用之，便成天地间至文。"① 本色，并不是不带作者感情色彩，而是指不矫情不虚饰不夸张，以作者自然情感为线索娓娓道来，是作者感情的自然呈现，也是生命意识的本然流动。

第三，林语堂的作品体现出发乎情止乎礼的伦理观。林语堂认为艺术作品中的情感应该合礼中节，不轻视情感的作用，但主张用礼仪来规范情感。以情为起点，但是以礼为归宿；以情为基础，但是以礼为现实。这一张一弛、一放一敛，相反相成，从而把情和礼处理得十分和谐，既不乖离又不冲突，使情感既不偏激也不低沉，将它维持在中庸状态。② 《京华烟云》中的姚木兰，虽然内心深爱孔立夫，但是遵从儒家之礼嫁给了曾荪亚，在孔立夫被捕入狱的时候，冒着生命危险去找军阀求得一张释放令，她对孔立夫的爱做到了发乎情止乎礼；小说《赖柏英》中，新洛和赖柏英相爱但是因为现实的原因分处两地，两人各自安好，不伤害自己的爱人；《风声鹤唳》中老彭关心丹妮，带她一起从事难民安抚工作，使丹妮内心重获新生，但是他对丹妮的爱，也遵从"朋友妻不可欺"的伦理准则。林语堂最香艳

---

① 林语堂. 林语堂名著全集（第十八卷）[M]. 长春：东北师范大学出版社，1994：387-388.

② 陈顺智. 略论先秦儒家中和文艺观 [J]. 武汉大学学报（社会科学版），1993（2）：108-113.

的一部小说《红牡丹》中的梁牡丹，虽然生性风流、放纵欲望，但因为违背了伦理道德，所以处处碰壁，最后还是在合乎情理、道德规范的情况下找到了幸福。林语堂的作品之所以呈现"乐而不淫""哀而不伤""温柔敦厚"的风格，是和他的认识即"情归情，礼归礼"分不开的。读林语堂的作品始终感觉既如沐春风，又似杨柳拂面，内心一团平和温润，林语堂创作的体现"中和"之道、"温柔敦厚"之美的文学作品对于读者来说无疑是一种精神上的慰藉和享受。

第四章　解构和建构：林语堂儒家文化思想的特征及阐释特色

林语堂充分认识到中国儒家文化的伟大之处，并且以丰富的人生智慧形成了自己独有的"抒情哲学"。林语堂的人生智慧，主要来源于儒家文化思想，也得益于道家文化、基督教文化的滋养。林语堂的儒家文化思想通过其专著和论文直接表达，在他创作的文学作品中也得到丰富的阐释和体现。在这些文字材料中，每一段阐述都表达了林语堂异于同时代学人的对儒家文化思想的认知和独具匠心的剖析，每一个活灵活现的人物形象通过不同的艺术方式均展现了林语堂对儒家文化思想的理解。那么林语堂的儒家文化思想主要有哪些特征，又该如何评价其文学史地位和文化价值呢？基于现有材料和学术前沿之判断，我们将加以探讨和分析。

第一节　林语堂儒家文化思想的特征

林语堂一生崇敬儒家文化、钻研儒家文化，对儒家文化有自己的独到认识。他始终以构建理想的世界文化为目标，以人类幸福、诗意地栖居为旨归，为人们快乐地生活提供了重要的思想资源——中国儒家文化。林语堂的儒家文化思想内涵丰富，充满了中西合璧的色彩，是中西文化融合的结晶。

一　林语堂多元思想系统的主干——儒家思想

智者林语堂有儒家的社会责任心，也有道家的超然、基督教的博爱。林语堂把自己思想性格方面的独特性概括为"一团矛盾"，而从时代意义的视角来看，林语堂的"一团矛盾"忠实地记录了整个中华民族觉醒过程的艰巨性、复杂性和曲折性，是一代知识分子所特有的心路历程的写照，因此，这"一团矛盾"不仅属于林语堂个人，同时也属于时代。在林语堂多元的文化思想系统中，儒家思想是其主干。

第一，林语堂自身的言行体现了儒家思想的主体性。先看林语堂以下言论："行为尊孔、孟，思想服老、庄。""努力工作，尽情享受。""文章可幽默，做事须认真。"这是他毕生的总结。行大于言，思想到位之处自然行为会到位；行重于言，思想不到位之处行为也会反映。一个人的行为是意识的反映，有时候意识没有察觉到的，会通过行为言语无意识地流露出来。总之，行为是意识比较准确的反映，是在意识指挥下的具体动作。在上述三句话中，行为、工作、做事是前提，而这些是以儒家思想为参照的。按照林语堂写作时间的先后顺序这三句话分别是"文章可幽默，做事须认真""努力工作，尽情享受""行为尊孔、孟，思想服老、庄"。这是林语堂思想轨迹的概括、反映，在儒道思想之间他从游离到确认，最后确定了行为准则是儒家思想，这其实也是其主导思想。林语堂的立身处世以儒家思想为参照标准，而以道家思想为补充和修饰。所以从他的言说可以看出，其意识和行为都以儒家思想为主体。再来看林语堂的个人行事。林语堂的行为标准体现了儒家思想的主体性。他一生的行为是对儒家思想的践行。林语堂年轻的时候，积极参与政治活动，对国家时事发表言论；中年出国积极传播中国优秀传统文化，以另外一种方式行君子之正道；晚年梳理自己一生的心路历程，对儒家文化给予全面的肯定。如果不是因为林语堂内心对儒家伦理的坚守、对儒家道德标准的奉行、对儒家行为规范的赞赏，他的行动不会表现出儒家思想的标准。

第二，林语堂的基督教思想、新儒家思想辨析。正是由于儒家文化观和基督教之间密切的联系，林语堂在基督教观念和儒家文化观之间自由游走，没有隔膜。在领悟儒家之人本观念的同时，先入为主的基督教观念总是在干扰着林语堂，促使他把儒家与基督教做潜在的对照与选择。他认为儒家教人做一个君子，在社交上要有好的仪态和做一个有礼貌的人，与基督徒相信人在个人行为上要有好教养是不冲突的。[①] 而且，林语堂发现孔子也像圣公会教士和天主教教士一样，是个保守派的哲人，相信权威有其价

①　林语堂. 林语堂名著全集（第十卷）［M］. 长春：东北师范大学出版社，1994：86.

值，相信传统与今昔相承的道统。① 所以，基督教思想成为林语堂文化思想系统的一种底色，是抹不去的感情影迹。再来看林语堂与现代新儒家之间的关系。林语堂不是现代新儒家人物，因为"现代新儒家"是一个思想流派，重新建构了儒学理论，而林语堂只是在某些认识上和现代新儒家具有一致性。林语堂既是中国儒家在 20 世纪的传人，又是一个现代意义上儒家文化的开新者。细读其作品，可以发现林语堂和现代新儒家特别是现代新儒家第一代学人冯友兰、梁漱溟的思想有种种关联，林语堂的创作成为现代新儒家思想的一种补充。林语堂用生动的作品为现代新儒家思想代言。林语堂不是思想家，而是文学家，他的思想必然通过作品说话。基督教思想在林语堂作品中偶有闪现，而现代新儒家思想出现的频率就更低了。所以，基督教思想、现代新儒家思想，无论从林语堂作品的数量还是质量角度来说，都无法成为其思想的主干。

第三，林语堂儒道思想辨析。一些研究者之所以会认为林语堂是"道家人物"，其实是被他的言论的表象迷惑了。道家思想只是他的思想的外壳，包裹着儒家思想的内核。林语堂的人生哲学以儒家思想为准则。儒道区别之一，在于儒家首先要为人君，其次是全己身；而道家是首先要全己身，对亲人对君王则很淡薄。道家是儒家的积极精神在现实碰壁之后消极退缩的结果，是一种退而求其次，是一种婉转和迂回。事实上，林语堂在个人奋斗的道路上从来没有退缩过，笔耕不辍，著作等身，对政治参与、文化传承尽应尽之力。如果他是一个道家式的人物，何不逍遥隐世？何必如此辛劳？

林语堂的儒家思想处于道家思想的遮蔽之下。道家思想是面纱，因为有道家思想的包裹，林语堂的儒家思想才不那么尖锐伤人；有道家文艺思想的浸润，林语堂的作品才能散发浪漫之美；结合道家哲学，林语堂的思想体系才丰满圆润。所以林语堂传播的中国优秀传统文化，是儒家思想和道家思想的统一体，是以道家思想面目出现的儒家思想。这是种传播的策略，也是中国传统知识分子的一种心路历程，缺少任何一方面都不能说他是一个真正的中国知识分子。林语堂的儒家思想是有变异，但是从接受美学来看，又怎能说林语堂的这种儒家思想就不是"儒家思想"呢？在传统

---

① 张芸. 林语堂的人文情怀 [J]. 内蒙古电大学刊，2007（3）：36-38.

士大夫的"期待视野"中，道家作为儒家的补充，是独善其身的法宝，只是随着西学东渐，儒家思想本应承载实实在在的"兼济天下"的社会责任心和历史使命感，林语堂式的儒家思想却更多地走向感性生命的个体追求和现实享受。林语堂的这种儒家哲学自有其独特的文学价值和美学意义，并且这种儒家思想与他的道家思想相辅相成、互为补充，一起展示了林语堂丰富、立体化的生活意念、人格智慧和理想追求。

综上所述，儒家思想在林语堂多元的文化思想体系中占据主导地位。文化是一个国家、民族长期积累的财富，它源远流长，经过历史的洗礼焕发出历久弥新的魅力。儒家文化是中国传统文化的主流，正是儒家文化使国家统一、民族和谐，这是儒家文化的优越性。虽然儒家文化在重视个人个性发展、自由创新方面有所欠缺，但是它的优势也很突出。正是在怀疑和批判的基础之上，林语堂不断对文化进行选拣，择善而收，从而使自己的思想和人生智慧呈现出兼容并包、今古融汇、儒道合一、中外互补的丰富和博大。在儒、道、释三家中，林语堂谈论儒家的地方最多，且用力最大，也给予了更为高度的重视。可以这样说，林语堂将儒家看成中国文化的脊梁而加以关注。所以尽管在不同场合，林语堂给予儒家以这样那样的批评，但是他对其中心地位、普遍性和非凡的魅力一直没有否认。① 林语堂说："由此我认为儒家思想是具有其中心性，也可以说有其普遍性的。儒家思想的中心性与其人道精神之基本的吸引力，其本身即有非凡的力量。"②在林语堂驳杂丰富的多元文化思想系统中，各种思想相互冲击激荡，但并未均衡发展。终其一生，儒家思想都占据核心地位，林语堂的文化理想最后还是落脚到世俗人生。他有非常著名的一则话："有人说过，理想的生活便是住在一所英国的乡间住宅，雇一个中国厨子，娶一个日本妻子，结识一个法国情妇。"③这段话无非是用其儒家"中庸"思想构建的现代生活。儒家文化是林语堂衡量其他文化的标准，他用自己的一生践行着儒家思想，爱国、勤奋、有担当。

林语堂的文化观是多维度的，儒道释、基督教同时融合在他看似"一

① 王兆胜. 林语堂的中国文化观［J］. 东岳论丛，2009，30（7）：79-86.
② 林语堂. 林语堂名著全集（第二十二卷）［M］. 长春：东北师范大学出版社，1994：1.
③ 林语堂. 英国人与中国人［M］//林语堂. 林语堂名著全集（第十五卷）. 长春：东北师范大学出版社，1994：11.

团矛盾"的多元文化观里。但是，多种文化之间其实是有主次之分的。西方文化是他的文化观的基石、底色，是他看待世界的眼睛。多重思想中儒家思想占的比例最大，更重要的是儒家文化是林语堂看待其他文化的参照物。林语堂对中国文化的理解，是在对儒家文化的理解之上加入道家的某些元素以及基督教思想、对西方自由主义的理解融合而成的。他认为中国文化最精华、最值得向世界炫耀的部分就是"中国的人文主义"，其实这种中国的人文主义就是以儒家思想为主体，融合道家思想以及西方自由思想的产物。"人文主义"本来就是一个从西方传来的词，"中国的人文主义"这种说法，本来就充满了中西合璧的味道。从林语堂描述的"中国的人文主义"的范畴、特点来说，其明显充满了儒家仁爱自守、和平宽容的品质。林语堂虽然没有能够建构起儒学理论体系的框架，没能从哲学的高度提出儒学需要解决的新问题，没有建立起一套严密的逻辑体系，但是他已为儒家文化的发展与传播做出巨大的贡献。在林语堂的多元思想体系中，儒家思想和基督教思想、道家思想、新儒家思想共存，彼此之间是怎么样的关系，下文将进行论述。总之，它们彼此之间互相呼应，并由此形成了林语堂儒家文化思想的三个特征。

二 以仁爱精神为本位，呈现基督教思想的底色

林语堂儒家文化思想的第一个特征是以仁爱精神为本位，呈现基督教思想的底色。这和林语堂从小受到的基督教思想影响密不可分。虽然早年林语堂自称放弃了基督教信仰，但是对基督教的接受，已经成为一种存在于意识深处的无法抹去的文化积淀。[①] 作为牧师的儿子，对于基督教他是别无选择的。在基督教身份或隐或显的先在影响下，林语堂所渴求和认同的中国文化只能是同西方文化相契合的方面，尤其是儒家文化对人本身的关注和对现实生活的肯定。[②] 他对基督教文化的信仰并非宗教教义的经院式接受，而是在世俗的生活氛围中加以体验。在他看来，上帝并不是虚无缥缈的，人可以通过近乎情理的生活修炼，在俗世中得以亲近上帝的神性，从

---

① 郭威. 从基督教信仰之旅看林语堂的文化身份变迁 [J]. 福建师范大学福清分校学报，2006 (3): 74-78.
② 郭威. 从基督教信仰之旅看林语堂的文化身份变迁 [J]. 福建师范大学福清分校学报，2006 (3): 74-78.

而实现博爱和平等的基督理想。① 正是在这个意义上，林语堂认为儒家思想和基督教思想是相通的，"孔子则如现代的基督徒，他相信道德的力量"②。不难看出，林语堂的儒家观与他的基督教情结有内在的一致性。③

东西方文化虽然相隔千万里，但是文化产生于人类社会、作用于人类，总是有相通相似之处。依照林语堂的自述，他虽然从小生活在基督教家庭中，但是他对头顶的"上帝"是心存怀疑的。他总觉得上帝看不见、摸不到，怎么会对自己产生作用呢。他对于玛利亚以处子之身生育耶稣，也持怀疑态度。林语堂在上海圣约翰大学时，开始是读神学班，但是他对神学班上琐碎僵死的宗教教条、连神学家也不信的怪诞故事不感兴趣。他说："我短暂的神学研究曾动摇我对教条的信仰。……这种经院派一法的傲慢和精神的独断，伤害我的良心。"④ 所以，遥远的基督教无法满足林语堂，他的眼光始终关注尘世生活。

首先，林语堂对基督教的接受—放弃—回归，和儒家文化有深层关系。林语堂和清华大学的同事刘大钧的谈话剪断了林语堂和基督教信仰之间仅剩下的最后一点心理联系。林语堂问道："如果我们不信上帝是天父，便不能普爱同行，行见世界大乱了，对不对呀？""为什么呢？"刘大钧答，"我们还可以做好人，做善人呀，只因我们是人的缘故。做好人正是人所当做的咧。"⑤ 正是这一句话，使林语堂猛然醒悟。那一刻，林语堂从一个封闭的基督教世界跨入了世俗中国人的生活世界。他说："孔夫子提倡礼、忠恕、责任心，和对人生的严肃态度。他相信人的智能，也相信人借着教育的力量，可以达到完美境界。这种哲学和欧洲的人文主义颇相似，现在成为我自己的哲学了。"⑥ 林语堂由朋友的启发，初次进入重礼教的儒家思想与生活，体会到儒家对人生极为虔敬诚实的态度，因而决定与基督教分道扬镳。也就是说，林语堂对基督教的放弃，是因为他在儒家文化中找到了

① 郭威.从基督教信仰之旅看林语堂的文化身份变迁［J］.福建师范大学福清分校学报，2006（3）：74-78.
② 林语堂.林语堂名著全集（第二十二卷）［M］.长春：东北师范大学出版社，1994：4.
③ 郭威.从基督教信仰之旅看林语堂的文化身份变迁［J］.福建师范大学福清分校学报，2006（3）：74-78.
④ 林语堂.林语堂名著全集（第十卷）［M］.长春：东北师范大学出版社，1994：65.
⑤ 林语堂.林语堂名著全集（第十卷）［M］.长春：东北师范大学出版社，1994：25.
⑥ 刘志学主编.林语堂自传［M］.石家庄：河北人民出版社，1991：171.

同样的安慰、类似的情感。林语堂在 1923 年放弃基督教有多方面原因。一方面，他认为，如果人类的爱不是由自己决定，而要依靠第三者，那么那种爱不是真爱。另一方面，林语堂在儒家文化中找到了归宿。正是儒家文化和基督教文化在博爱、善良上的一致性，使他最终放弃了基督教。但在感情上，林语堂仍然对基督教依依不舍。后来林语堂说当时他怀有一种无形的恐惧，但他说："人性本来是良善的，我一直没有想到这一点，真是愚不可及。一听到这话，犹如异军突起，我没有准备，遂被克服。"① 而多年后，在西方世界，林语堂晚年又皈依了基督教。他对基督教的接受、放弃、回归，正说明基督教和儒家文化具有共通性。

其次，林语堂常以基督教为参照物来审视儒家文化。儒家非宗教，林语堂对儒家文化的人文性有很深刻的认识，针对中国人的思想情态，林语堂进一步指出："孔子学说，干脆些说，不是宗教，它有一种对待人生与宇宙的思想，接近乎宗教而本身不是宗教。"②

儒家不是宗教，这是中国文化和西方文化的巨大差别。德克·布德教授在《构成中国文化的主要思想》一文中写道："他们（中国人）并不认为宗教思想和宗教活动是生活中的重要部分。……中国文化的精神基础不是宗教（至少不是有组织形式的宗教），而是伦理（特别是儒家伦理）。……这一切使中国和其他主要文明国家把教会和神职人员看为文明的重要组成部分，有基本的不同。"③ 儒家并非宗教，林语堂在小说中表达了这层意思。在小说《唐人街》中，汤姆对他的意大利籍大嫂佛罗拉这样解释孔子的学说："佛罗拉，你不懂，孔子的学说并不是一种宗教。""在中国没有人干涉别人的信仰。你可以同时信仰佛教，孔子学说和道家学说。"④

最后，林语堂常把基督教作为潜在的对照与选择。林语堂对儒家文化的大力宣扬，使西方世界对中国文明心向往之。对于儒家与基督教之"异"，林语堂也了然于胸。"中国人生理想之现实主义与其着重现世的特性源于孔氏之学说。孔教精神的不同于基督教精神者即为现世的，与生而为

---

① 林太乙.林语堂传［M］//林语堂.林语堂名著全集（第二十九卷）［M］.长春：东北师范大学出版社，1994：31.
② 林语堂.林语堂名著全集（第二十卷）［M］.长春：东北师范大学出版社，1994：98.
③ 转引自冯友兰.中国哲学简史［M］.赵复三译.成都：四川人民出版社，2020：3.
④ 林语堂.林语堂名著全集（第四卷）［M］.长春：东北师范大学出版社，1994：201.

尘俗的，基督可以说是浪漫主义者而孔子为现实主义者，基督是玄妙哲学家而孔子为一实验哲学家，基督为一慈悲的仁人，而孔子为一人文主义者。"① 有研究者认为，所谓孔教精神之"现世的""生而为尘俗的"，是说明孔子是倡导"克己复礼为仁"的人杰；而基督是神子，代表着上帝在人世的"道成肉身"，因而是负有拯救世人之使命的"救世主"。

　　由此看来，儒家文化观和基督教思想在林语堂那里并不是截然矛盾的。在仁爱这一点上，儒家文化和基督教文化是相通的，它们殊途同归。林语堂是受过东西方文化熏陶的学人，中外丰厚的知识素养、中西文化的交织融合，必定作用于他。基督教是一种爱的宗教，它最基本的内涵是默默奉献、无私给予以及宽恕、救赎。在博爱、仁爱这一点上，林语堂找到了东西方文化的契合点。林语堂多元整合的思维方式，决定了其儒家文化思想呈现出基督教思想的底色。

三　以世俗生活为旨归，凸显道家文化韵味

　　林语堂儒家文化思想的第二个特征是以世俗生活为旨归，凸显道家文化韵味。中国传统文化系统多元复杂、五彩纷呈，在诸子百家中，地位最高、影响最深远的莫过于儒家和道家两派。道家思想对林语堂的影响非常大，林语堂的为人处世、行事作风、作品风格，确实具有道家潇洒浪漫、自然而然、回归质朴的色彩，以至于有的学者称林语堂为"新道家"人物。这种说法是否科学尚待商榷，但是林语堂文化思想系统的道家色彩确实非常浓厚。林语堂的儒家文化思想，是一个综合性的产物，融合了道家思想，呈现出儒道融合、互补的特色。当代新儒家代表人物牟钟鉴等曾经指出："我们可以说中国传统思想文化是阳儒阴道，外儒内道，道中有儒，儒中有道，自为而相因。假如只有儒家而没有道家，中国的传统思想就会失去一半光彩。林语堂说：'道家及儒家是中国人灵魂的两面。'这是千真万确的事实。"②

　　其一，林语堂崇尚的理想人生具有儒道融合的特点。林语堂说："中国最崇高的理想，就是一个不必逃避人类社会和人生，而本性仍能保持原有

---

① 林语堂. 林语堂名著全集（第二十卷）[M]. 长春：东北师范大学出版社，1994：98.

② 牟钟鉴，林秀茂. 论儒道互补 [J]. 中国哲学史，1998（4）：11-21.

快乐的人。如果一个人离开城市，到山中去过着幽寂的生活，那么他也不过是第二流隐士，还是环境的奴隶。'城中隐士实是最伟大的隐士'，因为他对自己具有充分的节制力，不受环境的支配。"① 可见，林语堂心目中的理想人生，实际上融合了林语堂的文化理想，即兼具儒道之气的凡人身在尘世中却拥有一颗平静的心。这样的人排斥决然地遁世，那是对他人的不负责任；反对埋头于庸常事物中，主张保持一颗超然之心。在入世中出世，既入世又出世，才是理想的人生。显而易见，在林语堂心向往之的人生理想蓝图中，儒和道并行不悖，缺失任何一方都不完美。

其二，林语堂以儒道融合思想来塑造人物。林语堂欣赏的人物具有儒道融合的特点。他自称在中国文化历史中最欣赏的人物是陶渊明和苏东坡。这两个人都是有浓厚儒道色彩的人物，既有入世的情怀，也有出世的洒脱。林语堂对陶渊明不吝赞美地歌颂："他是今日真正爱好人生者的模范，因为他心中虽有反抗尘世的欲望，但并不沦于彻底逃避人世，而反使他和七情生活洽调起来。"② 另外，林语堂所崇拜的孔子之思想，和道家思想一脉相通。他说："反是孔子个人温而厉，恭而安，无适，无必，无可无不可，近于真正幽默态度。"③ "林语堂非常赞赏孔子'温温无所试'的幽默态度与'道不行乘桴浮于海'的隐逸精神。"④ 他也欣赏孔子笑说"吾与点也""无可无不可"，他认为这些都体现出孔子顺其自然、返璞归真的一面，而这种素朴的感情、自然的心态何尝不是道家所主张的！

儒道融合的现实人物——苏东坡。林语堂为苏东坡写传记是因为他欣赏苏东坡的才华，钦佩其坚毅的品格，仰慕其超脱的人格。林语堂在《苏东坡传》中写道："他（苏东坡）多才多艺、好奇深思，虽深沉而不免于轻浮，处世接物，不拘泥于俗套，动笔为文则自然典雅；为父兄、为丈夫，以儒学为准绳，而骨子里则是一纯然道家，但愤世嫉俗，是非过于分明。"⑤ 这也印证了林语堂对于中国人的理解："道家及儒家是中国人灵魂的两

---

① 林语堂. 林语堂名著全集（第二十一卷）[M]. 长春：东北师范大学出版社，1994：116.
② 林语堂. 林语堂名著全集（第二十一卷）[M]. 长春：东北师范大学出版社，1994：120.
③ 林语堂. 林语堂名著全集（第十四卷）[M]. 长春：东北师范大学出版社，1994：6.
④ 陈平原. 林语堂的审美观与东西文化 [J]. 文艺研究，1986（3）：113-122.
⑤ 林语堂. 林语堂名著全集（第十一卷）[M]. 长春：东北师范大学出版社，1994；"原序" 4.

面。"① 苏东坡这位亦儒亦道的人物，在林语堂心中是理想的人物，或者说林语堂用自己的笔把儒道融合的理想寄托在苏东坡身上。林语堂欣赏苏东坡，是因为他和苏东坡这位"具有现代精神的古人"在生命意识、人文理想、责任担当方面有高度的一致性，可谓惺惺相惜。写苏东坡也就是写林语堂自己的心路历程。林语堂对苏东坡的由衷赞美表达出他本人对现实人生的积极进取，以及对生命精神的昂扬态度和对民主理想的期望。

典型形象姚木兰。小说《京华烟云》中的姚木兰，是大家熟悉且喜爱的人物形象。朱东宇认为，她"是'道家的女儿'，儒家的'好媳妇'，作者理想的'贤妻良母'，理想女性的人格化身。她一身兼有儒家的近情理，道家的本自然，佛家的崇性灵的多种品格"②。但是也有相反的观点，赵英华、王玉认为："他（林语堂）所创造的女性人物姚木兰对各种家庭伦理关系的处理方式符合传统儒家的'君臣、父子、夫妻'观念以及封建秩序要求的'首孝悌，次谨信，泛爱众而亲仁'。因此，我们可以说姚木兰是'儒家女儿'。"③ 综合来看，林语堂塑造的姚木兰，是一个典型的儒道结合的人物。典型形象具有鲜明、生动、突出的个别性和广泛而深远的普遍性，是个别性与普遍性的有机统一。姚木兰身上既有道家的洒脱灵性，也有儒家近亲情重孝道的特点，是林语堂儒道思想结合的"宁馨儿"。断然把一个人物归结为道家或是儒家人物形象，并没有太大的意义，人物形象所蕴含的多种意义本来就不是泾渭分明、截然分开的。小说的人物是虚构的，因为在现实中不存在，但又是真实的，因为它蕴含着作家的情感、心理诉求。姚木兰这个人物是林语堂儒道思想完美结合的产物。她身上倾注了作者许多心血，是林语堂儒道思想结合的寄托。从立身处世来说，姚木兰是儒家女儿；从个人修养来说，姚木兰具有道家风范。这种性格的合成，颇符合林语堂"中国人成功时是儒家，失败时是道家"的说法。这个人物近于完美，在现实生活中是找不到的，所以林语堂借助人物形象塑造来集中体现其文化理想主义。

杜忠也是儒道融合的典型形象。杜忠，是林语堂小说《朱门》中塑造

---

① 林语堂. 林语堂名著全集（第十卷）[M]. 长春：东北师范大学出版社，1994：123.
② 朱东宇. 妻子与姬妾——《林语堂三部曲》人物论之二 [J]. 学术交流，1998（2）：107-111.
③ 赵英华，王玉. 再论姚木兰是"儒"而非"道" [J]. 哈尔滨师范大学社会科学学报，2013（4）：116-118.

的一个大儒形象。他精通中国文化，维护传统制度，在革命分崩离析之际，选择了独善其身。他曾谆谆教导女儿柔安，要她珍惜杜家先祖留下来的名声，认为这才是真正有价值的财产。他坚持自己的政治观念，因为他相信它，而不像许多前清的遗老遗少那样为了荣华富贵朝秦暮楚、左右逢迎。他极为轻蔑民国那些低能而无赖的新贵和旧贵，从不跟他们来往。在杜忠身上，林语堂寄托了以德性而非以政治见解评人论事的立场。杜忠把产业交给弟弟杜范林管，但他对杜范林唯利是图的经商态度极为不满，认为建水闸"这件事根本不对"，于是毅然拆除了水闸。在这里杜忠体现出重义轻利的美德，赢得了人们的尊崇和敬意。① "从'杜忠'这个人物的人生经历来看，简直就是孔子的化身。"② "身为儒家信徒"的杜忠在经历波折多变的人生后选择了"研究古雕刻、石碑和书板"，"把俗务交由弟弟掌管"，对地方和中央政治都一笑置之，显示出道家的处世态度。但是，他并未丧失儒家所赋予知识分子的清高和大义，他鄙视"混乱的共和政府，不识字的军阀，不学无术的官员"，看不惯弟弟和侄儿的损人利己，以隐居的方式表达其对现实生活的深深不满。作为一个具有深厚儒家道德修养的学者，杜忠以其"诚信忠心"的人格境界、充满仁爱之心的道德温情主义，体现了林语堂对在心灵深处的原始儒家伦理难以割舍的依恋和对孔子式温和近情且不乏古典情趣的道德人格的同情与赞赏。③

再如小说《赖柏英》中的谭新洛具有中国传统文化的众多优秀因子，他既秉承了父亲善良正直、清贫自守的儒家品格，又具有中国道家超脱享世的文化品质。④《红牡丹》中的梁孟嘉，身为翰林和幕僚受的是正统的儒家教育，但在精神和气质上却近于道家。⑤ 他蔑视世俗礼教，陶醉于自然山水，追求恬淡自适。《朱门》中的杜柔安，作为"朱门"内的一枝花，继承了父亲——儒家信徒杜忠的秉性，纯真、文静、心地善良而又富于热情。⑥

---

① 董燕. 林语堂文化追求的审美现代性倾向 [D]. 济南：山东大学，2005.
② 肖魁伟. 从林语堂小说《朱门》看"孔教乌托邦" [J]. 沂州师范学院学报，2011，27（1）：42-45.
③ 董燕. 林语堂文化追求的审美现代性倾向 [D]. 济南：山东大学，2005.
④ 蔡之国. 论林语堂小说的文化乌托邦特征 [J]. 世界华文文学论坛，2006（2）：12-15.
⑤ 董燕. 林语堂文化追求的审美现代性倾向 [D]. 济南：山东大学，2005.
⑥ 阎开振. 理想人格追求中的生命形态——论林语堂小说创作的人物构成 [J]. 中国现代文学研究丛刊，1995（2）：252-262.

杜柔安是西方自由爱情与中国传统家庭伦理的结合体。在中西互补前提下的儒道互补并不排斥西方文化的渗透，它不但包含道家的处世态度和儒家的伦理观念，而且容纳了西方的自由思想与人道主义精神。《唐人街》中的汤姆，在异域长大，既继承了父亲坚韧的品格，也获得了西方的"自由"意识。①

林语堂不仅仅相信理想人生是儒道融合的，他更主张理想人生必然要儒道互补。《吾国与吾民》是林语堂的代表作，在西方世界引起了极大反响。在这本书中，林语堂通过想象与虚构，以一幅幅富有诗意的文化图景勾勒了一个近乎乌托邦的完美中国形象。林语堂还说："因是当顺利发皇的时候，中国人人都是孔子主义者；失败的时候，人人都是道教主义者。孔子主义者在吾们之间努力建设而勤劳，道教主义者则袖手旁观而微笑。"②在《吾国与吾民》这部文化评论专著中，类似的表达比比皆是。完美的中国形象离不开儒家和道家，二者相互补充、互相完善，缺乏任何一方都不完美。在《老子的智慧》中，林语堂通过儒家和老子的对比，比较出儒道的差别，进而论述了两者互补的必要性和互补的前景。③ 现代文学研究者杨义也认为，相对于儒家文化而言，"林语堂更多地从心理需要和感情补偿的角度，理解道家在中国文化史的价值和作用"④。

归根结底，林语堂思想的落脚点还是主张理想人生要回归到现实生活中，在社会中寻求生命的意义。儒家思想是主体、支撑，道家思想起到补充、调和的作用。最重要的是，林语堂认为，儒家最精彩的地方往往饱含道家的精神。他曾借柳先生的话说："我于儒家之儒，认为小人儒，于儒家之道，才认为君子儒。实际上讲礼的多，讲仁的少，所以我也看不大起儒家了。儒家之唯一好处，就是儒教中之一脉道教思想。孔子之伟大就是因为他是超乎儒教的道家。"⑤ 由此，林语堂明确提出："为什么我不可以透过

① 阎开振. 理想人格追求中的生命形态——论林语堂小说创作的人物构成 [J]. 中国现代文学研究丛刊, 1995（2）：252-262.
② 林语堂. 林语堂名著全集（第二十卷）[M]. 长春：东北师范大学出版社, 1994：52.
③ 赵阿丽. 《苏东坡传》：跨语际写作中的文化铸造与国民性探索 [D]. 武汉：中南民族大学, 2016.
④ 杨义. 道家文化与中国现代文学 [J]. 中国社会科学, 1997（2）：147-161.
⑤ 林语堂. 四谈螺丝钉 [M] // 林语堂. 林语堂名著全集（第十八卷）. 长春：东北师范大学出版社, 1994：194.

道家的眼来看孔子的教训？"① 林语堂既看到儒道之区别，也看到儒道之合流，他的眼光时常转换，不拘一格。研究者施萍说："林语堂可以说是现代文学史上用道家思想来化解儒家伦理道德的最自觉的作家。"②

通观林语堂的作品，可以看出林语堂的思维模式基本上是儒道比较、儒道融合、儒道互补，其中儒道融合是主要内容。林语堂有这样的话："文章可幽默，做事须认真。""努力工作，尽情享受。""行为尊孔、孟，思想服老、庄。"这都是将儒家和道家并观，从而得相互参照和相得益彰之妙。③由上可知，林语堂的儒道融合观有两个特点，一个是儒道并举，一个是以道释儒。他将儒道视为中国文化两大主脉，同时视儒家文化为主体，不足之处由道家思想补充修正。

四 复兴儒学，和现代新儒家殊途同归

林语堂的儒家文化思想，不可避免地会打上时代的烙印。在时代思潮涌动之际，林语堂的儒家文化思想并不孤单，抹上了一缕现代新儒家的色彩。现代新儒家是 20 世纪以来在中西文化的冲突和融合中应运而生的现代学术思想流派。"1986 年，方克立先生在同李锦全先生合作组织'现代新儒学思潮'研究项目时，曾这样定义现代新儒家：'现代新儒家是在本世纪 20年代产生的以接续儒家"道统"为己任，以服膺宋明儒学为主要特征，力图用儒家学说融合、会通西学以谋求现代化的一个学术思想流派。'"④ 颜炳罡认为："新儒学是以儒家文化为主体，通过汲取西方文化和印度文化的有益因素，促使儒学走向现代、走向世界的文化思潮。它所形构的理论是与胡适等的科学主义相对应的儒家式的人文主义。'忧患意识'是这股思潮的出发点，'返本开新'是其建立理论体系的重要手段，再度复兴儒学是其直接的目标。'儒家主位主义'、'道德的中心主义'、'内在的生命主义'、'即理性而超理性主义'是这股思潮的总特征。"⑤ 如果以此为一个基本参照来观察林语堂的儒家文化思想，会发现林语堂的儒家文化思想和现代新儒

① 林语堂. 信仰之旅 [M]. 胡簪云译. 成都：四川人民出版社，2000：73.
② 转引自王兆胜. 林语堂的中国文化观 [J]. 东岳论丛，2009，30（7）：79-86.
③ 转引自王兆胜. 林语堂的中国文化观 [J]. 东岳论丛，2009，30（7）：79-86.
④ 干春松. 新儒学：30 年回顾与反思 [J]. 中国人民大学学报，2015（5）：1.
⑤ 颜炳罡. 试述当代新儒家的基本特质及其精神 [J]. 文史哲，1992（3）：66-73.

家具有部分的一致性。

其一，二者的文化立场具有一致性。现代新儒家开创者梁漱溟认为西方物质文化是低级形态的文化，中国的精神文明是高级形态的文化。现在是西洋文化的时代，接下来便是中国文化复兴为世界文化的时代。① 现代新儒家另一代表人物熊十力说："今日人类渐入自毁之途，此为科学文明一意向外追逐、不知反本求己、不知自适天性所必有之结果。吾意欲救人类，非昌明东方学术不可。"② 无论是梁漱溟的儒家文化复兴论，还是熊十力的儒家文化救世论，都力倡继承儒家文化继而发扬光大。

林语堂同样对中国文化充满信心，他说："我认为儒家思想是具有其中心性，也可以说有其普遍性的。儒家思想的中心性与其人道精神之基本的吸引力，其本身即有非凡的力量。"③ 林语堂和现代新儒家学者都对儒家思想有信心，他们以民族为本位，站在世界的视野中看待儒家文化。他们认为儒家文化始终具有价值，对于世界会产生良好的影响。林语堂和现代新儒家具有相同的民族本位、儒家主位的文化立场。这种立场来源于儒家本位主义，实质就是用儒家文化的立场和标准去评判西方文化乃至世界上任何一种文化，决定对外来文化的取舍和吸收，确立儒学在文化中的支配和领导地位。④

其二，林语堂和现代新儒家都推崇直觉的思维方式。梁漱溟说："'仁'就是本能、情感、直觉，是已经说过的了。在直觉、情感作用盛的时候，理智就退伏；理智起了的时候，总是直觉、情感平下去；所以二者很有相违的倾向。"⑤ "大约理智是给人作一个计算的工具，而计算实始于为我，所以理智虽然是无私的，静观的，并非坏的，却每随占有冲动而来。因这妨碍情感和连带自私之两点，所以孔家很排斥理智。"⑥ 而林语堂认为，"中国人的思考以直觉的洞察力和对实体的全面反应为优先；西方人则以分析的

① 颜炳罡. 试述当代新儒家的基本特质及其精神［J］. 文史哲，1992（3）：66-73.
② 熊十力. 熊十力全集（第四卷）［M］. 武汉：湖北教育出版社，2001：294.
③ 林语堂. 林语堂名著全集（第二十二卷）［M］. 长春：东北师范大学出版社，1994：1.
④ 颜炳罡. 试述当代新儒家的基本特质及其精神［J］. 文史哲，1992（3）：66-73.
⑤ 梁漱溟. 梁漱溟全集（第一卷）［M］. 济南：山东人民出版社，2005：455.
⑥ 梁漱溟. 梁漱溟全集（第一卷）［M］. 济南：山东人民出版社，2005：455.

逻辑思考为优先，执着于抽象分析的思维方式"①。西方人甚至认为非经过逻辑推演或非经过科学方法证实的，不能算是真知识。直觉或直觉的洞察力在西洋逻辑系统中是没有地位的。林语堂和梁漱溟都认为儒家思想的重要特点是直觉，看重"生生不息"概念，注重人的生活、意欲不断得到满足的过程。

其三，林语堂和梁漱溟都相信儒家孔门之学重人伦日用。梁漱溟说："平常人主张孔子的，攻击孔子的，多讲'三纲五常'，以为这就是孔子的精神所在，其实这原是与孔子的真面目不大相干的。……打算主张孔子，或攻击孔子，要根本的着眼在他的生活上才是……"② 林语堂和梁漱溟都指出，中国传统社会讲求的不是个人本位，也非社会本位，而是伦理本位。伦理本位的伦理不限于家庭。本来，伦理是只限于家庭骨肉亲情而言的，但是中国的伦理关系不止于家庭，而是把一切社会关系都伦理化，把血缘骨肉之情推及一切社会关系。这样，人的各方面的社会关系都伦理化，众人都通过伦理关系联结起来。

其四，我们也要看到，林语堂对孔子的认识和新儒家思想有共通之处。现代新儒家代表人物梁漱溟认为自己发现了孔子之真："孔子的精神体现在孔子的人生态度中，孔子的人生态度是一不认定不计算的态度，就是不计利害的生活态度，就是乐的生活态度。这种态度就是遇事当下随感而应，这种随感而应不是靠事智，而是靠直觉，所以孔子是一任直觉。"③ 另一位现代新儒家代表人物冯友兰也在《中国哲学史》中说："孔子注重人之有真性情，恶虚伪，尚质直；故《论语》中屡言直。……直者内不以自欺，外不以欺人，心有所好恶而如其实以出之者也。"④ 又说："《论语》中言仁处甚多，总而言之，仁者，即人之性情之真的及合礼的流露，而即本同情心以推己及人者也。"⑤ 林语堂和现代新儒家思想的相似性，集中在对孔子的认识上，出发点就是人性、真性情、同情心。另外，冯友兰指出，中国哲

① 杨仁敬. 略论中美现代文化交融的三种模式——以赛珍珠、林语堂和汤亭亭为例 [J]. 外国语言与文化, 2017, 1 (1): 58-65.
② 梁漱溟. 梁漱溟全集（第四卷）[M]. 济南：山东人民出版社, 2005: 776.
③ 颜炳罡. 当代新儒学引论 [M]. 北京：北京图书馆出版社, 1998: 19-20.
④ 冯友兰. 中国哲学史（上册）[M]. 上海：华东师范大学出版社, 2000: 58.
⑤ 冯友兰. 中国哲学史（上册）[M]. 上海：华东师范大学出版社, 2000: 60.

学的主要传统是既入世又出世。

其五，在某种意义上，现代新儒家和林语堂都属于文化保守主义者。他们都持中体西用的基本态度，固守儒家文化，在传统中寻找新的力量。他们不同意"全盘西化"，也不主张抱残守缺、故步自封。他们坚持儒家文化是中国文化的脊梁，在新的时代面前，由于缺乏新的活力和动力，儒家文化要保持自己的文化主体地位，需要对自身进行改造，以适应新世界的需要。林语堂认为，中国文化具有优先权，在此基础上融合西方文化的优点，才能够对世界和平产生有利作用。

综上所述，林语堂和现代新儒家思想，在民族文化的本位立场、推崇直觉的思维方式、重人伦日用、对孔子的认识、中体西用的态度方面都具有高度的一致性。在中华文化受到西方文化冲击的时候，他们都能坚守儒家文化立场，固本开新，在儒家文化自身元素中寻找新的力量，以期对世界、社会做出新的回答。"现代新儒学既是中国两千多年儒学发展演变过程中的一个环节，又是在特定历史条件下中国文化（儒家文化）的新开展，也适足构成了现代思想文化的重要部分。"① 现代新儒学是一种广义的文化思潮、文化运动，在此思潮的影响之下，林语堂对现代新儒家的思想进行演绎并不是偶然的。但是，现代新儒学是一个学术思想流派，偏重于哲学思考，建立哲学理论体系，而林语堂是文学家，主要是创作文学作品，并没有形成独立的哲学思想，所以二者是有差别的。林语堂不是哲学家，不喜欢专业的哲学术语，不耐烦抽象的推理演绎，但他把哲学思想都融入他的作品中，以浸润他塑造的人物，成为现代新儒家思想的另外一种阐释方式。

第二节 林语堂儒家文化思想的阐释特色

唐弢曾经说过："他（林语堂）谈儒家，谈道家，谈中国文化，我总觉得隔着一点什么，好像在原来事物的表面涂上一层釉彩似的。"② 的确，林语堂对中国传统文化的看法有偏差，可以说他的儒家文化思想是一种变异

---

① 刘雪飞主编. 现代新儒学研究 ［M］. 北京：中华书局，2003："导言" 1.

② 唐弢. 林语堂论 ［J］. 鲁迅研究动态，1988（7）：44-48.

的儒家文化思想。林语堂的儒家文化思想和中国传统儒家文化思想有什么差异？其中发生了哪些变异？为什么会发生这样的变异？林语堂儒家文化思想呈现出变异的色彩，表现为创造性转化和现代性阐释两种特点。本节拟对这些问题展开论述。

一　创造性转化：过滤后的林语堂儒家文化思想

林语堂的儒家文化思想是经过了文化过滤后的创造性转化的。我们先来看文化过滤的含义。文化过滤是比较文学中变异研究的一种方法，"文化过滤是研究跨异质文明下的文学文本事实上的把握与接受方式，它是促成文学文本发生变异的关键。文化过滤指文学交流中接受者的不同的文化背景和文化传统对交流信息的选择、改造、移植、渗透的作用。也是一种文化对另一种文化发生影响时，接受方的创造性接受而形成对影响的反作用"①。文学是一种创造，思想是一种创造性接受。正如金丝燕指出的："接受本身就是批评。每一次接受，接受者都有意无意地作了选择。而文化框架在文学接受中默默起着过滤作用。"② 林语堂儒家文化思想经过文化过滤，主要体现出三种形态：改造、渗透、移植。

林语堂在接受儒家文化思想的时候，在其西方教育的文化框架之下，无形中对儒家文化进行了改造。中国儒家文化具有人文精神传统这一认识得到普遍认可，但是如此明确提出儒家文化是"中国的人文主义"，并且给予高度的评价，向世界宣扬的，唯有林语堂。林语堂突出儒家思想的人文精神，并且不断放大、肯定，体现出林语堂思维的惯性——中西比较。鉴于林语堂西方教育的背景，他在面对儒家文化的时候，不自觉地将其与西方文化相对应，自然而然地找到了"人文主义"这样一个光点。在中国传统文化之中，儒家文化确实以人本主义著称，于是他将二者合而为一。可以说，这是一种有意为之的改造，也是一种无心为之的创造。

对于中国传统文化与人文主义之间的关系这个问题，英国哲学家阿伦·布洛克否定中国传统文化与人文主义联系的可能性，而有的西方学人

① 曹顺庆主编．比较文学教程［M］．北京：高等教育出版社，2006：99.
② 金丝燕．文学接受与文化过滤：中国对法国象征主义诗歌的接受［M］．北京：中国人民大学出版社，1994：2.

则肯定"以儒学为主流的中国传统文化是以世俗生活为内容的伦理文化，中国伦理文化不追求超越世俗的彼岸宗教信仰。因而，中国文化是'远东的人文主义'"①。中国学者庞朴认为中国传统文化精神本质上是人文主义思想的体现，李宗桂认为人文主义是中国文化的基本精神之一。② 林语堂凸显儒家思想人文主义特征，抓住了儒家文化的核心价值。但是，儒家是伦理教化型的人文主义。儒家重人道而轻神道，所以不是宗教神学，而是人文主义学说。儒家的人文主义不同于西方的人文主义，前者注重家庭和社会伦理，后者注重个人自由与理性。③ 林语堂将儒家文化塑造为"中国的人文主义"，多少有一点改造的意味在里面。另外，林语堂对孔子形象的塑造也是一种改造。他将孔子塑造成为一个有喜怒哀乐、内心情感丰富的人。林语堂赋予孔子儒家积极入世、维护礼仪制度的特点，也给予他"无可无不可"、恬然自适的道家色彩，同时使他具有基督徒仁爱、良知的一面，也饱有英国绅士风度。这样，经过林语堂改造后的孔子形象能够被西方世界人民所接受。

林语堂的儒家文化思想渗透着西方的文化理念和道家思想。林语堂的"仁学观"，应和了林语堂内心深处的个人主义、自由主义思想。

首先，林语堂把"仁"的本义和西方的解释相对应。"仁"是中国儒学的一个范畴，那在西方思想界有没有类似的范畴呢？他说："仁的本义应当是他的纯乎本然的状态……在普通英文的用语里，我们说我们的相识之中谁是一个 real man 或 real person，此词的含义则极为接近'仁'字。"④ 同时，林语堂将英文的"人"的数种意义进行列举："我想仁本有二义：一是人人本有的人性，二是指仁爱的仁。这两种意义连贯在英文，'人'字也同样演出 Human. Haumane. Humantarian. 数义。因为是人所以有仁者的存心。在人的理想方面，仁者是能充量发挥人的本有的明德的完人。所以欲明明德，是因为人本有可贵的本性，常为习俗所移，物欲所蔽，失了这本有的

① 尤西林．人文科学导论［M］．北京：高等教育出版社，2002：35.

② 陆卫明，吕菲．先秦儒学"以人为本"思想诠释［J］．西北大学学报（哲学社会科学版），2017，47（1）：141-146.

③ 焦玉琴．比较神学与中国多元宗教文化——以汉魏两晋南北朝时期儒释道关系为例［J］．民族论坛，2014（4）：18-22.

④ 林语堂．林语堂名著全集（第二十二卷）［M］．长春：东北师范大学出版社，1994：11-12.

人性。想要做，而每每做不到。所以君子应无终食之间违仁，颜回也只能三月不违仁。"① 林语堂还将"仁"的理想和西方理想进行比较："照这个字审慎的用法，儒家仁人——最好的人——的理想，是罗马迦特力教会'圣徒'在人道主义上的配对。"② 在这里，林语堂对"仁"做了横向的解读，突出了"仁"的人文性特点。"仁"并不遥远，也并不空疏，"仁"就在我们自己身上，就在你我的身边。儒家非宗教的人道主义就是仁道，是社会群体的凝聚力和道德基础。

其次，同样都是中国传统文化资源，林语堂又将"仁"和道家思想相对应。一方面，林语堂承认"仁"的社会性；另一方面，他并不满足，他的思想深处又有浓郁的出世情结。林语堂说："推敲其用'仁'字，是与知相反，是主静的，主安的，故有'仁者静'，'仁者安仁'，'天下归仁'，'君子无终食之间违仁'，仁可以归，可以违，可以安，是静不是动，而这静不就是道家本色吗？"③ 道家提出通过"返璞归真"来克服异化现象，保持人性的本然淳朴和社会的平和宁静。而儒家强调以他人和社会为重的精神，主张积极入世、有所作为。林语堂为"仁"字赋予了道家的含义，一方面说明儒道本就相融相通，另一方面说明林语堂对儒家核心观念"仁"的理解体现了其儒道互补的思想端倪。

最后，林语堂对儒家思想的重要概念——"中庸"进行了移植。关于对"中庸"的理解，林语堂有一段精彩的阐述："我以为半玩世者是最优越的玩世者。生活的最高典型终究应属子思所倡导的中庸生活。他即是《中庸》作者，孔子的孙儿。与人类生活问题有关的古今哲学，还不曾发现过一个比这种学说更深奥的真理。这种学说，就是指一种介于两个极端之间的那一种有条不紊的生活——酌乎其中学说。"④ 林语堂将儒家的"中庸"思想移植到现代生活中，俨然成为理想的生活审美追求。他讲述的"半半"，是大道之行的中庸，却又彰显着自己的个性；他对儒家思想"中庸"

① 林语堂. 论泥做的男人［M］//林语堂. 林语堂名著全集（第十六卷）. 长春：东北师范大学出版社，1994：48.
② 林语堂. 林语堂名著全集（第十卷）［M］. 长春：东北师范大学出版社，1994：98.
③ 林语堂. 四谈螺丝钉［M］//林语堂. 林语堂名著全集（第十八卷）. 长春：东北师范大学出版社，1994：193.
④ 林语堂. 林语堂名著全集（第二十一卷）［M］. 长春：东北师范大学出版社，1994：117.

的赞美、宣扬，实际上是西方生活观念的呈现。林语堂把这种"中庸生活"看作最理想的生活，认为它"最近人情"，能使人们的精神达到"最为快乐"的状态。综上所述，林语堂把道家的人生哲学与中道观糅合进了儒家中庸观，以儒家中庸观为骨架，渗入了道家自由、任情以及西方个人主义的精神，建构起了他心目中的"中庸观"。这个"中庸"，既中既西又不中不西。林语堂借"中庸"表达了自己的生活理想。这样的移植，是从古代向现代的移植，是以儒家文化核心概念"中庸"为体，以现代主义自由思想为用。当然，这样的"中庸"显然已经和孔子说的"中庸之为德也，其至矣乎！"① 大相径庭。"中庸"已经失去终极伦理、道德准则的意味，而变得世俗化、生活化；"中庸"变成博采众长为我所用，而非"致广大而尽精微，极高明而道中庸""正己正人""成己成物"的"中庸"。

林语堂儒家思想经文化过滤后表现出三种形态：改造、渗透、移植。这源于现实语境的制约、语言差异的过滤、文化身份的迷失和转变、文化传统的影响。这种变异是个人的主观解读，是对传统文化的创造性转化。没有这样的转化，儒家文化就不容易被西方世界所接受。林语堂一生试图复活先秦儒家的形上智慧，畅通、光大民族文化生命之大流，他的努力值得我们学习。

二　现代性阐释：误读后的林语堂儒家文化思想

什么是文化误读？"文化在传播和接受过程中会因文化过滤的原因而造成发送者文化的损耗和接受者文化的渗透，这样也就会因发送者文化与接受者文化之间的差异而造成影响误差，或者叫创造性接受，这就形成误读。"② 文化误读是文化传播和接受过程中诸多因素合力的产物。林语堂的儒家文化思想是一种文化误读，体现在三个层面。

首先，林语堂对于儒家文化某些概念的认识显得不够深刻。这使林语堂儒家文化思想不是那么纯粹、原汁原味。比如"诚"。诚是一个形声字，《说文解字》："诚，信也。从言，成声。"③ "诚"意谓对待人们要诚实讲信

---

①　阮元校刻．十三经注疏（第五卷）［M］．北京：中华书局，2009：5385.

②　曹顺庆等编．比较文学论［M］．成都：四川教育出版社，2005：191.

③　许慎著．说文解字［M］．杭州：浙江古籍出版社，2016：70.

用。《礼记·中庸》就说："诚者，天之道也；诚之者，人之道也。"① 儒家思想认为"诚"是天的根本属性，努力求诚以达到合乎诚的境界则是为人之道。"诚者，物之终始；不诚，无物。"② 一切事物的存在皆依赖于"诚"。亚圣孟子也说："是故，诚者，天之道也；思诚者，人之道也。"③ 又说："反身而诚，乐莫大焉。"④ 认为反省自己以达到诚的境界，就是最大的快乐。荀子虽"不求知天"，但也把"诚"看作进行道德修养的方法和境界。程朱理学认为，"诚"是通过持敬所要达到的纯然天理的状态和境界，"诚"时，人们心中只有天理，就不会被外界事物所累，心中的邪念也就不复存在了。有研究者指出："总之，诚作为《中庸》哲学核心，经历了产生、演变到确立为哲学范畴的过程，经历了由一般德性之义上升到本体论哲学高度的思维过程，以及被赋予哲学和伦理学双重意义的过程。至《中庸》诚已成为具有完备理论体系的哲学范畴，它既是天之'体'与天之'用'的合一，又是天人合一的境界。"⑤ 林语堂将"诚"理解为充分发挥人的完美个性，他说："文德乃指文人必有的个性，故其第一义是诚，必不愧有我，不愧人之见我真面目，此种文章始有性灵有骨气。"⑥ 由此看来，林语堂的理解还不够准确和深刻，缺乏历史深度，具有局限性，仅仅从现代意义上进行了解释，并没有从儒家文化的内涵进行说明。

其次，林语堂对儒家文化的认识有偏差。林语堂提出儒家文化是"中国的人文主义"，本身就是一种错位、一种误读。这种定义，实际上是赋予了儒家文化思想西方色彩，是林语堂的西方思想和中国意识的产物。儒家思想确实有人文精神，但是林语堂认定儒家文化是"中国的人文主义"，夸大了儒家思想的人文特点，是他的西方思想发挥作用的结果，是他片面认识儒家文化造成的。林语堂对"中庸"的定义，令人深刻的印象是林语堂的生活理想："住在一所英国的乡间住宅，雇一个中国厨子，娶一个日本妻

① 阮元校刻.十三经注疏（第三卷）[M].北京：中华书局，2009：3542.
② 阮元校刻.十三经注疏（第三卷）[M].北京：中华书局，2009：3544.
③ 阮元校刻.十三经注疏（第五卷）[M].北京：中华书局，2009：5919.
④ 阮元校刻.十三经注疏（第五卷）[M].北京：中华书局，2009：6015.
⑤ 吴凡明，杨健康，龙跃君.《中庸》诚说探析[J].湖南大学学报（社会科学版），2000，14（4）：16-20.
⑥ 林语堂.林语堂名著全集（第十四卷）[M].长春：东北师范大学出版社，1994：186.

子，结识一个法国情妇。"① 这是中国人传统意义上的"中庸"吗？显然不是，林语堂是透过西方文化来看"中庸"的，这个"中庸"充满了自由主义、浪漫主义、西方中产阶级味道。所以唐弢才会说："原来林语堂先生也和胡适一样，是用西方的眼睛来看中国人、看中国文化、看中国的儒家和道家的，但他有的不是一般西洋人的眼睛，而是西洋传教士的眼睛。"② 林语堂对宋明理学的认识也有偏差。从儒学自身发展来看，作为一种哲学思潮或者儒学复兴运动，理学所强调的义理之学，是对汉唐儒学的一种反动，表现出一种想要摒弃汉唐训诂之学而直接面向经典、回复圣人之道的气势，颇有一点"文艺复兴"的味道。③ 但是，林语堂对宋明理学的全盘否定没有一丝一毫的余地，这显然也是对中国文化了解不全面所致。

　　由于以上的原因，林语堂的儒家文化思想遭遇了国人的批评。林语堂自称"半路出家"的中国教育再加上其个人信仰，使他的思想容易引起其他人的攻击。郭沫若就曾经在文章中指出："最幽默的是大师（林语堂）要青年读《易经》。他说：'《易经》为儒家精深哲理所寄托，非懂《易》，不足以言儒。'但大师自己呢？却'还是未窥其涯略'的。你既'未窥其涯略'，何以晓得它的'哲理''精深'，而为二十世纪的中国青年所必读的典籍呢？""这种议论倒并不算得怎么新奇，因为我们仿佛又看见了一位穿西装、吃大菜、在中国用英文讲演的摩登辜鸿铭而已。"④

　　最后，林语堂对于儒家思想采用"为我所用"的态度。林语堂对于儒家思想的认识更多从人性关怀、生命意识角度展开，比较少地从历史责任、国家民族命运角度来看待儒家文化。林语堂推崇孔子"无可无不可"的人生哲学，从儒家学说中发掘出了这一资源，又在剔除道家人生观方面之虚无主义倾向的前提下，汲取了道家文化强调个体精神自由的思想营养；在扬弃儒家文化重群体、重等级等基本原则和特征的前提下，继承了儒家文化重视个体主动性和意志力的人生态度。林语堂弱化了儒家的群体观、家

① 林语堂. 英国人与中国人 [M] //林语堂. 林语堂名著全集（第十五卷）. 长春：东北师范大学出版社，1994：11.
② 唐弢. 林语堂论 [J]. 鲁迅研究动态，1988（7）：44-48.
③ 嵇道鑫. 宋明理学，学贵理明——《宋明理学》教学中疑难点的化解 [J]. 学周刊，2012（12）：154.
④ 郭沫若. 啼笑皆是 [M] //郭沫若著作编辑出版委员会编. 郭沫若全集（第十九卷）. 北京：人民文学出版社，1992：400-401.

国观，强化了其个体独立的一面。林语堂关注儒家思想的切入点就是西方文化，凡是二者可以契合之处，他就大做文章，比如"中国的人文主义""中庸"。林语堂一方面对孔孟及他们的思想持肯定态度，另一方面也利用中西文化的充分融合重铸新的儒家文化思想。

任何作品都是一定历史时代的产物，当然也是具有历史性和时代性的，是为满足读者的需要而产生的。传播既受制于历史时代，也超越历史时代。林语堂按照自身的文化传统、思维方式和自己所熟悉的一切去解读儒家文化，从而产生理解上的错位，按其所需地加以切割、加工，解读出儒家文化本没有的意义。林语堂对儒家文化思想的误读，在削弱儒家思想时代性和历史感的同时又强调了儒家思想的地域性和民族性。

三　林语堂儒家文化思想变异的缘起和价值

由此可知，林语堂儒家文化思想是在社会现实的基础上，通过儒道思想的融合以及西方基督教思想和自由主义的渗透而变异产生的特殊状态。那么，发生这种变异的原因是什么呢？

一是现实语境的制约。林语堂所处的政治、文化环境以及地域文化的影响，在本书第二章中已经详细分析。这里想要突出说明两点。第一点，现实语境促使林语堂对儒家文化做出新的判断。中国的 20 世纪是群体价值和个体价值不断发生对峙的时代，也是中西文化、新旧文化交错的时代。文学作为一种非常个人化的活动，不仅要求作家在个性、感受、表达等方面拥有自己的天地，而且要求作家的世界观、人生观拥有真正属于自己的思想支点。面临"五四"新文化运动影响后的这样一个变化的时代，作为作家的林语堂必须做出回应。第二点，基于现实的语境，林语堂对儒家文化的判断注定有波折、有矛盾、有偏差。而这种不得已开的花结的果，有时候反而成为命运的幸运儿。现实是充满矛盾的，比如 20 世纪 20 年代，文化界提出"打倒孔家店"，后来复辟政府又提出"尊孔读经"。比如郭沫若，对待儒家文化的态度不也是前后大相径庭吗？20 世纪 20 年代留学欧美的中国人，后来在文化立场上都有些错综复杂，彻底西化很难做到，于是又攀缘于祖邦的固有文化，试图找一个可以立足的平衡点，期于不倒。他们既可以说是不同文化折中的牺牲者，也可以说是幸运儿，他们善于发现文化优势并兼容并包。而林语堂，就自觉做到了"对中国人讲西方文化，对西方人讲中国文化"，在中西世界回旋腾挪，反而成就一番事业。

二是文化身份的迷失和转变。当林语堂回国以后，他面临的处境就是投入中国传统文化的洪流之中。此时他的心理情况非常复杂。其中有愤怒，也有兴奋，他说："我只得有半路出家的中国教育和西洋教育。……因此之故，中国对于我有特殊的摄力，即如一个未经开发的大陆，而我随意之所之，自由无碍，有如一个小孩走入大丛林一般，时或停步仰望星月，俯看虫花。我不管别人说什么，而在这探险程序中也没有预定的目的地；没有预定的游程，不受规定的向导之限制。如此游历，自有价值，因为如果我要游荡，我便独自游荡。我可以每日行卅里，或随意停止，因为我素来喜欢顺从自己的本能，所谓任意而行；尤喜欢自行决定什么是善，什么是美，什么不是。"① 当林语堂到美国之后，他转而表现出对中国传统文化的依恋、自信。不同时间、不同空间文化心理的差异、变化，使林语堂对儒家文化表现出一种矛盾的心态，有时候在文字上也表现出前后不一致。既有对儒家文化的大力赞美，也有对孔子的批评指正；既有对"中庸"国民性的痛恨鞭挞，又对"中庸之道"推崇备至。这一切都出于真诚，出于一个作家对于自己认识的坦白。林语堂自己也承认，"我喜欢剥去孔子及儒家某些他们早已被曲解的意见和信仰"，"我只能写出我自己对它的悟解及我自己对它的评价和阐释"。②

三是语言差异的过滤。文化借语言而表达，语言是文化的载体和表现形式。林语堂将中国传统文化翻译成英文，在语言的转换中进行了文化转换和文化交流。在多元文化之中，文化交流意味着不同的文化之间必然会有冲突与对抗，从而形成影响与接受之间相互损耗的局面。除了语言差异，林语堂中西合璧的家庭教育、生长环境也是他对儒家文化进行过滤和误读的原因。林语堂曾自述："在造成今日的我之各种感力中，要以我在童年和家庭所身受者为最大。"③ 无论小学、中学、大学，还是后来的西方留学经历，都有林语堂无法选择的西式教育背景。林语堂的基督教文化背景、受到的西方文化的影响，降低了其对中国传统文化认同和批判的准确性。

① 林语堂．林语堂名著全集（第十卷）［M］．长春：东北师范大学出版社，1994：33.
② 林语堂．林语堂名著全集（第十卷）［M］．长春：东北师范大学出版社，1994：88.
③ 林语堂．林语堂名著全集（第十卷）［M］．长春：东北师范大学出版社，1994：4.

下面来讨论林语堂变异的儒家文化思想的价值所在。

首先，林语堂在阅读中延伸、选择、扩大了儒家思想的意蕴和意义，创造出新的思想。他用自己的作品丰富和完善了儒家文化思想，从儒家文化发展的角度来看，《子见南子》的发表还意味着一种崭新孔子观的发轫。历代文人都是从仰视的角度来观察自己的祖师爷孔子的。在"五四"新文化运动中，孔子却作为攻击对象被赶下了历史的舞台。此时的林语堂既反对复古，又有自己的孔子观，这需要很大的胆量。林毓生说："20世纪中国思想史的最显著特征之一，是对中国传统文化遗产坚决地全盘否定的态度的出现与持续。"有人提出"打倒孔家店""打倒孔老二"，而林语堂的孔子观，代表着对孔子的重新认识，即从圣人气象到凡夫俗子的转换。施建伟认为："(《子见南子》)剧本在孔学研究上的意义是，标志着一种标新立异的孔子观的诞生，这是孔子研究中的一条新路。"①

其次，林语堂将具有儒家文化特色的审美意识输入西方，将儒家思想的核心内容渗透进西方。王兆胜说："林语堂向外国人介绍中国文化有其独特之处，这是最值得重视的方面。我认为核心问题有三：一是林语堂能够捕捉到中国文化的神髓，并以简约的形式传达给西方读者……"② 施建伟谈道："伟大的'五四'新文化运动以来，中国文化界经历了一次又一次的分化。这种分化，深刻地体现了中国知识分子以及整个中华民族在其醒觉过程中的曲折性和艰巨性。如果说，鲁迅成为无产阶级的文学家是代表了分化的一种结果，那么，林语堂的复杂经历则体现了分化后的另一种结果。"③ 林海音对林语堂的评价更高："本世纪的中国人能成为世界性作家学者的，我以为只有林语堂一人。"④

最后，经过过滤和误读的儒家文化思想具有普遍性。一是解决现代"意识危机"，有益于现世人生；二是体现民族智慧，强调人文关怀。林语堂就是一个现代的"孔子"。孔子周游列国，游说君主，理想抱负没有受到当政者的重视，在政途上郁郁不得志，最后还是回杏坛讲学。林语堂在参

① 施建伟.林语堂传 [M].北京：北京十月文艺出版社，1999：230.
② 王兆胜.林语堂 两脚踏中西文化 [M].北京：文津出版社，2005：115.
③ 施建伟.林语堂在大陆 [M].北京：北京十月文艺出版社，1991："前言"3-4.
④ 林海音.林语堂著作等身 [M]//萧南选编.衔着烟斗的林语堂.成都：四川文艺出版社，1995：40.

与政治屡受打击以后，归来做学问。孔子编辑整理中国传统文化，而林语堂则整理中国传统文化并向世界传播。孔子重视教育，是中国的"至圣先师"，而林语堂也非常重视教育，有自己的英语学习方法，担任过南洋大学校长。在对文化的态度上，他们是一致的，孔子对中国文化的整理，斯文在兹。有人说，从孔子开始，中国的文化才传播出去。由于历史条件的进步，林语堂在西方世界把中国文化传播出去，是对孔子的文化思想的推进。施建伟说："林语堂在中国文化史和文学史上的作用和地位——我认为——主要不在于他在'分化'时的表现，而在于'分化'后，他作为中国文化走向世界的一个先驱者，为中西文化的交流而在世界文坛上所进行的锲而不舍的努力。"①

　　林语堂变异的儒家文化思想是中西文化交流后的产物，在文化传播过程中产生了特殊的效果。总体来说，林语堂对于中国儒家文化思想的传播起到了积极的作用。林语堂宣传的中国文化，因契合了西方人的阅读习惯、思想立场，为西方人所接受并受到广泛的欢迎。正如赛珍珠选择林语堂来写一本描写中国的书，是因为林语堂是中国人，英文又好，既熟悉中国又了解西方。在《吾国与吾民》面世以后，赛珍珠评论道："它满足了我们一切热望底要求，它是忠实的，毫不隐瞒一切真情。它的笔墨是那样的豪放瑰丽，巍巍乎，焕焕乎，幽默而优美，严肃而愉悦。对于古往今来，都有透彻的了解与体会。我想这一本书是历来有关中国的著作中最忠实、最巨丽、最完备、最重要底成绩。尤可宝贵者，他的著作者，是一位中国人、一位现代作家；他的根蒂巩固地深植于往昔，而丰富的鲜花开于今代。"②美国《读者文摘》创办人德威特·华莱士说他了解中国文化是通过孔子，了解孔子是通过林语堂，称颂林语堂是一位多才多艺、成就非凡的文人，是使人们生活过得更丰富的国际文化人士。③事实证明，林语堂确实对中国传统文化的宣扬做出了巨大的贡献。

　　综上所述，林语堂的儒家文化思想，是经过中西方文化过滤和文化误读后的儒家文化思想。林语堂强调为文与做人的统一，塑造尽善尽美的艺

---

① 施建伟. 林语堂在大陆［M］. 北京：北京十月文艺出版社，1991："前言"4.
② 林语堂. 林语堂名著全集（第二十卷）［M］. 长春：东北师范大学出版社，1994：赛珍珠序5-6.
③ 陈煜斓. 林语堂的民族文化精神［M］. 北京：中国华侨出版社，2007："导论"4.

术形象，一生笔耕不辍，有儒者风范。没有文化过滤和文化误读，就没有林语堂变异的儒家文化思想，他的思想是对儒家思想的创造性转化和现代性阐释。林语堂的儒家文化思想，始终是在西方文化框架之内的思考，这是他个人的选择，也是历史必然和偶然的结合。唯有如此，他才能在西方世界游刃有余，以"东方智者"的身份出现。林语堂的儒家文化思想，是对传统儒家文化思想的解构，同时也是一种建构。它以西方文化为底色，以先秦儒家思想为主体，以道家思想为辅翼，具有现代新儒家思想色彩。林语堂既是一位"东方哲人"，又是一位"西方儒者"。双重文化身份的困境，反而诞生林语堂这样一位东方奇才，通过本书的讨论，可以还原林语堂的本来面目——一位真正的儒者。

第五章　林语堂对儒家文化的海外传播

"两脚踏东西文化，一心评宇宙文章"的林语堂是在西方传播中国文化的典范。特殊的教育背景和丰富的阅历使林语堂游刃于古今，徜徉在宇宙之间，林语堂对儒家文化的海外传播，是他在吸收、采纳、融合、改造、重塑儒家文化之后对儒家文化的输出。这是一种吐故纳新、一种承前启后，远非简单的输入和机械的输出。林语堂对儒家文化的海外传播，在世界范围内进行，以文化交流为起点，以构建世界共同体为目标，为儒家文化的世界性交流做出了巨大的贡献。

第一节　林语堂传播儒家文化的原因

林语堂一生最大的贡献，就是将中国传统文化向世界传播，尤其是将儒家文化在世界诸国进行传播，让更多非汉语国家的人士认识、了解、研究并接受了儒家文化。那么，对林语堂来说，他为何在有生之年倾注大量精力和时间来宣传和践行儒家文化呢？从现存文献资料及与之相关的文学作品、回忆录、纪实文学等内容来看，主要有以下几点原因。

一　对中国文化的自信

林语堂对儒家文化的海外传播，来源于他对祖国文化的自信。林语堂到美国以后，作为一个职业作家，其生存环境发生了改变，对于中国文化他似乎是一个旁观者。此时此地林语堂的心态发生了很大的变化，远离祖国似乎能把祖国文化看得更清楚，慢慢地，林语堂对中国文化更加自信。其实在1935年林语堂写《吾国与吾民》的时候，通过对中国传统文化的梳理，他对中国文化的自信已经油然而生。林语堂自我评价此书越写越自信，越写越觉得中国人很是有些了不起的地方。林语堂说："既将中国人的艺术及其生活予以全盘的观察，吾人才将信服中国人确为过去生活艺术的大家。中国人的生活，有一种集中现实的诚信，一种佳妙的风味，他们的生活比之西洋为和悦为切实而其热情相等。在中国，精神的价值还没有跟物质的价值分离，却帮助人们更热情享受各自本分中的生活。这就是我们的愉快而幽默的原因。"① "要真正达到沟通东西文化境地，第一便须有自信心，立稳脚跟。要自信心，必要胆识，然后能方寸不乱，去批评各个的优劣。东方月亮也赏，西方月亮也赏，东方臭虫要扑灭，西方臭虫也要扑灭。若自信心不立，先白慌张，认为东方本无文化，方寸已乱，见了西洋文物，五体投地跪拜，怎么能够说得上批评。"②

1936年，林语堂一家五口赴美，从美国旧金山下船上岸后住进相当豪华的宾馆，房费是每间每日18美元，相当于60大洋。当时在美国很少有中国人住一流宾馆，林语堂这样做，除了让妻女好好休息，还有个想法，就是不让美国人瞧不起中国人。可能对这一家人的穿戴感到好奇，或许觉得黄种人住进这样的高档宾馆不可思议，林语堂一家人在餐厅用餐时，美国人都投来好奇的目光。林语堂夫妇神态自若，三个女儿却有点发慌，她们从没这样被人盯看过，羞得不敢抬头。次女林太乙悄声问爸爸："那些白人为什么这样看我们？"林语堂呵呵一笑说："我们在外国，不要忘记自己是中国人。作为一个中国人既要平和又要自豪，既不能妄自尊大更不能自卑自弃。"因为美国人听不懂中国话，所以林语堂尽可放心说话。略做停顿，林语堂又说："外国文化与我们不同，我们可以学它的长处，但不要因为外国人笑话我们与他们不同，就感到自卑，甚至怀疑我们的文明。因为我们的文化比他们的悠久而又优美。"女儿问道："面对外国人我们该怎样做？""外国人和我们是一样的人，没什么可怕的。关键是有话直说，不阿谀奉承，不唯唯诺诺，不自卑狂妄，直起腰来做人做事，只要你有本领，外国人就会尊敬你，佩服你！"③

林语堂对中国文化的自信发自心底，这种自信源于他对中国文化的热爱。林语堂从小受到儒家文化的浸染，"四书""五经"深埋在他的心底。1923年林语堂从西方学成归国以后，便一头扎进了中国传统文化之中补课，

① 林语堂. 林语堂名著全集（第二十卷）[M]. 长春：东北师范大学出版社，1994：332.
② 林语堂. 林语堂名著全集（第十八卷）[M]. 长春：东北师范大学出版社，1994：396.
③ 王兆胜. 林语堂大传 [M]. 北京：作家出版社，2006：204-205.

因为他为身在祖国文化中心却不精通祖国文化而苦恼。林语堂视陶渊明、苏东坡、袁宏道、屠隆为同道中人，为晚明小品所折服，感叹中国文化的博大精深。他相信中国文化悠久而优美，并不逊色于其他文明。正是对自己祖国的热爱、对文化的自信足够强烈，林语堂在身处异国他乡的时候才有足够的文化底气。这种自信归根于中国文化的源远流长，萌生于林语堂从小受到的教育，酝酿于对中国文化的深刻理解，启蒙于异域文化滋润之时，壮大于在异国他乡眺望祖国山河之际。中国传统文化是林语堂的精神家园，是他一生的情感寄托和文化成就的精神动力来源。正是由于对中国传统文化的自信，林语堂能够以客观公正的心态和眼光看待中国文化和世界文化。"任尔东西南北风"，"咬定青山不放松"，对中国文化的足够自信是林语堂成功传播儒家文化的情感基础和心理准备。

二　对西方文化的补救

在中西文化交汇之处，林语堂看到了西方物质文明高度发达发生的异化、西方人精神世界的迷茫。他认为中国传统文化可对西方文化予以补救，而实际上其作品也起到了这样的作用。《生活的艺术》被很多美国人奉为枕边书，美国人惊叹古老的东方文明如此优美，品茗、听涛、赏雪，这样诗一般的生活方式，让追求效率、崇尚成功的美国人可望而不可即。

传播中国传统文化的愿望，产生于林语堂对西方文化缺陷的察觉。"两脚踏东西文化"的林语堂，1936年举家前往美国又一次融入西方文明的怀抱中。而这一次的融入，却和十几年前他前往哈佛求学有不一样的经历。求学经历无疑比较单纯，这一次他则是以知名作家身份到达美国，接触美国当代文化名人，以华人身份进行各种交流，比如演讲、接受电视台采访。林语堂切身感受到现代西方文化的合情合理之处，热情接受科学与民主等西方现代思想，但是又看到由此而来的现代化所包含的潜在危机和消极影响，就像他在描绘人类未来的小说《奇岛》中所表达的："物质研究越来越进步，人类受到的注意就越来越少。人类个性改变了，他的信仰也改变了，人类与大自然的关系也改变了，人类自我在社会上扮演的角色也不同了。自精神角度而言，人类越来越贫乏。他渐渐失去自我。"① 林语堂在入乡随

---

① 林语堂. 林语堂名著全集（第七卷）［M］. 长春：东北师范大学出版社，1994：56.

俗的过程中悟出了东西互补的道理，把一切思考都纳入东西融合的思维逻辑之中。

林语堂在小说《奇岛》中特别指出物质的进步却带来了人性的失落："这殖民地意味着一些年代久远、古老的东西。人类的社会一下倒退了好几世纪，你知道，在社会进步中，我们流失了某些东西。由于工业化，人类改变了很多，这就是劳思感到有兴趣的一点。人性不再完整了，有些东西失落了。人类原始而丰盈的人性被禁锢、压榨、脱水，在角落里皱缩成一团。劳思就是要找回我们所失去的，更多一点生命，更多一些想象，更多一些诗歌、阳光、固有的自由和个性，这些就是劳思想找回来的东西。"①"我是完全拥护物质的进步的。我所指的是作为方法，技术与观点的科学唯物主义，已经很绝望地麻痹了欧洲的人性，并把它抛入极端崩溃与混乱的状态中。"② 对于物质进步，林语堂是不排斥的，相反他还赞美并且提倡。他曾经专门撰写一文，赞美美国的电梯、汽车、马桶，认为它们带来人类的文明和进步。林语堂批评的是过度追求物质文明，人类走得太快，失去了内心的宁静和幸福。

以儒家文化补西方文明之缺，是林语堂想到的良方。对于如何帮助西方人重新找到幸福这个问题，林语堂没有简单地以中国文化的人生价值取向来替代西方的东西，他的布局着眼于重新唤醒美国人头脑里也曾经有过但此刻却已失落的自然主义哲学精神。林语堂以中国的文化价值为一种参照取向，为了析解诸如科学主义、唯理主义、实证主义等西方霸权话语，他对中国传统文化做了选择性理解，以对传统文化的重估和重建来批判现代西方日趋异化的生活状态。③

出于对中国传统文化真诚的热爱，加上对西方文化未来的担忧，对西讲中、以中治西成为林语堂中后期创作的一个倾向。1945 年，林语堂推出了他的政论作品《啼笑皆非》。林语堂从批评美英大国的远东政策破题，将中西互补的文化观作为建立世界新秩序的灵丹妙方，提出用"老子不争哲

① 林语堂. 林语堂名著全集（第七卷）[M]. 长春：东北师范大学出版社，1994：50.
② 林语堂. 林语堂名著全集（第十八卷）[M]. 长春：东北师范大学出版社，1994：359.
③ 董燕. 林语堂文化追求的审美现代性倾向 [D]. 济南：山东大学，2005.

理以破强权思想"①；"相信孔夫子，相信礼乐治国"②；"孟子，倒给我们恢复了人的精神观，给我们定了人类平等的原则，世界合作的基础，以及自由的可能性"③。林语堂以西方的人道主义调和儒、道、释等中国传统的哲学思想，这就是林语堂的东西互补的哲学道德框架。④ 在对外国人讲中国文化的时候，林语堂对中国的传统文化大加赞扬。他不仅大谈儒家思想影响下中国的各种风土人情，而且大谈老庄道家哲学。林语堂在肯定中国文化传统的时候，激烈地抨击了现代西方资本主义社会的文化困境。有研究者认为："林语堂的著作揭穿了西方的宏大话语的虚假性。对中国本土文化的关注，就是意在从'东方主义'和'西方主义'的缝隙中去寻找能被这个宏大话语纳入的本土文化母题，从而去揭示出西方文化的不足。"⑤

　　林语堂毕生的两大目标，一是弘扬中国文化，二是以中国文化补救西方文化，这是他到美国之后调整的写作方向，是综合因素产生的结果。在这两大目标的引领之下，儒家文化是他传播的重点。这源于林语堂意识到儒家文化是中国文化的脊梁，不理解儒家文化就不能理解中国文化，所以他为有机会能将儒家文化传播到西方世界而激动不已。林语堂于1936年到美国，1937年将《吾国与吾民》中"生活的艺术"一节扩充为一本书《生活的艺术》，此后完成《孔子的智慧》一书，而《老子的智慧》在1948年才完成。《孔子的智慧》一书中的序言，表达了林语堂对儒家文化的理解，整本书的结构、体例、翻译体现了林语堂的儒家思想。而在《老子的智慧》中，林语堂用庄子的学说来理解老子，相当于老庄互译，基本上看不到林语堂自己对于老庄的阐释。儒家文化成为林语堂拯救西方人思想困境的有力武器。他在《孔子的智慧》一书中说："由此我认为儒家思想是具有其中心性，也可以说有其普遍性的。儒家思想的中心性与其人道精神之基本的吸引力，其本身即有非凡的力量。"⑥ 与此同时，我们也要正视林语堂在传播中国文化时因为理解不同、目的不同而产生的谬误。他宣扬的以儒家中

① 林语堂. 林语堂名著全集（第二十三卷）[M]. 长春：东北师范大学出版社，1994：115.
② 林语堂. 林语堂名著全集（第二十三卷）[M]. 长春：东北师范大学出版社，1994：75.
③ 林语堂. 林语堂名著全集（第二十三卷）[M]. 长春：东北师范大学出版社，1994：192.
④ 施建伟. 林语堂在海外[M]. 天津：百花文艺出版社，1992：86.
⑤ 王炳根. 林语堂：生活要快乐[M]. 郑州：大象出版社，2011：91.
⑥ 林语堂. 林语堂名著全集（第二十二卷）[M]. 长春：东北师范大学出版社，1994：1.

庸之道为"合理内核"的"半半哲学""抒情哲学"实际上是他对儒家文化进行改造后的产物。需要说明的是，林语堂希望以中国文化来对西方文化进行补救，并没有"东方主义"的文化优势心态，而只是出于对中国文化的热忱和对西方世界现状的痛心。林语堂的"译出"行为既是对"西方中心主义"的有力反拨，又是对异域文化中国翻译的补充。

三　加强东西方的沟通

如果说希望以中国文化来补救西方世界的迷茫有功利性、目的性，那么加强东西方文化的沟通则是东西方所有人共同的理想和追求。林语堂作为一个学贯中西的学者，毕生优游自如地穿梭于东西方文化之间，加强东西方文化之间的沟通自然成为他的文化理想。

东西方文化的沟通，是林语堂一贯的主题。1943 年 10 月 16 日，林语堂应重庆中央大学之请，发表了题为《论东西文化与心理建设》的演说。同年 11 月 13 日，他又在西安青年堂做了题为《中西哲学之不同》的演说。① 在上述两次演说里，林语堂都宣扬和平哲学，即耶稣、释迦牟尼、孔子所倡导的精神，及老庄以柔胜刚的道理。和郭沫若一样，林语堂试图在东西方两种不同体系、不同传统的文化思想中找到契合点，这是他思考中西文化的立意和旨归，尽管他实际上未必很好地做到了这一点，并且常常出现某种偏差，但这一行为本身即有不容低估的历史文化内涵，特别是这一行为可以视为一种文化现象。② 沟通是以各自保持独立性为前提的。林语堂在向西方介绍中国文化时，总是将中国文化与西方文化进行比较，这是一种平等的比较，他说："总而言之，中国重实践，西人重推理。中国重近情，西方重逻辑。中国哲学重立身安命，西人重客观的了解与剖析。西方重分析，中国重直感。西洋人重求知，求客观的真理。中国人重求道，求可行之道。这些都是基于思想法之不同。"③

① 赵阿丽.《苏东坡传》：跨语际写作中的文化铸造与国民性探索［D］.武汉：中南民族大学，2016.
② 蔡震.向历史注入生命活力——论郭沫若与儒家文化思想［J］.郭沫若学刊，1993（4）：23-31.
③ 林语堂.论东西思想法之不同［M］//林语堂.林语堂名著全集（第十六卷）.长春：东北师范大学出版社，1994：81.

林语堂的观点与西方近现代著名学者有影响的论点遥相呼应。林语堂肯定具有悠久历史的中国文化。他说，中国的民族思想在主体上和西方截然不同，在历史上又与西方文化相隔离，因此，西方人在中国民族思想中，自然会找到一些对人生问题的新答案，还有可能找到一些对人生问题的新的探讨方法或新的论据。对于西方的飞速发展，并非所有西方人都持赞成的态度，早在19世纪美国作家梭罗就对美国人贪婪地积累物质财富深恶痛绝。① 另一位哲学家罗素说："我想说西方文明与众不同的优点就是科学方法，而中国文明的最具特色的长处就是对人生归宿的合理解释。人们肯定希望两者逐渐合二为一。"② 事实证明，林语堂的作品再一次将西方人的目光引向中国，势必激起西方人对中国文化的兴趣，使他们从古老的中国文化中发掘出对他们有益的东西，使他们摆脱第一次世界大战以后普遍存在的精神危机。③

林语堂为东西方文化沟通融合进行了很多实践。在散文《英国人与中国人》中，林语堂将两国人比较得非常精到，极富启发力。他首先找寻二者的相同相似点，那就是酷爱常识，不喜逻辑；不信思想与智力，崇尚心性与智慧；相信现实主义和道德律，而不一味迷信脑筋，具有固执、孤寂的特点和幽默感。可以说英国人与中国人都注重人生常识，都以心灵为指归。从心灵的角度剖析在种族、历史、文化和地域方面都很不同的两个国家的相同性，是此文最为精彩的地方，其中的许多看法都值得读者好好欣赏和品味。林语堂还进一步指出二者的不同，并希望彼此能够取长补短，他说："英国和中国的最大分别，便是：英国文化更富于丈夫气，中国文化更富于女性的机智。中国从英国学到一点丈夫气总是好的，英国从中国人多学一点对生活的艺术以及人生的缓和与了解，也是好的。一种文化的真正试验并不是你能够怎样去征服和屠杀，而是你怎样从人生获得最大的乐趣。"④ 这种不偏不倚的比较和融合，弥足珍贵，反映了林语堂与众不同的

---

① 陈才忆. 脚踏东西文化 评说宇宙文章——林语堂的中西文化观及其在西方对中国文化的传播 [J]. 重庆教育学院学报，2003，16（4）：29-32.
② 罗素. 罗素论中西文化 [M]. 杨发庭等译. 北京：北京出版社，2010：89.
③ 陈才忆. 脚踏东西文化 评说宇宙文章——林语堂的中西文化观及其在西方对中国文化的传播 [J]. 重庆教育学院学报，2003，16（4）：29-32.
④ 林语堂. 英国人与中国人 [M] //林语堂. 林语堂名著全集（第十五卷）. 长春：东北师范大学出版社，1994：11.

价值观、人生理想和审美态度。林语堂是优秀的作家、翻译家、语言学家，但他更是一流的文化使者，他用心体会中国文化，用脚丈量世界文化版图，用智慧敲开和平的大门。他细细品鉴各国文化、各取所长，试图构建人类文化命运共同体，一切以人类幸福为目的，这样的世界胸怀和宇宙理想值得钦佩。

第二节　林语堂对儒家经典的海外传播

作为成功的中西文化交流使者，林语堂一生创作了大量流传于世的优秀作品。而林语堂最具特色之处还是在于"对外国人讲中国文化"，主要表现在将中国文化典籍译成英文和以英文的形式向外国人讲述中国文化。[①] 林语堂对儒家经典的翻译，是林语堂向西方传播儒家文化最直接的途径。翻译也是一种创造，林语堂通过编译等翻译形式，运用"异化"与"归化"等翻译策略，对儒家经典作品进行翻译。从形式来看，《孔子的智慧》和《中国的智慧》符合西方人的阅读习惯；从内容来看，其满足了西方人的审美需要和精神渴望。

一　《孔子的智慧》

《孔子的智慧》这本书比较完整地表达了林语堂的孔子观，也较为全面、客观、系统地向西方介绍了儒家学说。该书 1939 年由纽约现代图书馆印出，不久后又由伦敦汉美·汉弥尔顿公司出版，书的内容包括《史记》中的《孔子世家》和《论语》《孟子》《大学》《中庸》《礼记》的代表性章节，后者前四种同"四书"的组成大同小异，等于"四书"的节译本。"四书""五经"在 19 世纪中叶曾由英国学者雷格译成英文，但林语堂没有采用其译文，大部分内容都重新翻译，唯独采用了中国学者又是福建同乡的辜鸿铭翻译的《中庸》，仅稍加修改收进书中。林语堂曾表示，他之所以从儒家经典"四书"中选出若干章节来编写《孔子的智慧》一书，是因为"这些章代表前后连贯的思想，而这些篇文章是前后一个系统的，是集中于

---

① 胡永洪. 美华文学中的"亲善大使"作家 [J]. 世界华文文学论坛，2006（4）：20-24.

一个主题的"①。在编写此书之前，林语堂虽然在不少文章中提及孔子及其思想，但都是零星的阐述，缺乏总体性的评价。而在这本书万余字的"导言"中，他对孔子思想的价值取向、系统和特点，以及孔子的品格等，做了较为切实的论评。这篇导言，可以看作林语堂孔子观的阶段性总结。

林语堂编译《孔子的智慧》这本书的第一个目的在于阐述和宣扬儒家思想的社会价值和世界意义。林语堂相信儒家思想之所以能够支配中国，而且在两千五百年内始终被中国人奉为天经地义，绝对不是仅靠《论语》中零散的精粹语录，而是有其更为深奥的统一的信念或系统。而要了解孔子思想系统，除了要看《论语》这部"孔学上的圣经"外，还应依赖《孟子》和《礼记》等著作。所以，林语堂将儒家经典"四书""五经"重新节选、排序，帮助西方人直接地了解儒家文化。那么，什么是孔子思想系统呢？他指出："孔子的思想是代表一个理性的社会秩序，以伦理为法，以个人修养为本，以道德为施政之基础，以个人正心修身为政治修明之根柢。"② 林语堂通过自己的理解，向西方人言简意赅地阐述了儒家思想的精神内涵。

林语堂在中西文化碰撞、古今历史交织的背景下阐释儒家文化。在"导言"第一部分中，林语堂直截了当地提出儒家思想在现代生活中还有没有价值的问题。他之所以提出这一问题，是因为他敏感地看到了儒家思想遇到了"更大的敌手"③，那就是"整套的西方思想与生活，以及西方新的社会思潮"④。可是，林语堂也毫不犹豫地表示，那些西方思想如同中国历史上的反儒学派道家、墨家、法家一样，不可能将儒家思想根本推翻。其原因在于"儒家思想的中心性与其人道精神之基本的吸引力，其本身即有非凡的力量"⑤。

林语堂在世界文明面临危机、历史文化大浪淘沙的背景下提出儒家文化的特性，肯定孔子的思想经得起历史的考验、岁月的磨砺，极大地增强了民族自豪感。

---

① 林语堂. 林语堂名著全集（第二十二卷）[M]. 长春：东北师范大学出版社，1994：28.
② 林语堂. 林语堂名著全集（第二十二卷）[M]. 长春：东北师范大学出版社，1994：3.
③ 林语堂. 林语堂名著全集（第二十二卷）[M]. 长春：东北师范大学出版社，1994：2.
④ 林语堂. 林语堂名著全集（第二十二卷）[M]. 长春：东北师范大学出版社，1994：2.
⑤ 林语堂. 林语堂名著全集（第二十二卷）[M]. 长春：东北师范大学出版社，1994：1.

　　林语堂编译《孔子的智慧》的第二个目的在于阐释自己的儒家文化观。在"导言"中，林语堂这样评述孔子及其儒家演说的内容及特点："孔子的学说也是断然肯定的，要求人对人类与社会负起当负的责任，所谓以天下国家为己任，此点与道家的适世玩世又大有不同。实际上，儒家思想所持的是人道主义者的态度，对全无实用虚无飘渺的玄学与神秘主义完全弃置不顾，而是只注重基本的人际关系，灵异世界神仙不朽又有何用？这种独具特色的人道主义中最有力的教义是'人的标准就是人'。"① 可见，林语堂向西方读者介绍孔子，不仅翻译中国古书，而且穿插他自己对孔子学说的理解和阐释。

　　林语堂认为孔子思想具有五个重要特点。一是"政治与伦理的合一"。即重视道德的作用，把社会秩序和政治轨道都建立在道德基础之上，但其最终目的却与施行刑罚之治的目的相同。二是"礼——理性化的社会"。"礼"在孔学中颇为重要，与"政"的定义是一而二二而一的。政是"正"，礼是"事之治也"。而礼的具体内涵，则包括宗族的法规（祭祀的典礼规则）和生活的规范（宴饮骑射的规则、男女儿童的行为标准、对老年人的照顾等）。它的作用在于恢复一个理想的社会秩序，使万事万物各得其宜，人人相爱，并尊敬当权者和长辈。三是"仁"。什么是"仁"？"仁"与"人"通用，"仁"即"人"，"仁的本义应当是他的纯乎本然的状态"②，"人的标准是人"③，这是孔子的哲学精义。因而孔子认为修身的最好办法"就是顺乎其本性的善而固执力行"④，并推论出"己所不欲，勿施于人"的恕道。四是"修身为治国平天下之本"。"儒家把治国平天下追溯到齐家，由齐家追溯到个人的修身。"⑤ 五是"士"。所谓"士"，就是"知识阶级"。孔子把道德理想全部寄托在他们身上，期待他们成为"在道德上仁爱而斯文的人"，"同时好学深思，泰然从容，无时无刻不谨言慎行，深信自己以身作则，为民楷模，必能影响社会。不论个人处境如何，无时不怡然自得，

① 林语堂. 林语堂名著全集（第二十二卷）［M］. 长春：东北师范大学出版社，1994：3.
② 林语堂. 林语堂名著全集（第二十二卷）［M］. 长春：东北师范大学出版社，1994：11.
③ 林语堂. 林语堂名著全集（第二十二卷）［M］. 长春：东北师范大学出版社，1994：10.
④ 林语堂. 林语堂名著全集（第二十二卷）［M］. 长春：东北师范大学出版社，1994：10.
⑤ 林语堂. 林语堂名著全集（第二十二卷）［M］. 长春：东北师范大学出版社，1994：13.

对奢侈豪华，恒存几分鄙视之心"①。

林语堂编译《孔子的智慧》的第三个目的是对孔子的形象进行充分的塑造。在"导言"的第二部分，林语堂论述了孔子的品格，他反对把孔子说成"圣人"，声称孔子是一个普通人，具有普通人的感情但又有超过常人的品格。林语堂认为《论语》一书有很多孔子的人情味，要明白《论语》意味，须先明白孔子对门人说的话，其中很多是燕居闲适的话、老实话、率真话、不打算对外人说的话、脱口而出的话、幽默自得的话，甚至开玩笑的话及破口骂人的话。总而言之，是孔子与门人私下对谈的实录。林语堂提出《论语》最可宝贵的是使我们复见孔子的真面目，由这些半真半假、雍容自得的实录，可以想见孔子的真性格。林语堂对孔子形象的直接描述，和他在戏剧、散文、小说中塑造的孔子形象相一致，但是在"导言"中林语堂表述得更集中、更直接，因为不需要通过形象来阐明其观点。

为了达到以上三个目的，林语堂对《孔子的智慧》编撰的体例和内容做了特殊的安排。《论语》有许多英译本，但是林语堂的翻译方法却与众不同，他不是从"学而时习之"开始逐句翻译，而是将"四书""五经"进行了重组改写，更名为《孔子的智慧》，将原来的篇章结构完全抛开，将原文的内容重新分门别类。《孔子的智慧》一书的体例也颇有特色，可以看出林语堂的良苦用心。第一章为"导言"，林语堂对孔子思想及品格做总体性阐述，一万余字。第二章为"孔子传"（《史记·孔子世家》）。第三章为"《中庸》"，林语堂之所以把它置于儒家典籍之首，是因为它是了解儒家学说的一个"完整适当的基础"②。第四章为"《大学》"，采用朱熹改编的版本，但林语堂做了一些改动。第五章为"《论语》"。第六、七、八章为"论以六艺施教"（《礼记·经解》）、"《哀公问》"（《礼记·哀公问》）、"理想社会"（《礼记·礼运》）。林语堂认为这三章是关于社会方面的"孔氏三论"，实际上都是论礼。孔子志在用"礼"来恢复古代的封建制度不合时宜，但要以其建立一种和谐人际关系的哲理则十分恰当，即彼此以适当的态度相对待，为父母者要慈爱，为子女者要孝顺，为弟者要敬兄长，为兄长者要爱护弟弟，对友人要忠诚，为臣民者要敬尊官长，为官长者要仁

① 林语堂. 林语堂名著全集（第二十二卷）[M]. 长春：东北师范大学出版社，1994：14.
② 林语堂. 林语堂名著全集（第二十二卷）[M]. 长春：东北师范大学出版社，1994：31.

爱。这些礼仪传统对中国仍然有益处，依然是中国社会风气的基石。第九、十章为"论教育"（《礼记·学记》）、"论音乐"（《礼记·乐记》）。关于孔子对教育与音乐的看法，林语堂认定其见解、观点是特别现代的。第十一章为"《孟子》"（《孟子·告子篇》），以显示儒家哲学最重要最有影响的发展。①

林语堂在《孔子的智慧》章节内部安排上，也根据实际需要进行了重新整合。他对各章节重新进行命名，引导读者接受，有时也出于个人学术研究的需要或对读者接受的考虑，对整体章节次序进行重排，并冠以导引性的相互关联的标题。②

《孔子的智慧》一书的编译是一次创举。以前翻译的儒家经典作品都是单独一本，从头翻译到尾，而这一本书可以说是儒家思想的精华汇总。它不是简单的翻译，而是创造性的翻译，是林语堂儒家思想的集中体现。第一，体现林语堂对儒家思想的认可，虽然只是编译，但是大部分内容由林语堂亲自翻译，本身就表现出林语堂对儒家文化的偏爱。既然书名为《孔子的智慧》，自然是把儒家文化作为世界文化的重要资源来推介。儒家文化何其博大精深，2000多年以来的儒家作品及其阐释作品汗牛充栋。面向对儒家文化了解甚少的西方人，林语堂希冀把儒家思想的精华，通过九章的内容进行重点推介。这九章是儒家文化的入门性知识，同时也是儒家思想对人生、社会的哲学思考。第二，《孔子的智慧》一书是林语堂儒家文化思想的集中表达。林语堂注重儒家文化的世俗性、人伦性，他传播的不仅是儒家文化思想本身，其中也渗透进自己的儒家文化观。编译是再塑造，通过对一系列儒家文化经典的编撰、罗列，林语堂的儒家文化思想脉络清晰可见。其逻辑顺序是"儒家思想是什么""孔子是谁""礼的重要性""儒家论教育、音乐"。其实这部书的书名叫"儒家的智慧"似乎更为合理，把儒家的智慧都归于孔子一人名下似乎有些偏颇。在这里，林语堂否定儒家思想在政治制度或政治形态方面有继续存在的价值，但肯定它作为人道主义文化或社会生活的基本观念仍然适应现代需要，并具有真理一般的生命

---

① 刘炎生. 林语堂评传［M］. 南昌：百花洲文艺出版社，2010：146.

② 冯智强. 中国智慧的跨文化传播——林语堂英文著译研究［M］. 青岛：中国海洋大学出版社，2011：123.

力。因此，他断言："儒家思想，在中国人生活上，仍然是一股活的力量，还会影响我们民族的立身处世之道。"① 这样的见解，显然不同于那种对儒家思想全盘否定的看法，也多少有别于对它全盘肯定的观点，而是体现了一定的分析眼光和批判继承的胆识。这对于新文化运动以后对儒家思想缺乏具体分析而全盘否定的倾向，具有一定程度的突破和超越意义，并在儒家思想研究方面起到了积极的导向作用。②

二　《中国的智慧》

《中国印度之智慧》一书，1942 年由兰登书屋出版，这本书分为《中国的智慧》和《印度的智慧》两部分，我们主要谈《中国的智慧》。《中国的智慧》共五部分内容，全书长达一千余页，其中第二部分"中国民主文献"中的儒家思想作品，包括《尚书》《孟子》《论语》《中庸》，每一部儒家文献内容前面都有一篇林语堂撰写的序言。《中国的智慧》有一篇总序言，再加上这四篇序言，集中阐述了林语堂对儒家文化的理解。这是继编译《孔子的智慧》之后，林语堂向西方介绍儒家文化经典作品的又一本重要著作。林语堂将其汇总于"中国民主文献"名下，似乎是想说明东方也有民主思想，而且很早就已经存在，主要存在于儒家思想之中，并以此来说明东西方文化并不截然对立，追溯源流或许还有异曲同工之处。

林语堂强调了儒家文化的基本特征，即推崇道德的力量。儒学德与政的融合，强调道德和谐是政治和谐的基础。

　　严格意义上讲，孔子是个历史学家，他从事历史研究，自称为传播者而不是改革家。他对历史情有独钟。读过《尚书》之后，我们可以明白儒家思想——包括儒家道德化的天赋——是怎样兴起的。认真研究一下孟子，也会表明他对《尚书》特别熟悉，经常引用之来论证自己的观点。"仁政"（始于孟子而非孔子）的整个思想就是从《尚书》发展而来的。随意浏览一下《泰誓》，这一点显而易见。同样，"家长制"的思想、道德范例重要性的思想、"天命"的思想以及人民

① 林语堂．林语堂名著全集（第二十二卷）［M］．长春：东北师范大学出版社，1994：2.
② 刘炎生．林语堂评传［M］．南昌：百花洲文艺出版社，2010：144.

的声音即为上帝的声音的思想，都在那儿。①

林语堂相信孟子对中国的民主思想有巨大贡献。

　　孟子的思想对于民主原则的明确贡献如下。其一，人是平等的。"圣人，与我同类者。"（第六卷上，第七章第三节）其二，在国家的三种成分中，"民为贵……君为轻"（第七卷下，第十四章第一节）。其三，做出升迁和惩罚决定时，不能根据诸大夫怎么说，而要根据国人怎么讲（第一卷下，第七章第四~五节）。其四，政府必须为了人民的利益，国王必须与其臣民同乐（第一卷上）。其五，君与民的关系是相互的。"君之视臣如手足，则臣视君如腹心；君之视臣如犬马，则臣视君如国人；君之视臣如土芥，则臣视君如寇仇。"（第四卷下，第三章第一节）其六，因此，反抗的权利是正当的。当汤反抗暴君桀的权利受到质疑时，他回应说暴君是天下公贼（第一卷下，第八章第三节）。其七，孟子经常详细阐述《尚书》中的这一思想：帝王受"天命"治理国家，他施行暴政，就会丧失天命。最终获得统治只是因为民受之（第五卷上，第五章第一~八节）。②

林语堂强调"礼"对中国社会的重要性。

　　对中国人而言，那套道德和社会秩序的体系基于历史之上，包含在一个"礼"字之内。这个字的意义太宽泛，所以根本没法翻译。最狭义上讲，它意为一种理想的社会秩序，"物在其位"；在个人意义上，它意为"礼节"、"礼仪"，或仅仅为"礼貌"；在历史意义上讲，它意指理性化的封建秩序体制；在哲学意义上讲，它意为一种理想的社会秩序，"物在其位"；在个人意义上，它意为神圣虔诚的心理状态，非常接近"信仰"这个词，后者对我而言是一个实在统一的信仰结构，关涉上帝、自然以及人在宇宙中的地位。这种信仰被含蓄地与了解外

① 林语堂.中国印度之智慧：中国的智慧（上）[M].沈阳：万卷出版公司，2013：56.
② 林语堂.中国印度之智慧：中国的智慧（上）[M].沈阳：万卷出版公司，2013：79.

部或偶然事件区别开来。现代世界所缺乏的，正是这个实在统一的信仰结构，关涉上帝、自然以及人在宇宙中的地位，而正是由于这种缺乏，现代世界才随波逐流。在中国学者中，儒教被认为是"礼教"，最接近的翻译是"道德秩序的宗教"。它使政治秩序隶属于道德社会秩序，使后者成为前者的基础，到了怀疑单纯政治解决方案并与唯心论无政府主义认同起来的地步（参见"为政"选篇）。①

除《论语》外，林语堂还编译了子思的《中庸》。编译《中庸》的深层原因是林语堂认为"英国绅士的精华是与他的同胞难以区分，儒家文化的精华是努力寻求道德上的平庸。只有持守中庸，即中庸之道，才可以获得这种平庸"②，而"儒家学者正是把这个中庸学说作为人类所有行为的基本哲学，目的是把中华民族变成一个乡村校长的国家"③，特别是"中庸也许代表着儒家道德哲学的最佳哲学方法"④。正如林语堂在《孔子的智慧》第三章的序言中所言，"我之所以把《中庸》这部书置诸儒家典籍之首，即因为研究儒家哲学自此书入手，最为得法。研究儒家哲学时，《中庸》一书本身，可说就是一个相当适宜而完整的基础"⑤。正如前文所言，儒家思想尤其是中庸之道构成了林语堂"半半哲学"的主要来源与基础。

《中国的智慧》一书中儒家经典作品占了约四分之一。相较于《孔子的智慧》而言，这部书在延续林语堂的儒家文化思想特点的基础上呈现出几个特点。第一，带有文化启蒙性质。林语堂的主要目的是介绍和传播儒家文化，这本书的写作带有文化启蒙性质，学术性并不强，也许在中国研究者看来还比较粗疏。这源于写作的目的和写作的对象，林语堂写作的目的是普及中国传统文化知识，不宜过深过难；写作的对象，是西方世界的读者，既无中国文化的基础，又无中国语言的基础，写作的内容要浅显易懂。所以《中国的智慧》在中国学者看来也许没有学术深度，在中国人看来也

---

① 林语堂. 中国印度之智慧：中国的智慧（上）［M］. 沈阳：万卷出版公司，2013：118-119.
② 林语堂. 中国印度之智慧：中国的智慧（上）［M］. 沈阳：万卷出版公司，2013：136.
③ 林语堂. 中国印度之智慧：中国的智慧（上）［M］. 沈阳：万卷出版公司，2013：136.
④ 林语堂. 中国印度之智慧：中国的智慧（上）［M］. 沈阳：万卷出版公司，2013：136.
⑤ 林语堂. 林语堂名著全集（第二十二卷）［M］. 长春：东北师范大学出版社，1994：77.

许是讲老幼皆知的事情，在西方世界却有重大的意义，它使儒家文化深入人心，得到普及和了解，得到西方世界的认可。第二，以西方文化为参照物，结合西方的思维方式进行阐释。几篇序言所使用的措辞，延续了林语堂东西方文化比较的思维特点，在中西文化视野下引经据典、信手拈来，目的就是让西方世界理解儒家思想。第三，如果说《孔子的智慧》是林语堂帮助西方世界认识儒家文化的一个点，那么《中国的智慧》就是林语堂帮助西方世界认识儒家文化的一个面。有点有面，点面结合，疏而不漏，这是林语堂的智慧所在。正是由于以上几点原因，《中国的智慧》成为美国大学学习中国文化的教科书。不是以学术著作进入西方儒学研究学界，而是以教科书进入美国高等教育范围，不是进入小众的知识精英阶层，而是进入年轻的西方大学生视野，这也是林语堂所独创的"中国智慧传播模式"。

第三节　林语堂海外传播儒家文化的历史贡献

林语堂在《杂说》中写过一首诗："道理参透是幽默，性灵解脱有文章。两脚踏东西文化，一心评宇宙文章。对面只有知心友，两旁俱无碍目人。胸中自有青山在，何必随人看桃花？领现在可行之乐，补生平未读之书。"① 由此可见林语堂的文化抱负。林语堂特别欣赏一个朋友对他的评价，即向外国人介绍中国文化，向中国人介绍外国文化。自从《吾国与吾民》在美国一炮打响，林语堂就已经偏了一只脚，从此主要是向外国人传播中国文化，从而获得世界读者的认可，确实也产生了广泛的影响，对于中国文化的海外传播做出了巨大的历史贡献。

一　重塑中国形象

林语堂用自己丰富的作品向世界重塑中国形象，表现在三个方面。

首先，林语堂让世界知道了中国。林语堂去世以后，《中国时报》的社论说："林氏可能是近百年来受西方文化熏陶极深而对国际宣扬中国传统文化贡献最大的一位作家与学人。其《吾国与吾民》及《生活的艺术》以各

---

①　林语堂．杂说［M］//林语堂．林语堂名著全集（第十四卷）．长春：东北师范大学出版社，1994：39.

种文字的版本风行于世。若干浅识的西方人知有林语堂而后知有中国，知有中国而后知有中国的灿烂文化。尤为可贵者，其一生沉潜于英语英文，而绝不成为'西化'的俘虏，其重返于中国文化的知识勇气及其接物处世的雍容谦和，皆不失为一典型的中国学者。"① "美国《纽约时报》以第一版刊出林语堂逝世的消息，以三栏的篇幅刊登林语堂的半身照片，并详细介绍他一生的经历及对中西文化学术界的卓越贡献，赞扬他'向西方人解释他的同胞和国家的风俗、想望、恐惧和思想的成就，没有人能比得上'。"②

　　和同时代作家相比，林语堂在重塑中国形象方面确实是翘楚。林语堂能够通过创作的作品引起世界的关注，继而激发外国人对中国的兴趣，自然是了不得的事情。林语堂写作的书有的有七八个版本，有的则有几十个版本，作品总共被翻译成二十五种文字。林语堂作品内容丰富，涉及中国的历史和现代，儒学、道学、古典文学、历史人物等；有美国的文化和现实，古希腊的文明，基督教文化，英、法、德、意、比的文化与经历，还有印度的智慧、日本的性格等。在中国现当代作家中，可以找到非常有创造个性的作家，比如老舍在语言与小说形式上的创造，又比如沈从文人性殿堂与湘西意境的创造，可以找到非常深刻而伟大的作家，比如鲁迅，但我们却很难找到一位像林语堂这样思想极其丰富、胸怀如此博大的作家，他如此深入地进入西方世界，让世界知道中国。

　　其次，林语堂笔下的中国形象令人向往。"书评家 Peter Precott 在《纽约时报》发表文章称：'读完这本书后，我真想跑到唐人街，遇见一个中国人，便向他行个鞠躬礼。'一九四二年二月十五日，日军攻入新加坡。澳大利亚籍炮兵士官西登·皮尔顿被俘，关押于樟宜战俘集中营。他惶然，怅然，唯一支撑他精神支柱的，竟是珍藏在背囊里的一本小书——《生活的艺术》。朝朝暮暮，品味不已，细嚼慢咽，如饮仙丹。这本非凡的书，不仅驱除了他精神上的苦寂，而且解消了他物质上的匮乏。比如，读到书中描写中国人饮茶艺术的章节时，似见到炉火熊熊，似听到茶杯叮当，似闻到茶味芬芳，依稀领略了中国茶艺的妙处。前者是高雅文士，后者是平民百

　　① 刘炎生. 林语堂评传 [M]. 南昌：百花洲文艺出版社，2010：195.
　　② 刘炎生. 林语堂评传 [M]. 南昌：百花洲文艺出版社，2010：195.

姓，合而观之，可看出林氏著作雅俗共赏的效应。"① 确实，《生活的艺术》塑造的艺术的生活，可谓光彩夺目，却皆系自然之质。这样艺术的生活方式，和天地为一体、在人间只一家，其中亦儒亦道的精神气质、返璞归真的田园乐趣、曼妙生姿的自然人文，不仅令中国人向往，而且令西方人神驰。

最后，林语堂笔下的中国形象具有深远意义。林氏旅居国外二三十年，撰述不辍，大多数著作都有广泛的影响，有些还被选为美国大学的教材，有些甚至被当作美国政界最高层了解中国、了解东方、借以制订政策的参考书。美国纽约艾迈拉大学为林语堂颁授博士学位的祝词写道："林语堂——哲学家、作家、才子——是爱国者，也是世界公民，您以深具艺术技巧的笔锋向英语世界阐释伟大中华民族的精神，获致前人未能取得的效果。您的英文极其美妙，使以英文为母语的人既羡慕又钦佩又深自惭愧。我们祷盼您不断以中英文表达人类高尚的精神、标准，那是人类共同的愿望。鉴于您的卓越成就，艾迈拉大学赠予您荣誉文学博士学位，倍感荣幸。"②

林语堂的代表作《吾国与吾民》偏重于客观的介绍，《生活的艺术》则偏重于个人经验与兴趣的描述。林语堂不据已有定见，而是依据自己的经验、理解与爱好来表述中国文化，在《生活的艺术》"自序"中开篇就说："本书是一种私人的供状，供认我自己的思想和生活的经验。我不想发表客观意见，也不想创立不朽真理。我实在瞧不起自许的客观哲学；我只想表现我个人的观点。"③ 这话当然是有所指的，在国内有人认为林语堂的国学根底不深，或认为他对已有的国学脉络都没有理清楚，哪有资格谈中国文化。却不知这种非常个性化的叙述与经验，却十分适合西方人的口味，引起了他们极大的兴趣。这比那种动辄引经据典的做法要高明得多，对于那些对中国文化知之甚少的西方人而言，这些也就足够了。林语堂向西方人讲中国文化，除了理性分析外更借助于心灵的力量和悟性，因为中国文化

---

① 梅中泉.《林语堂名著全集》总序［M］//林语堂.林语堂名著全集（第一卷）.长春：东北师范大学出版社，1994："总序" 4.
② 厉向君.蜚声世界文坛的中国作家林语堂［M］.成都：巴蜀书社，2012：182-183.
③ 林语堂.林语堂名著全集（第二十一卷）［M］.长春：东北师范大学出版社，1994："自序" 1.

本身就不是仅仅依靠理性分析所能理解的。中国文化重感觉、重体悟，感受中国文化当然也要重体验、重品味，这样才能真正走进中国文化。同样是谈中国文化，林语堂并不板起面孔教训人，更没有一些学者的呆气和死气，而是饱含真挚的感情和美好的诗意，通过高雅美妙的诗情笔调和灵动的语言娓娓道来，有助于提高读者的兴趣，也有助于读者进行深入的理解。所以，林语堂的作品才能够深入人心，进入西方人的世界。儒家文化是中国传统文化的主流，林语堂向世界传播儒家文化，也就是让世界了解中国传统文化。

二 宣扬儒家文化

林语堂多年来笔耕不辍，为向西方世界宣扬儒家文化做出不懈的努力。其一，功夫不负有心人，林语堂在海外积极地传播儒家文化，他所付出的努力得到西方汉学家的肯定。《孔子的智慧》出版后受到美国广大读者的欢迎，而且长期以来都是西方读者了解孔子及其学说的入门之作。仅此而言，就可以认为林语堂为促进西方读者了解中国传统文化起到了重要的作用。美籍华人学者陈荣捷（Wing-Tsit Chan）"自从 1929 年以《庄子哲学》为博士论文获得哈佛大学博士学位起，开始了他的中国哲学研究和教学生涯，前后长达近 70 年，单在美国就有 50 多年。……被当时欧美学术界特别是汉学界誉为将东方哲学思想最为完备地介绍给西方的中国大儒"[①]。陈荣捷撰写的评论文章 "The Wisdom of Confucius by Lin Yutang"，对《孔子的智慧》这本书给予较高的评价："Dr. Lin's rendering has both truth and beauty."[②] 他对书中"礼""仁"的翻译，林语堂对孔子传记的翻译、对孔子形象的描绘，林语堂重新编译《论语》，《孔子的智慧》翻译存在的不足等都进行了比较详细的介绍和评论。陈荣捷对林语堂《孔子的智慧》的编译做了更为深入的研究，认为其中充满了人性和文采，并且做到了"忠实"与"美"的完美统一。陈荣捷认同林语堂对《论语》的编辑、整理、翻译的确倾注了大量心血，认为林语堂的作品还原了一个真实的孔子，而且在《中庸》

---

① 高建立. 陈荣捷与 20 世纪美国的朱子学研究 [J]. 郑州大学学报（哲学社会科学版），2013，46（4）：30-34.

② Chan W. The Wisdom of Confucius by Lin Yutang [J]. Pacific Affairs, 1940, 13 (4)：483-487.

的翻译上，林语堂采用辜鸿铭的翻译是很明智的，因为辜鸿铭的翻译是对
《中庸》最好的诠释。更可贵的是，林语堂也不是全文照搬，在必要的地方
他也做了适当调整，使其更接近原文本意。对于《孟子》第六卷的翻译，
陈荣捷认为林语堂的翻译优美并且贴近孟子的风格，但也不无遗漏。陈荣
捷还指出林语堂对《大学》和《礼记》的翻译是几近完美的。① 同时，陈
荣捷对中国哲学的理解和教学首次开出书单，其中《孔子的智慧》和《孔子
的智慧》中的《大学》被给出三颗星的标示，被认为最重要，同时适合于
初学者，《中国印度之智慧》被认为最重要。②

　　一个儒学研究者声称："《孔子的智慧》内容翔实、可读性强。其中正
确而实用的编号，文本组织的条理性似乎很值得称道。这是我读过最好的
版本。"③ 另有读者对《孔子的智慧》精美的装帧、上乘的质量给予高度评
价，认为"值得阅读与收藏"④。《孔子的智慧》一书中的智慧因子也得到
了读者的广泛认同："这是一本极好的介绍孔子智慧的书，尤其是此书没有
采用字对字的翻译方式。"⑤ 有的评论谈到《中国印度之智慧》一书中《中
国的智慧》这部分编写得更好。⑥ 还有评论认为《中国印度之智慧》这本书
打击了西方的自我陶醉，消除了狭隘的地方主义思想。⑦

　　其二，林语堂对儒家文化的传播，使西方读者对研究儒家文化感兴趣。
在林语堂的笔下，儒家文化历史悠久，充满人生智慧，给予西方人启迪。
在长篇评论"Lin Yutng, Critic and Interpreter"一文中，陈荣捷称林语堂为
"臧否生活"的哲学家和"古老智慧"的"诠释者"（a philosopher in the

---

① 转引自冯智强. 中国智慧的跨文化传播——林语堂英文著译研究 [M]. 青岛：中国海洋大
　学出版社，2011：184-185.

② Chan W. A Bibliography of Chinese Philosophy [J]. Philosophy East and West, 1953, 3 (3)：
　241-256.

③ 转引自冯智强. 中国智慧的跨文化传播——林语堂英文著译研究 [M]. 青岛：中国海洋大
　学出版社，2011：186.

④ 转引自冯智强. 中国智慧的跨文化传播——林语堂英文著译研究 [M]. 青岛：中国海洋大
　学出版社，2011：186.

⑤ 转引自冯智强. 中国智慧的跨文化传播——林语堂英文著译研究 [M]. 青岛：中国海洋大
　学出版社，2011：181.

⑥ The Wisdom of China and India by Lin Yutang [J]. The Journal of Philosophy, 1943, 40 (11)：
　305-306.

⑦ Clark E M. *The Wisdom of China and India by Lin Yutang* [J]. Books Abroad, 1944, 18 (1)：
　80-81.

sense of being a critic of life and an interpreter of ancient wisdom），其辛辣幽默足以使其成为名副其实的"幽默大师"。陈荣捷认为《中国印度之智慧》是充满魅力的迷人之作。《孔子的智慧》则系统有力地把孔子还原为"人"。陈荣捷认为这是一本选材均衡得当、翻译清晰通顺、理据充分的难得之作。① Milwaukee-Downer College 的 Meribeth E. Cameron 对《中国印度之智慧》的编排很满意，认为林语堂"把典籍进行了合理的分类"，而且"林语堂对翻译工作也是很认真、负责的。这体现在他对中国典籍的加工精当合理，并用自己的话把它们准确地翻译出来。为了方便阅读林语堂还细致地进行编写评论，认真地注释说明，标注了汉语名称发音，添加了历代朝代表"②。

　　当然，在肯定林语堂对儒家文化的海外传播取得的成绩的同时，我们也要认识到林语堂传播中国智慧的历史局限性。"近现代美国的儒学研究从19世纪的新教传教士开始，经过20世纪上半期专家学者的探索研究，到20世纪中后期逐步发展成熟，美国成为海外儒学研究中心。美国学者从西方哲学认识论角度出发研究儒学及其发展，对于儒学向现代转变和现代性的阐释具有重大意义，而且增进了中美之间的文化交流。"③ 我们要清醒地看到，在阐释和传播儒家文化方面，和美国的儒学研究者相比较而言，林语堂更多的是作为一个文学家、翻译家而存在，不是作为一个思想家而存在。他做的工作更多的是译介、宣传，多少有一点"述而不作"的意味。他对儒家文化的理论阐释，还没有上升到理论阶段。但是林语堂对中国文化进行通俗化传播，使西方世界通过林语堂的著作了解中国。林语堂在西方世界传播中华文化行之有效，具有普遍意义。我们可以说，林语堂对儒家文化的现代性阐释、创造性转化不是以学术专著的形式流传至今，而是以文学作品的形式延绵存续，也许这种方式来得更生动形象，更让人弥久难忘，更能引起心灵的共鸣。这也就是"东方智者"林语堂的文化价值所在。

---

① 冯智强．中国智慧的跨文化传播——林语堂英文著译研究［M］．青岛：中国海洋大学出版社，2011：188.
② 冯智强．中国智慧的跨文化传播——林语堂英文著译研究［M］．青岛：中国海洋大学出版社，2011：186.
③ 张斌．19~20世纪美国儒学研究概述［J］．学术探索，2014（1）：111-115.

结　语

　　中华民族正处在伟大复兴的进程中，实现民族文化复兴、树立文化自信是建设的方向和努力的目标。国家在经济建设大步前进的同时，正在努力打造"文化软实力"。所谓"软实力"，约瑟夫·奈指出："什么是软力量？软力量是通过吸引而非强迫或收买的手段来达己所愿的能力。它源于一个国家的文化、政治观念和政策的吸引力。"①　在约瑟夫·奈的视野中，软实力由三大资源要素构成，其中一个就是国家的文化，即"文化软实力"。作为中国传统文化的主体，儒家文化当然是中国"文化软实力"中很重要的组成部分，它如何生存、如何发展、如何向世界推广，是值得关注的问题。台湾作家林海音称林语堂是 20 世纪最具世界性影响的中国作家，其中的"世界性影响"，必然不能缺少林语堂在儒家文化阐释和海外传播方面的贡献。在此背景下，林语堂对儒家文化思想的接受、阐释和传播研究，具有学术的和社会的双重意义。林语堂对西方社会影响巨大，他通过创作一系列优秀作品来履行一位文化使者的使命。本书通过对"20 世纪的智慧人物"林语堂生平、思想、作品的考察，探讨林语堂的儒家文化观、文学创作、儒家文化的海外传播等相关问题，从而对林语堂的儒家文化思想进行动态的考量与整体的探究。通过研究林语堂对儒家文化的海外传播，以期为在当今"文化自觉"背景下弘扬和传播中国文化以及推动异质文化间的平等对话提供借鉴。这将有利于扩大中华文化的国际影响，塑造良好的中国形象，营造和平发展的舆论环境，推动中国文化参与国际文化交流。

　　本书第一章讨论了林语堂儒家文化思想之形成和发展分期。20 世纪上半叶中国复杂的政治社会环境、中西文化与新旧文化的碰撞与融合、儒学

---

　　①　〔美〕约瑟夫·奈. 软力量——世界政坛成功之道〔M〕. 吴晓辉，钱程译. 北京：东方出版社，2005："前言" 2.

在 20 世纪上半叶的命运与发展以及林语堂身处异域文化的处境，共同形成林语堂儒家文化思想的时代大背景。同时，本书分析了林语堂自身所在的小环境——闽南文化、孝悌仁义之家、父母启蒙教育、诸多乡贤榜样，这些因素促进了林语堂儒家文化思想的产生和发展。根据林语堂的创作轨迹，其儒家文化思想可以分为启蒙期、发展期、成熟期三个阶段。

本书第二章通过研究林语堂的专著和论文来讨论其儒家文化思想。专著和论文是直接呈现林语堂儒家文化思想的方式，总体而言，林语堂坚信儒家文化是中国的人文主义，极力推崇先秦的儒家文化思想，特别欣赏"近情"，反对宋明理学。林语堂的儒家文化观具有中西合璧的特点，注重现实人生和人性，没有玄思和神秘色彩。"仁"和"中庸"是儒家文化的两个重要范畴，本书具体讨论了林语堂的"仁学观"和"中庸"思想。林语堂的"仁学观"以世界文化为参照而形成，注重社会性、人文性，体现对人自身地位和价值的肯定和重视，但是缺乏超越和升华。林语堂将"中庸"运用到日常人伦生活之中，使"中庸"从政治理想、道德最高点转化为生活理想。林语堂的"中庸"思想具有前后矛盾性，这种矛盾性来源于时间和空间的变化。林语堂的"中庸"人生哲学成为林语堂人生智慧中很重要的内容，它褪去了传统的政治理想和道德标准的色彩而呈现出世俗性、简单性。

第三章从林语堂作品的题材、主题、人物形象和林语堂儒家文艺思想四个层面展开研究。林语堂平生创作的唯一一部戏剧《子见南子》，可以看作林语堂孔子观的发轫，也凸显了林语堂儒家文化思想的矛盾性。历史事件、政治事件、中国人的海外奋斗、生活日常、文化和人生哲学、生活的艺术是林语堂作品中常见的题材，体现出林语堂"铁肩担道义"的家国情怀和注重现世人生的思想特点。孔子观、伦理观，是林语堂作品常见的主题。人物形象是另外一个重要的观察点，林语堂笔下的孔子形象、孟子形象、小说中的人物形象，体现了林语堂对儒家情感的表达和对儒家伦理价值的坚守。第四节重点分析林语堂的儒家文艺思想。总体而言，林语堂的儒家文艺思想呈现出三个特征：一是在文艺观念中建构"诗言志"的儒家诗教观，注重载道和言志的统一；二是崇尚"知言养气"，遵从"文质彬彬""修辞立诚"的儒家义理观；三是在美学观念上坚守"温柔敦厚"、以"中和"为美的审美标准。

　　第四章在前文讨论的基础之上，总结林语堂儒家文化思想的特征及阐释特色。在林语堂多元的文化思想系统中，儒家文化思想是主干。林语堂的儒家文化思想具有三个特征，即以仁爱精神为本位，呈现基督教思想的底色；以世俗生活为旨归，凸显道家文化韵味；复兴儒学，和现代新儒家殊途同归。林语堂的儒家文化思想是经过文化过滤、文化误读后的儒家文化思想，表现出创造性转化和现代性阐释的特点。同时，对林语堂变异的儒家文化思想的缘起和价值也进行讨论。总而言之，林语堂的儒家文化思想以西方文化为底色，以先秦儒家思想为主体，以道家思想为辅翼，具有现代新儒家思想色彩，是在中西文化交流背景之下形成的一种变异的儒家文化思想。

　　本书第五章讨论林语堂对儒家文化的海外传播。对中国文化的充分热爱和自信、希望儒家文化能够对西方人精神世界的危机有所补救、加强东西方文化的沟通，这三点是林语堂从事儒家文化海外传播工作的驱动力。同时，该章重点分析林语堂《孔子的智慧》和《中国的智慧》的翻译传播。林语堂一生最大的贡献，在于将中国传统文化向世界传播，而其海外传播儒家文化的突出历史贡献在于重塑中国形象，有力地传播儒家文化，促进了儒家文化的世界性发展。

　　本书通过系统、全面地分析林语堂对儒家文化的接受、阐释和传播的历史渊源、发展脉络、基本走向、具体内容，总结出林语堂的儒家文化思想以西方文化为底色，以先秦儒家思想为主体，以道家思想为辅翼，具有现代新儒家思想色彩。在林语堂"一团矛盾"的文化观念系统中，儒家文化思想比重最大、最重要，而且是林语堂看待其他文化的参照物。林语堂对于儒家文化的理解，主要是融入道家思想以及西方自由主义元素的理解。本书提出，在中西方文化视野下，林语堂对儒家文化的阐释，既是一种创造性转化，又是文化过滤、文化误读后的变异，更是一种现代性阐释。林语堂对儒家智慧的跨文化传播，是对批儒、批孔思想的反拨，是对西方世界文化理想困境的精神补缺，也有对促进中西文化之间对话交流、中国典籍英译工作的启示。有人认为林语堂主要是一个"道家"人物，比如陈平原曾说："林语堂缺乏儒家天下为己任的社会责任感，也没有佛家苦海慈航普度众生的大慈大悲心，倒是道家任自然、求安逸、享受每一刻的时光是性之所近，真正了然于心。"① 本书的讨论，可以还原林语堂的本来面目——一位真正的儒者。林语堂强调为文与做人相统一，塑造尽善尽美的艺术形象，一生笔耕不辍，有儒者风范。有研究者认为林语堂通过作品确立了自己的文化身份："林语堂的《吾国与吾民》和《生活的艺术》、《孔子的智慧》都是在确认自己的文化身份。"② 林语堂试图通过自己的翻译在异域再现自己的本土文化，进而通过本土话语的构建确认自己的文化身份，他的努力和尝试无疑是成功的。

　　限于时间等，林语堂阐释儒家文化思想的一些问题还没有得到充分展开，还值得继续深入研究。比如林语堂阐释、传播儒家文化的工作对当代社会的启示，林语堂对儒家文化的成功传播为今天我们大力宣扬中国文化、塑造中国国际形象提供的宝贵经验。另外，林语堂儒家文化思想的现代意义也值得研究，变异的儒家文化思想符合西方世界的审美趣味，具有现代性的品质。如何看待这种变异，其有何利弊，也值得研究。同时，儒家文化在发展的历史进程中，在当代文化冲突、文明间战争与秩序更迭中，如何对世界的和平与安宁做出自己的贡献，也值得我们思考。这些问题都还有待于进一步探讨。

---

① 陈平原．林语堂东西综合的审美理想［M］//子通主编．林语堂评说七十年．北京：中国华侨出版社，2003：323.
② 李勇．本真的自由——林语堂评传［M］.南京：南京师范大学出版社，2005：173.

参考文献

一　中文部分

（一）著作类

1. 阿雷恩·鲍尔德温等．文化研究导论（修订版）．陶东风等译．高等教育出版社，2004.

2. 罗·埃斯卡皮．文学社会学．王美华，于沛译．安徽文艺出版社，1987.

3. 柏拉图．柏拉图全集．王晓朝译．人民出版社，2003.

4. 阿伦·布洛克．西方人文主义传统．董乐山译．生活·读书·新知三联书店，1997.

5. 曹顺庆主编．比较文学教程．高等教育出版社，2006.

6. 任建树，张统模，吴信忠编．陈独秀著作选（第一卷）．上海人民出版社，1993.

7. 陈端志．五四运动之史的评价．生活书店，1935.

8. 陈敬．赛珍珠与中国——中西文化冲突与共融．南开大学出版社，2006.

9. 李世涛主编．知识分子立场．时代文艺出版社，2000.

10. 陈平原．在东西方文化碰撞中．浙江文艺出版社，1987.

11. 陈序经．中国文化的出路．岳麓书社，2010.

12. 陈煜斓主编．“语堂世界 世界语堂”两岸学术研讨会论文集．中国社会科学出版社，2013.

13. 陈煜斓．林语堂的民族文化精神．中国华侨出版社，2007.

14. 陈煜斓主编．语堂智慧 智慧语堂．福建教育出版社，2016.

15. 陈欣欣．林语堂——孤行的反抗者．清华大学出版社，2015.

16. 程颢，程颐著；王孝鱼点校．二程集［M］．北京：中华书局，1981.

17. 戴震撰，汤志钧校点．戴震集．上海古籍出版社，1980.

18. 丹纳．艺术哲学．傅雷译．江苏文艺出版社，2012.

19. 董娜．基于语料库的"译者痕迹"——研究林语堂翻译文本解读，中国社会科学出版社，2010.

20. 董燕．林语堂的人文关怀．中国政法大学出版社，2012.

21. 董燕．审美现代性视野下的林语堂．吉林大学出版社，2009.

22. 杜维明．仁与修身：儒家思想论集．胡军，于民雄译．生活·读书·新知三联书店，2013.

23. 杜维明．现代精神与儒家传统．生活·读书·新知三联书店，2013.

24. 范希春．理性之维——宋代中期儒家文艺美学思想研究．中央民族大学出版社，2006.

25. 方东美．新儒家哲学十八讲．中华书局，2012.

26. 冯友兰．中国哲学史．华东师范大学出版社，2000.

27. 冯羽．林语堂与世界文化．江苏文艺出版社，2005.

28. 冯智强．中国智慧的跨文化传播——林语堂英文著译研究．中国海洋大学出版社，2011.

29. 卡·马克思，弗·恩格斯．马克思恩格斯选集．人民出版社，1995.

30. 西·弗洛伊德．文明及其缺憾．傅雅芳，郝冬瑾译．安徽文艺出版社，1987.

31. 伽达默尔．真理与方法（上下卷）．洪汉鼎译．商务印书馆，2010.

32. 龚鹏程，陈信元主编．林语堂的生活与艺术研讨会文集．台北市政府文化局，2000.

33. 葛兆光．中国思想史（全三册）．复旦大学出版社，2004.

34. 辜鸿铭．中国人的精神．黄兴涛，宋小庆译．海南出版社，1996.

35. 郭碧娥，杨美雪．林语堂先生书目资料汇编．台北市立图书馆，1994.

36. 郭沫若著作编辑出版委员会编．郭沫若全集·文学编（第 11—14 册）．人民文学出版社，1992.

37. 郭庆藩辑；王孝鱼整理．庄子集释（全四册）．中华书局，1961.

38. 郭绍虞主编．中国历代文论选（一卷本）．上海古籍出版社，2001.

39. 哈佛燕京学社编．儒家传统与启蒙心态．江苏教育出版社，2005.

40. 黑格尔．哲学史演讲录（第一卷）．贺麟，王太庆译．商务印书馆，2017.

41. 中国现代文学馆编．胡风文集．华夏出版社，2000.

42. 黄兴涛编．中国近代思想家文库·辜鸿铭卷．中国人民大学出版社，2015.

43. 加润国．中国儒教史话．河北大学出版社，1999.

44. 金克木．比较文化论集．生活·读书·新知三联书店，1984.

45. 江慧敏．京华旧事 译坛烟云——林语堂 Moment in Peking 无本回译研究．上海人民出版社，2016.

46. 老舍．老舍文集（第一卷）．人民出版社，1981.

47. 李凯．儒家元典与中国诗学．中国社会科学出版社，2002.

48. 李艳．建构与传播：论林语堂的海外著译．天津教育出版社，2014.

49. 李勇．本真的自由——林语堂评传．南京师范大学出版社，2005.

50. 李泽厚．中国古代思想史论．生活·读书·新知三联书店，2008.

51. 李平．译路同行——林语堂的翻译遗产．中央编译出版社，2014.

52. 厉向君．蜚声世界文坛的中国作家林语堂．巴蜀书社，2012.

53. 梁实秋．梁实秋雅舍小品全集．上海人民出版社，1993.

54. 梁漱溟．梁漱溟全集（全八卷）．山东人民出版社，2005.

55. 林坚．芙蓉湖畔忆"三林"：林文庆　林语堂　林惠祥的厦大岁月．厦门大学出版社，2011.

56. 林俐达．现代闽籍三作家散论．海峡文艺出版社，2007.

57. 林毓生．中国传统的创造性转化．生活·读书·新知三联书店，1988.

58. 刘勰著，范文澜注．文心雕龙注（上下卷）．人民文学出版社，1958.

59. 刘雪飞主编．现代新儒学研究．中华书局，2003.

60. 刘彦仕．寻找译者文化身份——以林语堂和辜鸿铭为例．西南财经大学出版社，2014.

61. 刘耘华．诠释的圆环——明末清初传教士对儒家经典的解释及其本土回应．北京大学出版社，2005.

62. 刘奕华．诗性林语堂及其跨文化传播．社会科学文献出版社，2017.

63. 鲁迅．鲁迅全集．人民文学出版社，2005.

64. 陆扬，王毅．文化研究导论．复旦大学出版社，2006.

65. 罗成琰．百年文学与传统文化．湖南教育出版社，2002.

66. 罗荣渠主编．从"西化"到现代化．北京大学出版社，1990.

67. 罗素．西方哲学史（上下卷）．马元德译．商务印书馆，1976.

68. 罗素．罗素论中西文化．杨发庭等译．北京出版社，2010.

69. 吕若涵．"论语派"论．上海三联书店，2002.

70. 马克斯·韦伯．中国的宗教：儒教与道教．康乐，简惠美译．广西师范大学出版社，2010.

71. 马融撰，郑玄注．忠经．中华书局，1985.

72. 孟子等．四书五经．中华书局，2009.

73. 欧文·白璧德．法国现代批评大师．孙宜学译．广西师范大学出版社，2002.

74. 欧明俊．现代小品理论研究．上海三联书店，2005.

75. 欧阳哲生编．胡适文集．北京大学出版社，1998.

76. 钱理群，温儒敏，吴福辉．中国现代文学三十年（修订本）．北京大学出版社，1998.

77. 钱玄同．钱玄同文集（全六卷）．中国人民大学出版社，1999.

78. 阮元校刻．十三经注疏．中华书局，2009.

79. 塞缪尔·亨廷顿．文明的冲突与世界秩序的重建（修订版）．周琪等译．新华出版社，2010.

80. 沈金耀．林语堂的理想文化人格．中国华侨出版社，2007.

81. 施建伟．林语堂研究论集．同济大学出版社，1997.

82. 施建伟. 林语堂在大陆. 北京十月文艺出版社, 1991.

83. 施萍. 林语堂: 文化转型的人格符号. 北京大学出版社, 2005.

84. 司马长风. 中国新文学史. 昭明出版社, 1978.

85. 孙隆基. 中国文化的深层结构. 广西师范大学出版社, 2004.

86. 孙世军, 厉向君. 东西文化放浪行——林语堂. 齐鲁书社, 2013.

87. 王瑶编注. 陶渊明集. 人民文学出版社, 1956.

88. 特雷·伊格尔顿. 二十世纪西方文学理论. 伍晓明译. 北京大学出版社, 2007.

89. 汤一介, 李中华主编. 中国儒学史. 北京大学出版社, 2011.

90. 万平近. 林语堂评传. 上海远东出版社, 2008.

91. 汪晖. 死火重温. 人民文学出版社, 2000.

92. 王弼注, 楼宇烈校释. 老子道德经注校释. 中华书局, 2008.

93. 王锦厚. 郭沫若和这几个"文学大师"——闻一多、梁实秋、郁达夫、林语堂……. 四川大学出版社, 2011.

94. 王利器撰. 颜氏家训集解(增补本全二册). 中华书局, 1993.

95. 王宁. 文化翻译与经典阐释. 中华书局, 2006.

96. 王绍舫. 林语堂文化自觉观与翻译思想研究. 中国水利水电出版社, 2018.

97. 王先谦撰; 沈啸寰, 王星贤点校. 荀子集解(全二册). 中华书局, 1988.

98. 王阳明著; 吴光, 钱明, 董平等编校. 王阳明全集(全四册). 上海古籍出版社, 2014.

99. 王兆胜. 林语堂的文化情怀. 中国社会科学出版社, 1998.

100. 王兆胜. 林语堂 两脚踏中西文化. 文津出版社, 2005.

101. 王兆胜. 林语堂与中国文化. 社会科学文献出版社, 2007.

102. 谢少波, 王逢振编. 文化研究访谈录. 中国社会科学出版社, 2003.

103. 谢天振. 译介学. 上海外语教育出版社, 2003.

104. 谢友祥. 幸福是一项成就: 林语堂人生智慧解读. 中山大学出版社, 2006.

105. 谢友祥, 汤奇云. 林语堂的小说和他的人生哲学. 作家出版社，1998.

106. 熊十力．十力语要．中华书局，1996.

107. 夏婉璐．视角与阐释——林语堂翻译研究．四川大学出版社，2017.

108. 许慎著．说文解字．浙江古籍出版社，2016.

109. 亚里士多德．诗学．陈中梅译．商务印书馆，1996.

110. 亚联编著．锦心绣口：林语堂．湖南师范大学出版社，2011.

111. 亚瑟·亨·史密斯．中国人的性格．乐爱国，张华玉译．学苑出版社，1998.

112. 颜炳罡．当代新儒学引论．北京图书馆出版社，1998.

113. 杨朝明，宋立林主编．孔子家语通解．齐鲁书社，2009.

114. 尤西林．人文科学导论．高等教育出版社，2002.

115. 俞兆平．浪漫主义在中国的四种范式：鲁迅、沈从文、郭沫若、林语堂．广西师范大学出版社，2011.

116. 郁达夫．钓台的春昼．山东画报出版社，2002.

117. 袁宏道著，钱伯城笺校．袁宏道集笺校（全二册）．上海古籍出版社，1981.

118. 袁济喜．承续与超越：20 世纪中国美学与传统．首都师范大学出版社，2006.

119. 一得编．林语堂思想与生活．香港新文化出版社，1955.

120. 张法．中西美学与文化精神．中国人民大学出版社，2010.

121. 张卉编著．文化与理想——林语堂说儒．孔学堂书局，2014.

122. 张毅．儒家文艺美学——从原始儒家到现代新儒家．南开大学出版社，2004.

123. 郑燮．郑板桥集．上海古籍出版社，1962.

124. 郑锦怀．林语堂学术年谱．厦门大学出版社，2018.

125. 钟叔河编订．周作人散文全集．广西师范大学出版社，2009.

126. 朱立元．接受美学．上海人民出版社，1989.

127. 朱伯崑．先秦伦理学概论．北京大学出版社，1984.

128. 朱谦之．中国哲学对欧洲的影响．河北人民出版社，1999.

129. 朱寿桐．新人文主义的中国影迹．中国社会科学出版社，2009.

130. 子通主编. 林语堂评说七十年. 中国华侨出版社，2003.

（二）林语堂中文著译

1. 林语堂. 开明英文文法. 开明书店，1933.

2. 陈子善编. 林语堂书话. 浙江人民出版社，1998.

3. 洪治纲主编. 林语堂经典文存. 上海大学出版社，2004.

4. 寇晓伟编. 林语堂文集（第1—10卷）. 作家出版社，1996.

5. 林语堂. 林语堂名著全集（1—30卷）. 东北师范大学出版社，1994.

6. 林语堂. 林语堂经典名著（35卷）. 金兰文化出版社，1986.

7. 林语堂. 林语堂全集（26卷）. 群言出版社，2010.

8. 林语堂. 中国印度之智慧. 陕西师范大学出版社，2006.

9. 林语堂. 中国人. 时代文艺出版社，2002.

10. 刘志学主编. 林语堂自传. 河北人民出版社，1991.

11. 林语堂. 美国的智慧. 陕西师范大学出版社，2006.

12. 林语堂. 苏东坡传. 湖南文艺出版社，2016.

13. 林语堂. 林语堂英文作品集（共16册）. 外语教学与研究出版社，2009.

14. 林语堂. 林语堂评说中国文化（共二集）. 中共中央党校出版社，2001.

15. 苏东坡. 东坡诗文选（汉英对照）. 林语堂英译. 安徽科学技术出版社，2012.

16. 沈永宝编. 林语堂批评文集. 珠海出版社，1998.

17. 万平近编. 林语堂论中西文化. 上海社会科学院出版社，1989.

（三）期刊文献

1. 曹金祥. 儒家思想的人文精神及其现代意义. 理论月刊，2003（12）.

2. 陈平原. 林语堂的审美观与东西文化. 文艺研究，1986（3）.

3. 陈开先. 孔子仁学思想及其现代意义. 孔子研究，2001（2）.

4. 陈来. 仁学本体论. 文史哲，2014（4）.

5. 陈欣欣. 从"礼"的观念透视林语堂的早期思想. 扬州大学学报

（人文社会科学版），2011，15（4）.

6. 陈旋波. 林语堂与白璧德的新人文主义. 华侨大学学报（哲学社会科学版），1997（2）.

7. 丛坤赤. 论林语堂美学观念中的"近情"精神. 齐鲁师范学院学报，2013，28（1）.

8. 刁生虎. 儒家仁学的普世情怀与和谐世界的当代建构. 兰州学刊，2010（1）.

9. 杜崙. "仁学"体系概述. 中国哲学史，2011（2）.

10. 段宗社. "子见南子"：历史公案与现代想象. 齐鲁学刊，2012（1）.

11. 傅文奇. 近十年来林语堂研究的统计与分析. 福建论坛（人文社会科学版），2006（5）.

12. 干春松. 新儒学：30年回顾与反思. 中国人民大学学报，2015（5）.

13. 葛荣晋. 儒家"仁学"的现代诠释——对儒家"仁学"的两点新认识. 中共中央党校学报，2009，13（2）.

14. 郭振香. 论孔子仁学的尚情特征. 社会科学战线，2005（2）.

15. 洪文婷. 由《关雎正义》论林语堂的《诗经》学概念. 闽台文化研究，2015（4）.

16. 胡风. 林语堂论——对于他底发展的一个眺望. 文学（上海1933），1935，4（1）.

17. 胡慧娥. 论林语堂的"自然"女性观——以《京华烟云》为例. 邵阳学院学报（社会科学版），2010，9（5）.

18. 胡明贵. 林语堂对儒学的现代性阐释及阐释的现代性意义. 武汉科技大学学报（社会科学版），2008，10（6）.

19. 胡适. 历史的文学观念论. 新青年，1917，3（3）.

20. 胡适. 文学改良刍议. 新青年，1917，2（5）.

21. 季剑青. 1930年代林语堂小品文中"个人笔调"的建构. 南京师范大学文学院学报，2007（3）.

22. 赖勤芳. 论林语堂对孔子形象的消解与重建. 社会科学辑刊，2007（5）.

23. 李承贵，张理峰. "仁"的五种诠释. 江南大学学报（人文社会科学版），2008，7（6）.

24. 李艳．论林语堂对儒家文化的人文主义诠释．天津大学学报（社会科学版），2011，13（2）．

25. 李怡．论"学衡派"与五四新文学运动．中国社会科学，1998（6）．

26. 李泽厚．孔子再评价．中国社会科学，1980（2）．

27. 李宗桂．民族文化素质与人文精神重建．哲学研究，1994（10）．

28. 梁实秋．论散文．新月，1928，1（8）．

29. 林非．散文研究的特点．文学评论，1985（6）．

30. 林语堂．关于"吾国与吾民"．宇宙风，1937（49）．

31. 刘正忠．林语堂的"我"：主题聚焦与风格定调．中国现代文学，2008（14）．

32. 卢毅．"整理国故"与五四新文化运动．北京师范大学学报（社会科学版），2005（2）．

33. 陆卫明，吕菲．先秦儒学"以人为本"思想诠释．西北大学学报（哲学社会科学版），2017，47（1）．

34. 罗锋．简析孔子仁学思想中的和谐意蕴．重庆交通大学学报（社会科学版），2007，7（2）．

35. 蒙培元．从仁的四个层面看普遍伦理的可能性．中国哲学史，2000（4）．

36. 蒙培元．人是情感的存在——儒家哲学再阐释．社会科学战线，2003（2）．

37. 蒙培元．儒学的核心价值及其意义．社会科学战线，2009（8）．

38. 牟钟鉴，林秀茂．论儒道互补．中国哲学史，1998（4）．

39. 欧阳哲生．在传统与现代性之间——以"五四"新文化运动与儒学关系为中心．中国文化研究，2001（2）．

40. 邱华苓．追索与还原——林语堂提倡幽默文学的背景因素．育达学院学报，2006（11）．

41. 任剑涛．中庸：作为普世伦理的考量．厦门大学学报（哲学社会科学版），2002（1）．

42. 孙凯风．林语堂小说论．中国现代文学研究丛刊，1998（1）．

43. 汤奇云．《瞬息京华》的文化意蕴探寻．新疆大学学报（哲学社会科学版），1995，23（4）．

44. 唐弢 . 林语堂论 . 鲁迅研究动态,1988（7）.

45. 王承丹,曾垂超 . 林语堂译介《论语》考论 . 福州大学学报（哲学社会科学版）,2014（4）.

46. 王辉 . 幽默的林语堂与"活泼泼的孔丘" . 东方翻译,2018（2）.

47. 王兆胜 . 近几年林语堂研究述评 . 社会科学战线,1996（1）.

48. 王兆胜 . 林语堂的中国文化观 . 东岳论丛,2009,30（7）.

49. 王兆胜 . 林语堂人生哲学的价值意义及其缺憾 . 东岳论丛,1998（1）.

50. 王兆胜 . 林语堂与孔子 . 广播电视大学学报（哲学社会科学版）,2000（1）.

51. 王兆胜 . 林语堂与孟子 . 学习与探索,2003（5）.

52. 吴虞 . 家族制度为专制主义之根据论 . 新青年,1917,2（6）.

53. 夏婉璐 . 译作的普世价值与译介的有效性——林语堂编译《孔子的智慧》对典籍英译之启示 . 中国翻译,2016（4）.

54. 万平近 . 从文化视角看林语堂 . 福建学刊,1988（6）.

55. 肖百容,马翔 . 论儒家传统与林语堂小说 . 湖南大学学报（社会科学版）,2017,31（6）.

56. 谢友祥 . 近情和中庸:林语堂的一种人文选择 . 嘉应学院学报（哲学社会科学）,2004,22（1）.

57. 谢友祥 . 论林语堂的闲谈散文 . 中国现代文学研究丛刊,2001（4）.

58. 谢友祥 . 林语堂人文思想的几个特征 . 北方论丛,2001（1）.

59. 邢娟妮 . 林语堂笔下的孔子形象——索解孔子神圣性的理论视角 . 陕西师范大学学报（哲学社会科学版）,2007,36（S2）.

60. 徐公喜,郭翠丽 . 宋明理学精神内核分析 . 江西社会科学,2011（1）.

61. 许雷 . 从林语堂的《孔子的智慧》看孔子智慧的输出与回归 . 海南热带海洋学院学报,2017,24（3）.

62. 许总 . 论宋明理学的形成及其历史必然性 . 齐鲁学刊,2000（5）.

63. 颜炳罡 . 试述当代新儒家的基本特质及其精神 . 文史哲,1992（3）.

64. 杨柳 . 通俗翻译的"震惊"效果与日常生活的审美精神——林语堂翻译研究 . 中国翻译,2004,25（4）.

65. 杨涯人 . 先秦中庸源流考 . 中国哲学史,1998（4）.

66. 杨义．道家文化与中国现代文学．中国社会科学，1997（2）．

67. 杨义．林语堂：道家文化的海外回归者．华文文学，1991（2）．

68. 杨义．林语堂：道家文化的海外回归者（续）．华文文学，1991（3）．

69. 姚传德．林语堂论儒、释、道与中国文化．苏州大学学报（哲学社会科学版），2005（2）．

70. 张岱年．论宋明理学的基本性质．哲学研究，1981（9）．

71. 张芸．林语堂的儒教观．内蒙古师范大学学报（哲学社会科学版），2005（3）．

72. 赵英华，王玉．再论姚木兰是"儒"而非"道"．哈尔滨师范大学社会科学学报，2013（4）．

73. 郑大华．胡适是"全盘西化论者"？．浙江学刊，2006（4）．

74. 郑大华．论"东方文化派"．社会科学战线，1993（4）．

75. 郑淑娟．从《信仰之旅》论林语堂的儒耶文化观．东吴中文线上学术论文，2014（27）．

76. 周可．论林语堂小说的文化构成与审美品格．长白论丛，1997（1）．

77. 周可．林语堂中西文化比较观的内在理路及其矛盾论析．汕头大学学报（人文科学版），1995（4）．

78. 朱东宇．伦理性人物与哲理性主题——论《红牡丹》的文化精神．求是学刊，1998（3）．

79. 朱东宇．妻子与姬妾——《林语堂三部曲》人物论之二．学术交流，1998（2）．

80. 朱寿桐．摆不脱的"意念沼泽"：林语堂与白璧德主义．中国现代文学研究丛刊，2008（4）．

81. 庄浩然．林语堂：幽默理论与《子见南子》．福建师范大学学报（哲学社会科学版），1994（3）．

（四）博士学位论文

1. 边冬燕．无刺的蔷薇——论林语堂的幽默．北京师范大学，2012．

2. 陈琳琳．论三十年代林语堂及以其为代表的论语派的文学创作．复旦大学，2001.

3. 丛赤坤．林语堂生活美学观念研究．山东大学，2011.

4. 董燕．林语堂文化追求的审美现代性倾向．山东大学，2005.

5. 高鸿．跨文化的中国叙事——以赛珍珠、林语堂、汤亭亭为中心的讨论．福建师范大学，2004.

6. 胡明贵．自由主义思潮与新文学现代性品格．南京师范大学，2011.

7. 赖勤芳．中国经典的现代重构——林语堂"对外讲中"写作研究．北京师范大学，2007.

8. 施萍．林语堂：文化转型的人格符号．华东师范大学，2004.

9. 苏明明．林语堂英语散文研究（1927—1948）．北京大学，2010.

10. 陶丽霞．文化观与翻译观——鲁迅、林语堂文化翻译对比研究．上海外语大学，2006.

11. 王少娣．跨文化视角下的林语堂翻译研究——东方主义与东方文化情结的矛盾统一．上海外国语大学，2007.

12. 王兆胜．感应天启 省悟人间．中国社会科学院，1996.

13. 杨柳．论林语堂翻译中的审美现代性．南京大学，2004.

14. 余娜．在借鉴与反思中的文学批评建设：论 20 世纪 30 年代的林语堂文学批评．厦门大学，2012.

二 英文部分

（一）林语堂著译（英文创作与汉译英翻译作品）

1. Lin Yutang. Letters of Chinese Amazon and Wartime Essays. The Commercial Press, Ltd. , 1930.

2. Lin Yutang. Confucius Saw Nancy and Essays About Nothing. The Commercial Press, Ltd. , 1935.

3. Lin Yutang. The Little Critic：Essays, Satires and Sketches on China (First Series ：1930-1932). The Commercial Press, Ltd. , 1935.

4. Lin Yutang. The Little Critic：Essays, Satires and Sketches on China (Second Series：1933-1935). The Commercial Press, Ltd. , 1935.

5. Lin Yutang. My Country and My People. The John Day Company,

Inc. ，1935.

6. Lin Yutang. A History of the Press and Public Opinion China. The University of Chicago Press，1936.

7. Lin Yutang. The Importance of Living. The John Day Company, Inc. ，1937.

8. Lin Yutang. The Wisdom of Confucius. Random House，1938.

9. Lin Yutang. Moment in Peking. The John Day Company，Inc. ，1939.

10. 沈复. 浮生六记（汉英对照）. 林语堂译. 西风社，1939.

11. 冥寥子. 冥寥子游（汉英对照）. 林语堂译. 西风社，1940.

12. 陶潜等. 古文小品（汉英对照）. 林语堂译. 西风社，1940.

13. Lin Yutang. Leaf in the Storm. The John Day Company，Inc. ，1940.

14. Lin Yutang. With Love & Irony. The John Day Company，Inc. ，1940.

15. Lin Yutang. The Wisdom of China and India. Random House，1942.

16. Lin Yutang. Between Tears & Laughter. The John Day Company, Inc. ，1943.

17. Lin Yutang. The Vigil of Nation. The John Day Company，Inc. ，1944.

18. Lin Yutang. The Gay Genius：The Life and Times of Su Tungpo. The John Day Company，Inc. ，1947.

19. Lin Yutang. Chinatown Family. The John Day Company，Inc. ，1948.

20. Lin Yutang. On the Wisdom of America. The John Day Company, Inc. ，1950.

21. Lin Yutang. Widow，Nun and Courtesan ：Three Novelettes From the Chinese Translated and Adapted by Lin Yutang. The John Day Company, Inc. ，1951.

22. Lin Yutang. Famous Chinese Short Stories，Retold by Lin Yutang. The John Day Company，Inc. ，1952.

23. Lin Yutang. The Vermilion Gate. The John Day Company，Inc. ，1953.

24. Lin Yutang. Looking Beyond. Prentice Hall，1955.

25. Lin Yutang. Chuangtse Translated by Lin Yutang（《英译庄子》）. 世界书局，1957.

26. Lin Yutang. Lady Wu. World Publishing Company，Inc. ，1957.

27. Lin Yutang. The Secret Name. Farrar, Straus and Cudahy, 1958.

28. Lin Yutang. From Pagan to Christianit. World Publishing Company, 1959.

29. Lin Yutang. Imperial Peking: Seven Centuries of China. Crown Publishers, 1960.

30. Lin Yutang. The Importance of Understanding (《古文小品译英》). World Publishing Company, 1960.

31. Lin Yutang. The Red Peony. World Publishing Company, 1961.

32. Lin Yutang. The Pleasure of a Nonconformist. World Publishing Company, 1962.

33. Lin Yutang. Juniper Loa. World Publishing Company, 1963.

34. Lin Yutang. The Flight of Innocents. G. P. Putnam's Sons, 1964.

35. Lin Yutang. Memoirs of an Octogenaria. Mei Ya Publications, Inc. , 1975.

（二）期刊论文

1. Clark E M. The Wisdom of China and India by Lin Yutang. Books Abroad, 1944, 18 (1) .

2. The Wisdom of China and India by Lin Yutang. The Journal of Philosophy, 1943, 40 (11) .

3. Sohigian D J. Confucius and the Lady in Question: Power Politics, Cultural Production and the Performance of Confucius Saw Nanzi in China in 1929. Twentieth-Century China, 2011, 36 (1) .

4. Chan W. A Bibliography of Chinese Philosophy. Philosophy East and West, 1953, 3 (3) .

5. Chan W. The Wisdom of Confucius by Lin Yutang. Pacific Affairs, 1940, 13 (4) .

（三）博士学位论文

1. Sohigian D J. The Life and Times of Lin Yutang. Colunmbia University, 1991.

2. Qian J. Lin Yutang: Negotiating Modernity Between East and West. University of California, 1996.

3. Shen S. Self, Nations, and the Diaspora: Re-Reading Li Yutang, Bai Xianyong, and Frank Chin. City University of New York, 1998.

4. Lu F. Constructing and Reconstructing Images of Chinese Women in Lin Yutang's Translations, Adaptations and Rewritings. Simon Fraser University (Canada), 2008.

5. Yang L. A Search for Identity: A Study on Lin Yutang and Christianity. The Chinese University of Hong Kong, 2013.

6. Roslyn J R. What Maketh the Man? Towards a Psychobiographical Study of Lin Yutang. The University of Adelaide, 2013.

7. Li P. A Crtical Study of Lin Yutang as a Translation Theorist, Translation Critic and Translator. City University of Hong Kong, 2012.

后　记

　　我写林语堂，源于 2004 年硕士导师曹万生老师的一堂课，课上要求每位同学谈一位中国现当代作家。我选择了林语堂，于是我的硕士学位论文、博士学位论文都以林语堂与儒家文化为主题展开，因为林语堂，我走进了中国文化。2014 年初，我到漳州走访了林语堂的家乡平和县以及坂仔村，访谈林语堂研究专家万平近、陈煜斓、张桂兴等。我愿意读林语堂，读他的书，如沐春风；我乐意研究林语堂，因为他为人做事著文充满智慧。林语堂一生走过的路，我愿用余生去走一遍，在《林语堂传记》中我将它们一一标注，也许有的地址已经无法找寻，但是即使再艰难也要去努力。为了走近林语堂，我赤脚走在书房地板上，因为林语堂说"人的脚是最干净，最美的"；我在不大的花园里养花养绿植，时而摘几朵月季、一捧茉莉花插在花瓶里、放在瓷碗中，想象林语堂在上海家中的大花园里如何栽种 40 多棵杨树和众多玫瑰；我常躺在床上想论文或者其他，经常会有灵感，体会林语堂说的"躺在床上是人生一大享受"。因为林语堂的启发，我接触到了"公安派"、明清小说、孔子、孟子、朱熹、王阳明、老子、庄子、梁漱溟、方东美、杜维明、柏拉图、亚里士多德、克罗齐、易卜生。这一切，让我终生受益匪浅。

　　攻读博士学位的收获是，两个习惯将陪伴我终生，一个是读书，一个是运动，这是我人生的幸运。非常感激我的导师李凯教授，师从李老师是从 2005 年开始的。当时我硕士阶段需要选修一门文艺理论课程，于是我慕名前往听李老师的课程。2013 年，经过几年的努力我终于能够投到李老师的门下，实属不易，因为非文艺学专业出身，所以我内心非常忐忑。所幸李老师不弃我学养浅陋、资质愚钝，多年来对我谆谆教诲，如父辈般关爱有加，我才能够坚持走到现在。感谢钟华老师、刘朝谦老师经常鼓励我、鞭策我，对我的论文撰写提出了非常中肯的意见；感谢李怡、白浩教授在预答辩的时候对论文提出的指导意见；感谢我的先生尹劲，多年来，他在默默地支持我，分担了对孩子的教育、陪伴、照顾，放弃了自己的个人爱好，将工作之外的时间和精力无私地奉献给孩子和家庭；感谢我的父亲，父亲在患病之前常帮我整理读书资料，用现在人很少会用的"五笔字型法"把引文一段一段敲打进电脑，父亲最大的心愿就是我能够早日博士毕业；感谢我的母亲，多年来悉心照顾我们一家人，无微不至，毫无怨言；感谢我的女儿，记得在 2006 年 6 月，我在写硕士学位论文结语时，我的女儿才一岁，2022 年的今天她已经长成一个亭亭玉立的大姑娘了；感谢我的弟弟尹飞，在论文的写作阶段助我一臂之力，给予我非常重要的帮助。感谢我的亦生亦友的同学和朋友王万洪、李进宁、陈绪平、梁启勇、且志宇、夏冬梅、缪勇。记得考博士的时候，王万洪说："李老师，当你坚持下去的时候，你发现身边的人都倒下了。"在寒暑假我想放弃论文写作游山玩水的时候，夏冬梅说："李老师，没有其他办法，只有熬。"在此，我谨以博士学位论文向家人和师友们致敬。几年来，虽日日忙碌，但觉为学日进其明，倒也心感安慰，察觉到自己逐渐"知礼成性，变化气质之道"矣。

距 2020 年 12 月底博士毕业，已经一年又半载。经过多方努力，我决定把博士学位论文正式出版。这是对过往个人成长阶段性成果的认定，也是对未来学术发展道路进行思考的开始。"衣带渐宽终不悔，为伊消得人憔悴。"几番修改下来，感觉自己的不足之处还很多很多。读得越多，越觉得懂得少，深感自己的中国文化修养还很欠缺，学术积累还远远不够。梁启超先生曾说："天下事业无所谓大小……只要在自己责任内，尽自己力量做去，便是第一等人物。"想到这里也就以此来安慰内心、勉励自己，唯愿今生还有幸能够继续与林语堂先生为伴，在中国传统文化这条道路上勉力求索。最后，此书得以出版，得到四川师范大学人文社科处、中华传统文化学院、文学院的大力支持，在此一并表示感谢。

成都·万科城市花园

2022 年 6 月 25 日

图书在版编目（CIP）数据

林语堂儒家文化思想研究 / 李瑾著. --北京：社
会科学文献出版社，2023.7
ISBN 978-7-5228-2069-9

Ⅰ.①林…　Ⅱ.①李…　Ⅲ.①林语堂（1895—1976）
-儒家-哲学思想　Ⅳ.①B222.05②B259.9

中国国家版本馆 CIP 数据核字（2023）第 124077 号

林语堂儒家文化思想研究

著　　者／李　瑾

出 版 人／王利民
责任编辑／张建中
文稿编辑／程丽霞
责任印制／王京美

出　　版／社会科学文献出版社·政法传媒分社（010）59367126
　　　　　地址：北京市北三环中路甲 29 号院华龙大厦　邮编：100029
　　　　　网址：www.ssap.com.cn
发　　行／社会科学文献出版社（010）59367028
印　　装／三河市尚艺印装有限公司

规　　格／开　本：787mm×1092mm　1/16
　　　　　印　张：14　字　数：227 千字
版　　次／2023 年 7 月第 1 版　2023 年 7 月第 1 次印刷
书　　号／ISBN 978-7-5228-2069-9
定　　价／98.00 元

读者服务电话：4008918866